Dr. Joachim Sonntag

# Deutschland im freien Fall

**Wie die multimilliardenschweren Finanzeliten
unsere freiheitliche Demokratie zerstören und
unsere Politiker und öffentlichen Medien zu
deren Werkzeugen wurden.**

*Regisseure – Profiteure – Akteure – Zuschauer – Opfer*

2. erweiterte Auflage

2. Auflage 2017
Erschienen im Selbstverlag des Autors

ISBN 9783744809542

Herstellung&Verlag: BoD-Books on Demand, Norderstedt

Bibliografische Information der Deutschen Nationalbibliothek: Die Deutsche Nationalbibliothek verzeichnet
diese Publikation in der Deutschen Nationalbibliografie;
detaillierte bibliografische Daten sind im Internet über
dnb.dnb.de abrufbar.

*Das deutsche Volk ist*
*(a) absolut obrigkeitshörig,*
*(b) des Denkens entwöhnt,*
*(c) typischer Befehlsempfänger,*
*(d) ein Held vor dem Feind, aber ein totaler*
*Mangel an Zivilcourage!*
*(e) Der typische Deutsche verteidigt sich erst dann,*
*wenn er nichts mehr hat, was sich zu verteidigen*
*lohnt. Wenn er aber aus seinem Schlaf erwacht ist, dann*
*schlägt er in blindem Zorn alles kurz und klein - auch*
*das, was ihm noch helfen könnte!!"*

(Carl Friedrich von Weizsäcker)

INHALTSVERZEICHNIS                                    Seite

# Anhänge

# 1. Prolog

Auslöser, sich eingehender mit den Problemen in unserem Land zu beschäftigen war, als in vielen Bundesländern der Krieg gegen unsere Kinder begann durch Einführung des „Gender-Plans" (Gender Mainstreaming) als übergeordnetes Bildungsziel in unseren Schulen und KiTa's.[1] Ein weiterer war die Feststellung, dass Angela Merkel, im Schulterschluss mit der jeweiligen Regierungskoalition, seit 2005 in allen wesentlichen Politikfeldern das genaue Gegenteil von dem durchgesetzt hat, was sie vor den Wahlen versprochen hatte: Begrenzung und Reduzierung der Zuwanderung aus Drittstaaten, kein Multikulti, stärkere Kontrolle der Banken, keine Steuerzahler-Haftung für Pleite-Banken, keine Mehrwertsteuererhöhung, kein Atomausstieg, Reduzierung der Waffenexporte, keine PKW-Maut. Und schließlich die gesetzwidrige Öffnung unserer Staatsgrenzen für jedermann ohne Überprüfung deren Identität, schließlich die Kölner Übergriffe sowie die von Nichtregierungsorganisationen (NGO) professionell betriebene Schleusung von Afrikanern über das Mittelmeer unter Duldung und sogar Förderung durch unsere Regierung. Dann bekam ich die Bücher des deutsch-türkischen Autors Akif Pirinçci zu lesen, die genau mein Unbehagen über die Entwicklungen der letzten Jahre in Deutschland sehr drastisch wiedergegeben haben. So kommt er in seinem Buch *„Deutschland von Sinnen ..."*, zu einem vernichtenden Urteil über unsere Politiker, indem er schreibt: *„Es gibt keine Politikerkaste auf der ganzen Welt, die das eigene Volk aus reinem Masochismus, Opportunismus, nackter Heuchelei und schizophrener Unterwürfigkeit gegenüber deutschfeindlichen Ländern so sehr hasst, die ihm ganz bewusst so viel Schaden zufügen will wie unsere eigene."*[2]

Dieses Urteil eines Deutschen mit Migrationshintergrund (!) war für mich Anlass, durch Deutschland zu reisen und mit den Menschen über ihre persönlichen Erfahrungen und Befindlich-

1

keiten zu sprechen, um zu erkunden, ob man schon Auswir-
kungen der massenhaften Zuwanderung in den Städten und
Dörfern feststellen kann. Als Fortbewegungsmittel wählte ich
das Fahrrad, um so nah wie möglich in die „Wirklichkeit
Deutschland" einzutauchen. Gemeinsam mit einem Freund,
Michael, begab ich mich auf diese Reise.
Die Radtour begann in Dortmund am 22. Juni 2017 und führte

uns über Köln, Koblenz, Worms, Speyer bis nach Breisach am
Rhein. Dort trennten sich unsere Wege. Michael fuhr weiter
nach Frankreich, während ich die Radtour in Deutschland fort-
setzte über Lörrach am Rhein, Feldbergpass, Titisee, Schaff-
hausen bis nach Konstanz am Bodensee und schließlich nach
Basel, von wo ich am 14. Juli 2017 mit dem Zug zurück nach
Dortmund fuhr.
In zahllosen Begegnungen mit Menschen unterwegs, auf der
Straße, in Restaurants, Supermärkten, öffentlichen Verkehrs-
mitteln, haben wir festgestellt, dass etwa 80% der von uns
angesprochenen Menschen mit deutlich ausländischem Akzent
sprachen oder aber überhaupt kein Deutsch verstanden, in
vielen Fällen auch kein Englisch. Aufgefallen sind uns auch
die vielen Menschen mit bunter Kleidung, eher atypisch für
Einheimische. Dieser Anteil von 80% schien uns überraschend

hoch, und wir wollten diesem, unserem persönlichen Eindruck auf den Grund gehen; denn diese extrem hohe Zahl gibt sicher nicht das wahre, proportionale Verhältnis zwischen Zugewanderten und einheimischen Deutschen wider. Die spannende Frage ist, wie kommt dieser hohe Prozentsatz zustande? Wir kamen zu folgendem Ergebnis: Viele Deutsche arbeiten tagsüber in ihrem Job, danach gehen einige von ihnen einkaufen und dann nach Hause, andere gehen sofort nach der Arbeit nach Hause, um sich dann irgendwann am Abend vor den Fernseher oder den PC zu setzen. Dagegen sind die Zuwanderer, die ja in der Regel aus südlicheren Bereichen stammen, gewohnt, sich vor allem im Freien aufzuhalten. Und sie gehen in großer Zahl keiner geregelten Arbeit nach (weil gerade erst angekommen, vorläufiges Arbeitsverbot, deutsche Arbeitsbedingungen ungewohnt oder was auch immer der Grund sein könnte). Diese Erfahrung, die wir auf dieser Radtour gemacht haben, habe ich auf Facebook gepostet. Einige der Antworten möchte ich hier wiedergeben, da sie nach meiner Ansicht, symptomatisch sind für den Zustand, in dem sich Deutschland und seine Bewohner heute befinden (Rechtschreibung wie im Original):

*„Das hätten wir 1989 im Westen auch mal machen sollen, mal sehen, welche Auswirkungen die massenhafte Zuwanderung aus Neufünfland so hat, nich, Herr Sonntag aus Dresden? Ich bin für die geordnete Rückführung dieser Wirtschaftsflüchtlinge von 1989!"*

*„Wie war es nochmal mit Deutschen, die einfach nach Holland, Frankreich, Griechenland, Dänemark, Norwegen ...usw., ja sogar nach Ägypten einmarschiert waren? Und das nicht weil sie Hunger hatten. Joachim Denker, denk mal nach."*

*„Macht mal eine Radtour durch Afrika"* (ergänzt durch Bilder hungernder afrikanischer Kinder.)

*„Ja, die Lügenkresse... Gut, dass es den Kopp-Verlag mit seinen universellen Wahrheiten gibt! Man kann mir allerlei vorwerfen, Mainstream zu sein aber wohl kaum. Ich hab noch rund 30 Bücher zu lesen, die ich aus Zeitmangel nicht schaffe, da werde ich mich nicht mit "Deutschland im freien Fall" oder Ähnlichem befassen. "*

Diese Antworten sind möglicherweise auch deshalb so aggressiv ausgefallen, weil ich am Schluss des Postings geschrieben hatte: *„Nach Abschluss unserer Radtour hatte Michael seinen Aufkleber „REFUGEES WELCOME" an seiner Haustür wieder entfernt. "* (Michael ist Parteimitglied der Linken und bekennender Pazifist.)

Diese Auswahl von Antworten auf eine ganz sachliche Feststellung bzw. persönliche Erfahrung, verbunden mit einer einfachen Frage, zeigt, wie aufgeladen das Thema Zuwanderung in Deutschland ist. Eine sachliche Diskussion ist da kaum noch möglich. Wie kommt das? Auch zu den anderen eingangs angesprochenen Problemen wie Gender Mainstreaming, Multikulti, die gesetzwidrige Öffnung unserer Staatsgrenzen und das Schleuserunwesen ist eine ergebnisoffene sachliche Diskussion heute kaum mehr möglich. Warum das so ist und was für Folgen dies für unser Land hat, ist Thema dieses Buches.

In dem eingangs wiedergegeben vernichtenden Urteil des Autors Akif Pirinçci über unsere Politiker drückt sich unsagbare Wut und Ohnmacht darüber aus, was er über den Zustand in Deutschland wahrnimmt. Ist diese persönliche Wahrnehmung übertrieben? Ist ein Fünkchen Wahrheit darin enthalten? Ja, ist es! Denn auch andere Quellen kommen zu einem ähnlichen Urteil, z.B. die Autoren des Youtube-Videos *„2049 - 100 Jahre Bundesrepublik",*[3] wo festgestellt wird: *„Die Bundesrepublik ist der nahezu einzige Ort auf der Erde, in dem die Regierung den nationalen Patriotismus der eigenen Bevölkerung künstlich lähmt und nicht fördert ... Die eigentliche nationale*

*Identität dieser Republik ist die Schuldkultur und die Gering-schätzung der eigenen Identität und die Beseitigung dieser."* Und weiter wird in diesem Video festgestellt: *„Der gesamte Politikbetrieb nimmt seit Jahren eine immer ungehemmtere Verantwortungslosigkeit an. Getrieben von verschiedenen Ideologien wird die Zukunft Deutschlands zu einer Spekulationsmasse."*

Auch die Autoren des Youtube-Videos *„Die Deutschen – Hasser"*[4] kommen zu einem ähnlichen Urteil, ebenso die Autoren des Buches „Der Links-Staat"[5], indem deren Autoren aufzeigen, dass führende Politiker linksradikale und linksextremistische Gruppen, die das Grundgesetz bekämpfen und den „Volkstod" der Deutschen propagieren, mit Millionen von Steuergeldern finanzieren. Und Gerard Menuhin, Sohn des weltberühmten und größten Violinvirtuosen des 20. Jahrhunderts (Wikipedia), schrieb schon 2008, *„Mit den Völkern Europas sprechen ihre jeweiligen Regierungen seit langem nicht mehr"*[6], und dass *„deutsche Politiker jetzt sogar eifriger als in der Nachkriegszeit ihre (der Alliierten)* Befehle ausführen."[7]

Dieses Urteil kommt nicht von ungefähr. Es spiegelt das Unbehagen eines Teils der deutschen Bevölkerung wider über die Erkenntnis, dass die Bundeskanzlerin Angela Merkel seit 2005 scheinbar gegen das Volk regiert. Das drückt sich zum einen in Ihrer strikten Ablehnung aus, dem deutschen Volk die prinzipielle Möglichkeit von Volksentscheiden zuzugestehen, zum anderen, wie eingangs erwähnt, in der Tatsache, dass sie in allen wesentlichen Politikfeldern jeweils das Gegenteil von dem durchgesetzt hat, was sie vor ihrer Wahl versprochen hatte. Daher scheint es logisch, diesem Urteil zuzustimmen.

Andererseits, wenn man die Erkenntnisse aus dem Youtube-Video *„WAHRHEITEN - UNERTRÄGLICH &*

---

\* Mit „ihre" meinte Menuhin die Alliierten aus der Zeit des Zweiten Weltkriegs, die heute immer noch Deutschland besetzt halten. (Ausführlicher Wortlaut s. Anhang A)

*SCHOCKIEREND -* ...*"[8]* berücksichtigt, kann man zu einem ganz anderen Ergebnis gelangen: Die Politiker sind Getriebene, die ihre politischen Entscheidungen unter dem Druck von Lobbyorganisationen treffen, die ihrerseits wiederum Handlanger von mächtigeren, international agierenden Finanzeliten sind, die eine neue Weltordnung (NWO) anstreben, die sie auf dem Wege der Globalisierung, entsprechend einer geheimen Agenda, in die Tat umsetzen. Und diese Agenda wird durch die „geheime Weltregierung" (Abschnitt 3.1.) vorgegeben, ausgearbeitet in sogenannten Think Tanks und gesteuert durch geheime Zusammenkünfte wie die „Bilderberger" und die „Münchner Sicherheitskonferenz".

Diese Sicht der Dinge ist nicht neu. Sie wird aber immer wieder als *„ Verschwörungstheorie"* abgetan, so auch im Wikipedia-Eintrag zur NWO. Diese Stigmatisierung verfolgt den Zweck, eine inhaltliche Debatte über Inhalt und Wahrheitsgehalt zu unterbinden. Jedoch, wie in Abschnitt 3.2. dargelegt wird, ist es mitnichten so, dass eine *„ Verschwörungstheorie"* gleichbedeutend wäre damit, dass sie die Realität falsch wiedergäbe. Es ist ganz anders: sie liefert eine Möglichkeit, tatsächliche Verschwörungen aufzudecken. Erst die Konfrontation einer *„ Verschwörungstheorie"* mit der Realität erlaubt es, hinter die Kulissen zu schauen. Gerade in der heutigen, verwirrenden Weltlage, gekennzeichnet durch die zahllosen Kriege, Terroranschläge und Flüchtlingsströme, einer immer weiter wachsenden Kluft zwischen arm und reich und der wachsenden Gefahr des Ausbruchs eines atomaren Weltkrieges, künstlich angeheizt durch die Anti-Russland-Propaganda der Mainstream-Medien, ist ein „Hinter-die-Kulissenschauen" überlebenswichtig. Ein wichtiges Element bei dem „Hinter-die-Kulissenschauen" ist die Frage *„Cui Bono?"* (*Wem nützt es?*), die insbesondere in der Kriminalistik oft die einzige Möglichkeit ist, den oder die Täter zu überführen. So auch in der Politik. Dieses „Cui bono" ist die entscheidende Frage, die im Folgenden immer wieder gestellt werden wird. Denn: *„ Wer ... ergründen will warum Entscheidungen und Situationen durch* *die aktuellen Leader so geschaffen werden, wie wir es erleben, kommt an der Frage Cui Bono nicht vorbei ... Wenn eine Sache wirklich niemanden nutzt, dann findet sie auch nicht statt!"[9]*

Die NWO als *„Verschwörungstheorie"* ist für uns Anlass, diese im „Experiment", der Realität, zu überprüfen. Wir werden in diesem Buch zeigen, dass es sich bei der NWO sowie der oben aufgestellten Behauptung „Die Politiker seien Getriebene", zwar um eine *„Verschwörungstheorie"* handelt, kommen aber zu dem Ergebnis, dass diese *„Verschwörungstheorie"* eine sehr realistische Beschreibung der Wirklichkeit ist. Weiter werden wir zeigen, dass eine Reihe anderer, von verantwortlichen Politikern und Wirtschaftsbossen, von den großen Medienstationen weltweit verbreiteten „Wahrheiten", ebenfalls *„Verschwörungstheorien"* sind, die aber, im Gegensatz zu der der NWO, die Realität falsch wiedergeben oder wiedergegeben haben. Bei dieser Analyse beschränken wir uns nicht auf Deutschland, sondern betrachten Deutschland im Kontext zur gesamtem Weltlage.

Bei den jährlich stattfindenden „Bilderberger"- und „Münchner Sicherheitskonferenzen" nehmen Regierungschefs, die Hochfinanz Westeuropas, der USA und Kanadas sowie führende Industrielle, hochrangige Militärs und Geheimdienstchefs und die Chefetagen der größten und bekanntesten Medienunternehmen der Welt teil (s. Anhang F). In diesen Konferenzen wird ohne Transparenz, ohne öffentlich zugängliche Protokollierung, wo sich die Teilnehmer zur Verschwiegenheit verpflichten müssen, das verhandelt, was anschließend in der internationalen Politik umgesetzt wird. Die Vertreter gelten als die geheime Weltregierung. Bei der Durchsetzung dieser Agenda spielen die öffentlichen Medien eine ganz entscheidende Rolle. Denen kommt die Aufgabe zu, die Bevölkerung im Sinne der Ziele der Geheimen Weltregierung zu beeinflussen und zu manipulieren. Diese Medienbeeinflussung hat heute typische Züge von ***Indoktrination***, *„eine besonders vehemente,*

*keinen Widerspruch und keine Diskussion zulassende Belehrung. Dies geschieht durch gezielte Manipulation von Menschen durch gesteuerte Auswahl von Informationen, um ideologische Absichten durchzusetzen oder Kritik auszuschalten.*"[10]
Genau das ist seit etwa 10 Jahren Alltag in Deutschland. Der Zustand und die Geisteshaltung vieler Deutscher spiegelt sich in solchen Schlagworten wider: „Schuldkultur", Geringschätzung der eigenen Identität, Verteufelung alles Deutschen, propagandistische, moralisierende und gleichgeschaltete Medien, Kampf gegen Rechts, Herabsetzung des Normalen, Vergötterung des Abnormen (Lesben, Schwule und Transsexuelle), „Alternativlosigkeit", „rot-grünes Meinungskartell", Hofieren und Verharmlosung des Islam, Gender Mainstreaming, staatliche Einmischung in alle Lebensbereiche. Unter der Kanzlerin Angela Merkel hat sich Deutschland in den letzten 10 Jahren immer stärker zu einer links-grünen Republik verändert. Unter ihrer Führung hat sich die CDU aus einer „Partei der Mitte" mit konservativen Werten zu einer Partei gewandelt, die heute Themen der Linken und Grünen vertritt. Und sie bekämpft heute eine neue Partei, die in die nun vakant gewordene „Mitte" in der Parteienlandschaft hineingestoßen ist, die AfD. Das Partei- und Wahlprogramm der AfD stimmt inhaltlich in vielen wesentlichen Punkten mit dem der alten CDU aus dem Jahre 2000 überein, wird aber durch die Altparteien und die „politisch korrekten" Medien mit allen Mitteln bekämpft. Ausdruck dieses Linksschwenks der CDU ist das Zulassen und die Förderung der Zuwanderung biblischen Ausmaßes kulturfremder Menschen nach Deutschland seit der Grenzöffnung im September 2015. Dies ist nichts anderes als die Umsetzung links-grüner Doktrin. Bankenrettung und konzernnahe Politik der Merkel-Regierung[†] entsprechen zwar nicht der links-grünen Doktrin, doch wiegen die Globalisierungsbestrebungen der

---

[†] Bankenrettung und konzernnahe Politik nützen aber den Finanzeliten, womit Merkel deren Interessen, vermittelt über die Lobbyorganisationen, bedient.

Merkel-Regierung viel schwerer, wodurch eine Gemeinsamkeit hergestellt ist mit den links-grünen „Volksvertretern". Dies liefert die Voraussetzung dafür, dass bei vielen grundsätzlichen Abstimmungen im Bundestag die links-grünen Parteien einhellig mit den Regierungsparteien abstimmen. Was die Bankenrettung und konzernnahe Politik der Merkel-Regierung betrifft, so ist dies im Sinne der Finanzeliten. Mit dieser Politik bedient Frau Merkel deren Interessen; denn sie weiß genau, wenn sie eine Politik gegen die Banken machen würde, würde sie das ihr Kanzleramt kosten, so wie es Christan Wulff mit seinem Präsidentenamt ergangen ist (Abschnitt 2.1.). Dafür würden schon die gleichgeschalteten öffentlichen Medien sorgen; denn diese sind Teil der Machtstruktur (s. Abschnitt 3.1.). Durch ihren propagandistischen Einfluss können sie das Wahlverhalten der Bevölkerung ganz wesentlich beeinflussen.

Wegen dieser Gemeinsamkeiten zwischen der derzeitigen Regierungskoalition unter Merkel und den links-grünen Parteien ist nicht zu erwarten, dass die nächste Bundestagswahl im September 2017 zu einer Änderung in der deutschen Politik führen wird. Selbst wenn die AfD in den Bundestag einzieht, werden die links-grün verorteten Parteien infolge ihrer zu erwartenden, zahlenmäßigen Dominanz im Bundestag ihre Agenda der Ausdünnung des deutschen Volkes weiter fortsetzen können. Somit scheint der Weg Deutschlands in den Untergang vorgezeichnet. Das Bleiberecht für einen Großteil der kulturfremder Zuwanderer und deren gesetzlich verbriefter Familiennachzug werden in den kommenden Jahren zu einer merklichen „Ausdünnung" der deutschen Bevölkerung führen. Diese massenhafte Zuwanderung ist nichts anderes als der Vollzug einer absichtsvollen Strategie der superreichen Finanzeliten, die eine autoritäre, supranationale Weltregierung, eine Neue Weltordnung (NWO), auf diesem Planeten errichten wollen; und unsere Regierung ist die willfährige Vollstreckerin dieses „Großen Plans". Seine Umsetzung in praktische Realität wird medial begleitet durch die Indoktrination über die gleichgeschalteten öffentlichen Medien und ihren Verbündeten auf der Straße, den Linken und Grünen, die unter solch propagandistischen, humanistisch klingenden, und gruppenverbindenden Slogans wie *„Kampf gegen Rechts"*, *„Bündnis der Vielfalt"*, *„Gesicht zeigen"*, *„Solidarität statt Hetze"* demonstrieren, Straßenblockaden gegen genehmigte Demonstrationen Andersdenkender errichten und mit kernigen Losungen wie *„Kein Mensch ist illegal"*, *„Die Welt gehört allen"*, *„Jeder ist Ausländer - fast überall"*, *„No Border, no Nation"*, ihre Meinungshoheit hinausschreien.

„Großer Bevölkerungsaustausch" oder „Umvolkung" sind die Schlagworte, die von „Besorgten Bürgern" dieses Landes immer wieder zu hören sind, die ihr Unbehagen über diese Entwicklung artikulieren. Bereits 2005 hatte der Grünen-Politiker Joschka Fischer gefordert, *„Deutschland muss von außen eingehegt, und von innen durch Zustrom heterogenisiert, quasi verdünnt werden."*[11] Wir sind heute Zeuge eines Vorganges, der genau diese Forderung in die Praxis umsetzt und in wenigen Jahren dazu führen wird, dass die Menschen immer mehr entwurzelt sein werden, keine Heimat mehr haben. Unter dem Motto *„Miteinander in Vielfalt"* erfolgt der *„Umbau Deutschlands zu einer bunten Republik fügsamer Produzenten und Konsumenten".*[12] Begriffe wie *„Nation"*, *„deutsch"*, *„Volk"*, *„deutsches Volk"*, *„patriotisch"* etc. sind inzwischen im öffentlichen Sprachgebrauch verpönt. Bundeswehrsongs wie *„Schwarzbraun ist die Haselnuss"* oder *„Oh Du schöner Westerwald"* u. a. sind inzwischen durch die Ministerin, Frau von der Leyen, verboten worden, weil sie zu sehr an deutsche Tradition erinnern. In öffentlichen Reden wird inzwischen nicht mehr von *Deutschen* gesprochen, sondern von *„denen, die schon länger hier leben"*, während die Migranten als diejenigen beschrieben werden, die *„erst jetzt zu uns gekommen sind"*. Und Angela Merkel hat auf einer CDU-Veranstaltung am 25.2.17 einen Satz gesagt, der endgültig jede Hoffnung auf den Erhalt des deutschen Staatsvolks vernichtet hat: *„Das Volk ist jeder, der in diesem Land lebt."*[13,14]

Genau diese Vorgänge und Entwicklungen, wie sie seit 2005 in Deutschland sichtbar werden, haben die eingangs genannten Autoren zu dem Urteil bewogen, dass die Politiker Deutschland hassen. Und auch das Urteil, das der Publizist Götz Kubitschek in seinem *Antaios-Rundbrief* 10/2017 fällt, *„das Asylchaos ist das Ergebnis von Pfusch, Verantwortungslosigkeit und Kurzzeitdenken"* [15] ist zutreffend. Es steckt aber noch mehr dahinter, nämlich die oben erwähnte Agenda, die die Regierenden einfach nur in die Tat umsetzen. Dies ist das Hauptthema dieses Buches, mit dem ich den „Besorgten Bürgern" eine Stimme geben will, weil deren Stimme meistens schnell durch die links-grüne Meinungshoheit im Lande zum Schweigen gebracht wird durch Beschimpfungen wie *„Du bist ein Nazi", „ rassistisch", „fremdenfeindlich"* . Weil das natürlich keiner sein will, wird man reflexartig dazu genötigt, eine solche Stigmatisierung von sich zu weisen. Dieses „Zum Schweigen bringen" kritischer Stimmen wird auch durch die immer hysterischer wirkenden Anstrengungen unseres Justizministers, Heiko Maas, deutlich, durch neue, restriktivere Gesetze eine allumfassende Zensur im Internet einzurichten, z.B. durch das sogenannte Netzwerkdurchsetzungsgesetz (NetzDG), ein in der Geschichte der Bundesrepublik bis dato beispielloser Angriff auf die Meinungsfreiheit.[16] Auf diese Weise ist eine Situation entstanden, in der der medial angesagte, alle Bereiche des öffentlichen Lebens durchdringende *„Kampf gegen Rechts"* der Wehrlosmachung des eigenen Volkes dient. Das Ergebnis: eine inhaltliche Diskussion findet nicht mehr statt. *„Nicht explizit der rechte Extremismus, sondern allgemein jede sich dem linken Zeitgeist verweigernde Meinung und Haltung soll aus der gesellschaftlichen Debatte verbannt werden ... Längst schon richtet sich der „Kampf gegen Rechts" gegen die Kernbestandteile des Grundgesetzes. Ob Versammlungs-, Meinungs-, Presse-, Koalitions-, Berufs- oder Gewerbefreiheit, alles steht zur Disposition. Nur wer die ‚richtige' Gesinnung vertritt, kann die Grundfreiheiten auch real wahrnehmen und* *sie sogar bis tief in die Illegalität ausdehnen, wie dies bei Antifa-Demonstrationen regelmäßig der Fall ist.*"[17]

Im vorliegenden Buch geht es auch darum, den Zusammenhang zwischen dem derzeitig vor aller Augen ablaufenden irrationalen Geschehen in Deutschland mit dem in der von Kriegen geschüttelten und von Globalisierungsfanatikern bedrohten Welt zu beleuchten. Es wird das Unheil, das Deutschland droht, beschrieben, die *Regisseure, Profiteure, Akteure* und Protagonisten werden benannt, dem eine schweigende Mehrheit von *Zuschauern* der Deutschen, die zukünftigen *Opfer*, nur zuschaut und nicht durchschaut, welches „Spiel" hier gespielt wird.

Wie aber ist es möglich oder zu erklären, dass der überwiegende Teil der in Regierungsverantwortung stehenden Politiker in einhelliger Gemeinsamkeit mit den meisten Organisationen und Einrichtungen in diesem Land (Parteien, Kirchen, Stiftungen, ...) die Zerstörung Deutschlands als Nation vorantreiben können und kaum auf Widerstand stoßen, obgleich es warnende Stimmen (Tilo Sarrazin, Eva Hermann, Norbert Hofer, Erika Steinbach, Alexander Gauland) und Gruppierungen (Pegida, BärGiDa, Bagida, Legida, Identitäre Bewegung, Ein-Prozent-Bewegung und die Partei AfD) gibt? Diese werden entweder nicht gehört und sogar durch einen Großteil der Bevölkerung abgelehnt. Dies hat mit der Macht der öffentlichen Medien zu tun. Denn „... *das Volk denkt schließlich, was die Medien denken.*"[18] Nur starke und interessierte Menschen schaffen es, aus dem Gedankengemäuer auszubrechen, das in der Schule angelegt und durch die Medien verfestigt wird.

Das **Mittel** für die Durchsetzung ihrer politischen Ziele ist für die *superreichen Finanzeliten* und für die *Linken* **identisch**: die ethnische Heterogenisierung der Bevölkerung. Die *superreichen Finanzeliten* und die *Linken* sind praktisch (Quasi-) Verbündete, indem sie beide diese ethnische Heterogenisierung, d.h. die Durchmischung der Bevölkerung mit kulturfremden

12

Menschen, anstreben. Für die erstgenannten ist diese ethnische Heterogenisierung Voraussetzung dafür, fügsame Produzenten und Konsumenten heranzuziehen sowie ein Konfliktpotenzial aufzubauen, um dadurch ihre Herrschaft zu sichern nach dem Prinzip „Teile und Herrsche" (s. Abschnitt 4). Für die Linken ist es das Mittel, ihr Ziel, die Realisierung des Kommunismus doch noch durchzusetzen, nachdem die großen Experimente der Vergangenheit (Stalin, Mao, Pol Pot) gescheitert waren. Die Gefahr für eine solche angestrebte ethnische Durchmischung der Bevölkerung ist heute in Deutschland besonders groß, da die einst konservative CDU von einer linken Politikerin geführt wird, Angela Merkel, und diese in vielen politischen Belangen im engen Schulterschluss mit den Linken und Grünen agiert.

Die Linken, und im Großen und Ganzen auch die Grünen, folgen der von ihrem Apologeten Saul Alinsky vorgezeichneten Strategie, wozu *„neben einer den Gegner lähmenden Taktik auch der Ansatz, Institutionen wie Kirche, Behörden, politische Gremien, Bürgerinitiativen und Ähnliches zu infiltrieren"*[19] gehört.

Die wesentlichen Motive für die angestrebte Durchmischung der deutschen (und europäischen) Bevölkerung mit fremden Ethnien sind:

1) Absenkung des mittleren Intelligenzquotienten (IQ)
2) Erhöhung der Wahlchancen für die Parteien der Linken und Grünen
3) Erhöhung des Konfliktpotenzials; Nutznießer sind die Finanzeliten, Stichwort „Teile und Herrsche"

Zu Punkt 1) muss man wissen, dass der IQ der nach Deutschland und Europa Zugewanderten um durchschnittlich 20 Punkte niedriger ist im Vergleich zu den europäischen Völkern.[20] Eine sachliche Diskussion über diesen Aspekt wird von den „politisch korrekten" Medien jedoch nicht gefördert, eher abgelehnt; sie wird in die Nähe von Rassismus verortet.[21] Jedoch, mit Rassismus hat das nichts zu tun. Diese IQ-Unterschiede, z.B. zwischen Mitteleuropa und Afrika bzw. Zentralafrika sind

zweifelsfrei bestätigt.[22] Die Ursachen für diese IQ-Unterschiede werden auf internationaler Ebene diskutiert.[23] Diese sind jedoch bzgl. der hier angesprochenen Motive für die „Durchmischung" nicht von Belang.
Die Erläuterungen bzw. Begründungen erfolgen in den weiteren Kapiteln, zu den Punkten 2) und 3) in den Kapiteln 2.5. und 2.6.

Während das (End-)Ziel der *Finanzeliten* auf der einen Seite und der *Linken* auf der anderen Seite verschieden sind, sind die Mittel, ihr jeweiliges Ziel durchzusetzen, dieselben. Dies macht es in der Praxis so unerhört schwer, sich gegen die Globalisierungspläne in Richtung NWO zu wehren. Man muss aber auch konstatieren, dass die Linken (und Grünen) ihr Ziel, den Sozialismus und Kommunismus, nicht erreichen werden können, weil die *Finanzeliten* über die wirksameren Mittel und Instrumentarien verfügen, finanziell und politisch, sowie wegen der Tatsache, dass die internationalen Konzerne und Medien von den *Finanzeliten* beherrscht werden. Das heißt, die Linken (und Grünen) sind gewissermaßen Steigbügelhalter für die *Finanzeliten*. Wenn die *Finanzeliten* ihr Ziel erreicht haben, werden die Linken als deren (Quasi-)Verbündete fallen gelassen und sich, genauso wie ihre heutigen „konservativen Gegner", im Heer der entwurzelten Arbeitssklaven der internationalen Konzerne wiederfinden. Dieser Weg mit diesem Ergebnis ist somit vorgezeichnet, wird aber von den Linken (und Grünen), aber auch von vielen patriotischen, national eingestellten Kräften in Deutschland noch nicht erkannt. Zusammengefasst, die Protagonisten aus dem Titel, *die Regisseure – Profiteure – Akteure – Zuschauer – Opfer*, können hier genau zugeordnet werden: die *Regisseure* sind die Finanzeliten und die in deren Auftrag agierenden Lobbyorganisationen, Think Tanks und NGOs. In eingeschränktem Maße, für eine gewisse gemeinsame Wegstrecke, muss man auch die Linken und Grünen zu den Regisseuren zählen. Die *Profiteure* sind die Finanzeliten, die internationalen Konzerne und die in den letzten

14

Jahren kontinuierlich gewachsene, milliardenschwere Flücht-lingsindustrie. Die *Akteure* sind die Politiker, Behörden, politischen Gremien, Kirchen, Stiftungen und viele Bürgerinitiativen. Die Zuschauer werden gegenwärtig gestellt durch eine Mehrheit der deutschen Bevölkerung. Die *Opfer* werden die Menschen sein.

Auf die internationale Bühne übertragen, ist das Weltgeschehen etwa vergleichbar mit dem in Deutschland, allerdings mit gewissen Modifikationen, weil sich eine Reihe von Staaten dem widersetzen. Bei diesen Staaten wird ein Regimewechsel von außen angestrebt durch Destabilisierung unter Ausnutzung nationaler Oppositionskräfte (Ungarn, Serbien, Rumänien, Mazedonien, Bulgarien)[24], wobei von außen finanzierte, im jeweiligen Land eingerichtete NGOs und westliche Geheimdienste eine entscheidende Rolle spielen, was schließlich zum Putsch führen kann (Ukraine). Oder durch Revolutionen (Arabischer Frühling), ebenfalls wieder durch äußeren Einfluss über NGOs und westliche Geheimdienste, oder durch Kriegsdrohung (Iran, Nordkorea) oder Krieg (Vietnam, Guatemala, Libanon, Afghanistan, Irak, Libyen, Syrien, Jemen ...). Welche Bedeutung den NGOs im internationalen Geschehen heute zukommt beschreibt Allen Weinstein, Mitverfasser der Gründungsakte der NGO National Endowment for Democracy, so: *„Vieles von dem, was wir heute tun, wurde vor 25 Jahren verdeckt von der CIA erledigt.“*[25]

Scheinbar im Widerspruch zu diesem Weltgeschehen scheint das Trump-Bashing durch die öffentlichen Medien zu stehen, obwohl Trump ja auch zur superreichen Finanzelite gehört. Die Antwort ist schlicht: weil er sich den Globalisierungsbestrebungen der übrigen Finanzeliten entgegenstellt, was sich in seinem Wahlslogan *„Make America Great Again“* manifestiert.

Im Kapitel 2. werden die Methoden und Vorgehensweisen beschrieben, derer sich die Linken und Grünen sowie die Protagonisten der NWO in Deutschland bedienen, um ihr Ziel zu erreichen. Das betrifft u.a. Zerstörung der Familie, Einführung des Gender Mainstreamings als übergeordnetes Bildungsziel für die heranwachsende Jugend, Förderung des Geburtenrückgangs (Pille, Abtreibung), Verweichlichung des Mannes, Ziellosigkeit und Sinnlehre in die Köpfe zu hämmern durch „Brot und Spiele" und Konsum („Shoppen", TV-Unterhaltung, Fußball ...), Senkung des Bildungsniveaus, „Verdummung" der Jugend, Begrenzung deren Wissenshorizontes und Einhämmern von Idealen, die den Zielen der Globalisierunsbestrebungen dienen. All das dient der Wehrlosmachung der Menschen. Es wird die Rolle der Medien, der Partei der Grünen, der Linken und deren aggressiver Ableger, die ANTIFA, und der Justiz beleuchtet und was dieser Linksruck für die Zukunft Deutschlands bedeutet. Im Abschnitt 3. werden die Globalisierungsbestrebungen der internationalen Finanzeliten thematisiert, die Kriege, die seit „9/11" in der Welt geführt werden, die Haltung des Westens gegenüber dem Islamischen Staat sowie die Konfrontation gegen Russland. Im Abschnitt 5. erfolgt eine kurze Zusammenfassung und es wird die Frage gestellt: Was können wir tun? Kann man die beschriebenen negativen Entwicklungen noch stoppen und umzukehren?

## 2. Deutschland im Fadenkreuz

*„Im übrigen gilt in Deutschland derjenige, der auf den*
*Schmutz hinweist, für viel gefährlicher als derjenige,*
*der den Schmutz macht. "*
(Kurt Tucholsky)

## 2.1. Die Macht der Medien

*"Pressefreiheit ist die Freiheit von 200 reichen Leuten, ihre*
*Meinung zu verbreiten ... "*[26]

Die mächtigsten Waffen, die die westlichen Regierungen, die
Reichen und Mächtigen dieser Welt einsetzen, sind die Medi-
en.[27] Welche Macht die Medien bei der Meinungsbildung auch
heute wieder in der Bevölkerung haben, erkennt man sehr
deutlich an folgenden zwei Beispielen:

**1. Beispiel**: Die Hetze gegen den demokratisch gewählten
Präsidenten der USA, die seit dem Beginn des Wahlkampfs in
den USA von allen Leitmedien in auffallend gleichgeschalteter
Weise geführt wird, hält weiterhin an. Was der wahre Grund
für die mediale Hetze in den öffentlichen Medien ist, wird in
der Analyse von Heiko Kolodzik[28] auf den Punkt gebracht
(siehe Anhang D).
Als eine weitere Entgleisung propagandistischer Hetze ist auf
dem Titelblatt des *Spiegel* (Nr.6 vom 4.2.17) Trump in der
Pose eines Henkers dargestellt, der der Freiheitsstatue den
Kopf abgeschnitten hat, was ganz offensichtlich beim Betrach-
ter Assoziationen zur Kopfabschneider-Tradition der Terrormi-
liz des Islamischen Staates wecken soll.[29] Eine andere Entgleisung war der Vorschlag von Josef Joffe in einer ARD-Sendung
„Mord im Weisen Haus", z. B.,[30] als Antwort auf die Frage
„Gibt es noch einen Ausweg aus der Trump-Katastrophe?".
Josef Joffe ist nicht irgendwer; er ist Herausgeber der Zeitung

17

*Die Zeit* und Mitglied der *Atlantik-Brücke*. Bei einem solchen „Mordaufruf" wird man an die Ermordung des früheren US-Präsidenten John F. Kennedy 1963 erinnert und an dessen Bruder Robert F. Kennedy, als er fünf Jahre später aussichtsreichster Präsidentschaftskandidat war.[31]

Wie sich diese öffentliche mediale Hinrichtung Trumps in der Meinungsbildung in der Bevölkerung niederschlägt, kann man nachlesen in der Zeitung *BILD* vom 2. Februar 2017, in der über das Ergebnis einer aktuellen Meinungsumfrage berichtet wurde mit folgendem Ergebnis: *„Mehr als drei Viertel der Deutschen lehnen die Politik von US-Präsident Donald Trump ab ... Nur 11 Prozent wünschen sich einen 'deutschen Trump'."* Und diese Umfrage wurde auch gleich genutzt zur Propaganda gegen die aufstrebende AfD, denn die *BILD* berichtete weiter, dass *„63,8% der befragten AfD-Anhänger finden, der US-Präsident mache seinen Job bisher gut. Und: Einen wie ihn wünschen sich 65,1% der AfDler auch für Deutschland."* Denn, wie aus dieser „doppelsinnigen" Umfrage impliziert werden kann, eine Partei (die AfD), die mehrheitlich Trump unterstützt, ist daher auch nicht wählbar. Damit wird nicht nur Trump dämonisiert, sondern die AfD gleich mit, die sowieso schon seit ihrem Erstarken unter Dauerbeschuss durch die öffentlichen Medien steht. Dieses eindeutige und überwältigende Votum dieser INSA-Meinungsumfrage gegen Trump ist das Ergebnis einer permanenten Dämonisierung Trumps in unseren offiziellen Medien, wie sie seit Beginn des US-Wahlkampfs stattgefunden hat. *„In der Medienwelt gibt es eine These, die besagt: Man muss eine Behauptung nur oft genug wiederholen, dann glauben nach wenigen Tagen alle Menschen, dass es genau so ist. Wenn also nur oft genug gesagt wird:"[32]* ‚Trump ist ein Rassist', *„dann weiss nach ein paar Tagen jeder:"* Klar! ‚Trump ist ein Rassist'.

Warum erfolgt eine solch einseitige, hetzerische, vor Hass triefende Darstellung des demokratisch gewählten US-Präsidenten? Das gab's bei seinen Amtsvorgängern nicht. Z.B. erntete Bill Clinton 1995 auf seine Rede stehende Ovationen, als er sagte „*Wir sind eine Nation der Immigranten, wir sind aber auch eine Nation der Gesetze. **Wir müssen Immigranten davon abhalten, illegal in unser Land einzureisen und jene ausweisen, die illegal hier sind.***" **Trump hat das gleiche gesagt und wurde dafür als Rassist bezeichnet.**[33]

Es ist aber noch viel schlimmer. Trumps Amtsvorgänger haben Kriege in aller Welt angezettelt und geführt und wurden dabei von den öffentlichen Medien durch Propaganda medial unterstützt. In den Medien gab es keinen Aufschrei nach der illegalen Bombardierung Libyens durch Hillary Clinton und Sarkozy, oder wegen der Millionen Toten im Krieg gegen Irak durch die Bushs und Blair, oder über die Tausenden Drohnenmorde durch Obama, oder wegen der Hunderttausenden Toten im Syrien-Krieg, vorbereitet und inszeniert durch westliche Geheimdienste, oder gegen die Zusammenarbeit der USA und NATO mit dem Islamischen Staat als Bündnispartner (s. Abschnitt 3.4.), oder gegen den von US-Geheimdiensten inszenierten Putsch in der Ukraine (s. Abschnitt 3.5.).

Der UNO-Generalsekretär Ban Ki Moon hatte sich am 20.09.2016 zur Eröffnung der Generaldebatte in Rage geredet: *"Hier im Saal sitzen Vertreter von Regierungen, die Gräueltaten in Syrien finanziert, unterstützt, geplant oder sogar ausgeführt haben, auf allen Seiten der Kriegsparteien ...."* Und weiter: Viele Gruppen in Syrien hätten viele Unschuldige getötet – keine so viele wie die Regierung in Syrien ... Mächtige Schutzherren würden die Maschine des Krieges füttern, sie hätten Blut an den Händen.[34]

Aber Trump, der sich von diesem Establishment als unabhängig erklärt hat und dass er mit Putin reden wolle statt die Konfrontation zu Russland weiter aufzuheizen, dieser Trump wird von den öffentlichen Medien unisono bekämpft.

Gegen Trump gehen die öffentlichen Medien auch deshalb so aggressiv vor, weil dieser sie wegen ihrer einseitigen propagandistischen Berichterstattung immer wieder öffentlich anprangert und in seinen Wahlkampfreden Merkels Flüchtlingspolitik als ein *Desaster für Deutschland* bezeichnet hat.[35]

19

Trump hat die öffentlichen US-Medien in der Vergangenheit immer wieder als Lügenpresse bezeichnet und gegen sie gewettert.[36] Die öffentlichen US-Medien sind eng mit den deutschen öffentlichen Medien verbandelt, nicht zuletzt durch den Geheimen Staatsvertrag von 1949, dem wir im Abschnitt 2.10 noch einmal begegnen werden. Auf dessen Grundlage wurde in der Folgezeit ein Netz von Abhängigkeiten zu den oben erwähnten Lobbyorganisationen aufgebaut. Das Wort „Lügenpresse" ist keine deutsche Erfindung, sondern, spätestens seit Trumps Wahlkampf, auch in den USA ein großes Thema.

Was der Bevölkerung nicht bewusst ist: Die Wahl Trumps zum US-Präsidenten hat uns vorerst vor einem großen Krieg bewahrt, so zumindest die Überzeugung einiger Kommentatoren unabhängiger Medien[37] (s. Abschnitt 2.11.). Allein das wäre es wert, Trump in einem positiveren Licht darzustellen. Allerdings, wenn die Umfrage anders gestellt worden wäre, z.B. so: *Würden Sie einem Krieg gegen Russland zustimmen, wenn dadurch die westlichen Werte verteidigt werden könnten?* Dann würde mit Sicherheit die überwiegende Mehrheit der Bevölkerung einen solchen Krieg ablehnen.

Es bleibt aber zu befürchten, dass Trump auf Dauer nicht eine Politik gegen die superreichen Lobby-Gruppen im Hintergrund machen kann.[38,39] Denn diese sitzen am längeren Hebel, eine Folge der exorbitanten Staatsverschuldung der USA. Dort gilt vermutlich dasselbe, was bereits Horst Seehofer für Deutschland festgestellt hatte. „*Diejenigen, die entscheiden, sind nicht gewählt, und diejenigen, die gewählt werden, haben nichts zu entscheiden.*"[40]

**2. Beispiel:** Während die mediale Demontage Trumps durch die öffentlichen Medien dessen Wahl zum US-Präsidenten nicht verhindern konnte, ist der Einfluss der Medien in Deutschland mächtig genug, um hier einen Präsidenten zu Fall zu bringen, wie das Beispiel des ehemaligen Präsidenten Christian Wulff gezeigt hat. Denn nachdem er sich in offiziellen Reden und Interviews mehrfach kritisch zur Energiewende und „EURO-Rettungspolitik" ausgesprochen hatte, kam er ins Fadenkreuz der Lobbygruppen, und damit zwangsläufig auch der öffentlichen Medien, die nun seine Abdankung herbeischrieben. Denn nach seiner kritischen Bewertung war es unwahrscheinlich geworden, dass er seine Zustimmung zu dem sogenannten Europäischen Stabilitätsmechanismus (ESM-Vertrag) geben würde. Dessen Unterschrift ist aber Voraussetzung für das Inkrafttreten eines solch grundlegenden Gesetzes. Deshalb wurde er medial vernichtet, indem ihm Verfehlungen bzw. Vorteilsnahme in seinem Amt angedichtet wurden, weshalb die Staatsanwaltschaft genötigt war, gegen den höchsten Amtsträger in Deutschland ein Ermittlungsverfahren einzuleiten. Sein Rücktritt, durch die Medien herbeigeführt, war daher unausweichlich. Dass er schließlich später in allen Anklagepunkten juristisch freigesprochen wurde, brachte ihn nicht zurück ins Amt. Es zeigt aber deutlich, welche Macht die Medien ausüben. Eine solche mediale Vernichtung findet heute auch gegen missliebige regierungskritische Personen statt, z.B. gegen Tilo Sarrazin, Eva Hermann, Norbert Hofer, Erika Steinbach, Alexander Gauland und gegen Gruppierungen wie Pegida, BärGiDa, Bagida, Legida, Identitäre Bewegung, Ein-Prozent-Bewegung und die Partei AfD. Und vor einiger Zeit hatte sich die Presse wieder auf ein neues prominentes „Opfer" eingeschossen, den Präsident der Polizeigewerkschaften, Rainer Wendt, der in seinem Buch „Deutschland in Gefahr"[41], in Talkshows und Vorträgen die Regierungspolitik scharf kritisiert und auf die fatalen Folgen falsch verstandener Toleranz und blinder Willkommenskultur hinweist. Ihm wird vorgeworfen, ein unangemessen hohes Einkommen zu beziehen, was seit Jahren bekannt war, aber erst jetzt thematisiert wird, nachdem seine Warnungen von einem wachsenden Teil der Bevölkerung wahrgenommen werden. Und führende Politiker der SPD, Linken und Grünen forderten daraufhin seine Abdankung aus dem Amt; denn *„er war einer der wenigen, die es gewagt* *haben, über die zunehmende Migrantengewalt in Deutschland zu reden, Zahlen zu nennen und den Vertuschern die Stirn zu bieten...* "[42] Zusätzlich bedient man sich der Zensur seiner Wortmeldungen. So wurde sein letzter Vortrag mit dem Titel „*Einwanderung aus Sicht der Polizei | Rainer Wendt*"[43], gehalten auf der Konrad-Adenauer-Stiftung" in Mainz, immer wieder im Netz gelöscht, nachdem dieser bei Youtube am 1.3.17 erstmalig ins Netz gestellt worden war. Dieser Vorgang „Ins Netz stellen – Löschen" wiederholte sich mehrfach. Das ist nichts anderes als **Zensur** von Kritikern. Dabei handelt es sich bei Rainer Wendt keinesfalls um einen „Verschwörungstheoretiker", sondern bis dato um einen hochangesehenen höheren Beamten im bundesdeutschen Auftrag. Die Kritiken von Rainer Wendt sind grundsätzlich und zeigen in großer Deutlichkeit die langfristigen, absehbaren Folgen der verantwortungslosen Politik der derzeitigen Bundesregierung auf.[44,45] (Inzwischen kann Wendts Rede in Mainz wieder unter einem anderen Link aufgerufen werden.[46])

An diesen Beispielen ist ersichtlich, dass es nach Dr. Udo Ulfkottes Tod umso wichtiger ist, dessen Mahnungen weiterzutragen, aufzurütteln, den öffentlichen Medien kritisch gegenüberzutreten. Nur so kann es gelingen, langfristig Kriege zu verhindern und Fehlentwicklungen in Politik und Gesellschaft wirksam entgegenzutreten. Dazu dient die folgende Analyse.

## 2.2. Mainstream in der Politik und den öffentlichen Medien

*„Die Geschichte lehrt, dass Wahrheit eine Funktion sozialer
Übereinstimmung ist und Menschen auch noch die absurdesten
Dinge glauben, vorausgesetzt, dass alle sie glauben."*
(Harald Welzer)

*„Wir leben in einem Zeitalter der Massenverblödung, beson-
ders der medialen Massenverblödung."*
(Peter Scholl-Latour)

Heute ist ein Großteil unserer öffentlichen Medien (ARD,
ZDF, ... und Printmedien) fremdbestimmt und gleichgeschaltet.[47] Deren „politisch korrekte" Inhalte und Darstellungen
unterscheiden sich in den Nachrichten und Kommentaren kaum
noch. Die öffentliche Berichterstattung ist wesentlich gefärbt
durch Propaganda, wo die Meinungen und Standpunkte der
Regierenden verbreitet und deren Politik kaum noch kritisch
hinterfragt werden.[48] Die öffentlichen Medien manipulieren
unser Denken. Nachrichten, die nicht in das „politisch korrekte" Bild passen, erscheinen nicht oder nur in kleiner Aufma-
chung in Lokalnachrichten, oder deren Inhalte werden lücken-
haft wiedergegeben und auch schon mal ins Gegenteil verkehrt,
andere werden aufgebauscht.[49]
Ein Beispiel: Nachrichten über die sich immer mehr aufschau-
kelnden anarchischen Ausschreitungen in französischen Städten[50,51,52] durch „Flüchtlinge" findet man in den öffentlichen
Medien praktisch nicht, weil diese nicht in unsere Willkommenskultur passen und in der deutschen Bevölkerung Angst
schüren könnte, dass solche bürgerkriegsähnlichen Zustände
auch bald in Deutschland auftreten könnten.
Kriegshetze, insbesondere gegen Russland[53], Iran und Nordkorea, findet heute wieder statt in den öffentlichen Medien. Diese
dient in erster Linie den Zielen und dem Machterhalt des Establishments. Sie lassen sich so vor den Karren US-

23

amerikanischer Kriegsprofiteure spannen (s. Abschnitte 3.3. und 3.5.).

Nachrichten und Statements stellen sich oft als Falschmeldungen heraus.[54,55,56,57,58,59,60] Eine der Folgen der Medienmanipulation ist z.b., dass die AfD im Bundesdurchschnitt nur mit etwa 10% in den Landtagen vertreten ist, obwohl ein wesentlich größerer Anteil der deutschen Bevölkerung den Zielen, wie sie im Grundsatzprogramm der AfD artikuliert sind, zuneigt.[‡] Das hat damit zu tun, dass in den öffentlichen Medien keine objektive Darstellung dieser Partei und ihrer Ziele erfolgt. Sie wird stigmatisiert, als *populistisch, rechtspopulistisch, rassistisch, nationalistisch, islamophob, homophob* und/oder *fremdenfeindlich* dargestellt. Diese Schlagwörter werden als Propaganda-Waffe eingesetzt und so Kritiker der

---

[‡] Wesentliche Forderungen des Grundsatzprogramms der AfD sind:„keine Freihandelsabkommen TTIP, CETA und TISA", „Volksabstimmungen nach Schweizer Vorbild", „Bargeldnutzung muss uneingeschränkt erhalten bleiben", „Volksabstimmung über den Euro", „Keine deutsche Haftung für ausländische Banken", „parteiferne Rechnungshöfe", „Einführung eines Straftatbestandes der Steuerverschwendung", „Staatsschulden planmäßig tilgen", „Nein zu Gender Mainstreaming und Frühsexualisierung", „Politisch-ideologische Indoktrination darf es an der Schule nicht geben", „Private Rentenvorsorge für Parlamentarier", „Macht der Parteien beschränken", „Wider das Berufspolitikertum: Amtszeit begrenzen", „Ein Europa der Vaterländer", „Opferschutz statt Täterschutz", „Kein Datenschutz für Täter", „Organisierte Kriminalität nachhaltig bekämpfen", „Keine europäische Armee", „Wehrpflicht wieder einsetzen", „Finanzielle Benachteiligung von Familien beseitigen", „Pflege durch Angehörige aufwerten", „Mehr Unterstützung für Familien", „Willkommenskultur für Neu- und Ungeborene", „Keine irreguläre Einwanderung über das Asylrecht", „Der Islam gehört nicht zu Deutschland", „Auslandsfinanzierung von Moscheen beenden", „Koranschulen schließen", „Keine öffentlich-rechtliche Körperschaft für islamische Organisationen", „Vollverschleierung verbieten". „Klimaschutzpolitik: Irrweg beenden, Umwelt schützen", „Kernenergie: Alternativen erforschen. Bis dahin Laufzeitverlängerung", „Unkontrollierten Ausbau der Windenergie stoppen".

Regierungsparteien medial bekämpft, diffamiert, lächerlich gemacht und zum Schweigen gebracht. Ihre Wortmeldungen (Bücher, Kommentare, Veranstaltungen, Interneteinträge, ...) werden behindert. Zensur findet wieder statt (s. Abschnitt 2.9.). Hier einige Beispiele für die mediale Propaganda gegen Andersdenkende:

- In den Medien spricht man von den Leugnern der Klimaerwärmung, obwohl viele der Kritiker die Klimaerwärmung gar nicht leugnen; sie misstrauen lediglich der Behauptung, dass die Klimaerwärmung von den Menschen verursacht ist.[61,62,63,64,65] Und sie misstrauen den theoretischen Modellrechnungen für die zukünftige Klimaentwicklung.[66]
- Die staatlich verordnete Energiewende wird uns als Schutz unserer Umwelt verkauft. In Wirklichkeit stehen da handfeste Lobbyinteressen dahinter. Denn *„Der Wahnsinn der Energiewende lässt sich in zwei einfachen, logischen Sätzen widerlegen: Je knapper eine Ressource ist, desto teurer ist sie. Jede Art der Energieerzeugung, die teurer ist als eine andere, verschwendet also mehr knappe Ressourcen.* [67]
- Einige Menschen und Organisationen werden als *homophob* stigmatisiert, obwohl diese nichts gegen homosexuell veranlagte Menschen haben; sie wenden sich lediglich gegen deren Überprivilegierung oder gegen eine Verweichlichung bzw. Verweiblichung des Mannes[68] und dagegen, dass diese in den Mittelpunkt des öffentlichen Interesses gerückt werden.
- Die nach Deutschland Zugewanderten werden generell als „Flüchtlinge" bezeichnet, obwohl nur ein Teil derer tatsächlich vor Krieg und Verfolgung geflohen ist.
- Die „Flüchtlinge" werden als eine Bereicherung angepriesen, die unsere Sozialkassen zukünftig sichern werden, obwohl genau das Gegenteil der Fall ist: mehr Kriminalität und Plünderung unserer Sozialkassen.[69,70] Dabei sollte

man aber auch nicht vergessen, dass die „Flüchtlinge" als Waffe zur Durchsetzung bestimmter globaler Ziele missbraucht werden, was in den Mainstream-Medien aber nicht thematisiert wird (s. Abschnitt 3.6.).

- Die Demonstranten, die auf die Pegida-Veranstaltungen gehen und friedlich gegen eine Islamisierung Deutschlands protestieren,[71] werden kriminalisiert und als *fremdenfeindlich, rechtspopulistisch, rechtsextrem* dämonisiert. In den zehn „*Dresdner Thesen*", die die Ziele von Pegida abstecken, ist jedoch überhaupt kein derartiges Gedankengut enthalten. Gegen Pegida ist die Propaganda durch die öffentlichen Medien aber besonders aggressiv, weil diese sich durch den dort verwendeten Slogan „Lügenpresse" herausgefordert sehen.

- Ebenso wird die „Identitäre Bewegung" als rechtsextreme Bewegung stigmatisiert, die sich immer mehr radikalisieren würde.[72] Wer sich aber die Mühe macht, die Wortmeldungen und Themen der „Identitären Bewegung" zu studieren, zum Beispiel in einschlägigen Youtube-Videos, wird feststellen, dass sie mit Rechtsextremismus nichts gemein haben. Sie versuchen lediglich mit Argumentationen, Diskussionen und publikumswirksamen Aktionen, wie zum Beispiel der friedlichen Sitzblockade vor der CDU-Zentrale in Berlin am 21.12.16, darauf aufmerksam zu machen, dass der deutschen Bevölkerung durch die derzeitige Politik großer Schaden zugefügt wird. Dazu mehr im Abschnitt 2.8.[73]

- Der in den USA demokratisch gewählte Präsident, Trump, wurde von den öffentlichen Medien unisono durch Hasspropaganda verunglimpft. Der Grund ist offensichtlich. Trump hatte sich in seinem Wahlkampf als vom Establishment unabhängig erklärt und dass er dessen Agenda nicht folgen will (s. Abschnitt 2.11.).

- Die bisher von der NATO und den USA geführten Kriege werden der Bevölkerung in den öffentlichen Medien damit begründet, dass den überfallenen Staaten Freiheit,

Demokratie und Rechtstaatlichkeit gebracht werden soll. Viele dieser Kriege sind aber in Wahrheit Ausdruck von Profitgier und globalem Machtstreben, der Kampf um Öl und Ressourcen (s. Abschnitte 3.3. und 3.4). Und für diese Ziele werden hunderttausende Menschen gemordet.

Interessant ist auch, dass eine solche Stigmatisierung *„rechtsextrem"* zu einem früheren Zeitpunkt sogar die CDU getroffen hatte, als sie noch für eine geregelte Zuwanderung eintrat: So sagte Angela Merkel auf dem Leipziger CDU-Parteitag im Jahre 2005: *„Manche unserer politischen Gegner können es sich nicht verkneifen, uns in der Zuwanderungsdebatte in die* **Rechtsextreme** *Ecke zu tun. Nur weil wir auf die Gefahren von Parallelgesellschaften aufmerksam machen. Das, liebe Freunde, ist der Gipfel der Verlogenheit. Eine solche Scheinheiligkeit wird vor den Menschen wie ein Kartenhaus zusammenbrechen. Deshalb werden wir auch weiter für eine geregelte Zuwanderung und eine Begrenzung der Zuwanderung eintreten. "*
Was lernen wir aus diesem Beispiel? Erstens, von ihrer ursprünglichen politischen Maxime einer geregelten Zuwanderung und deren Begrenzung hat sich die CDU inzwischen komplett verabschiedet. Zweitens, die Stigmatisierung *„rechtextrem"*, wie sie heute in den öffentlichen Medien gegen AfD, Pegida und andere Regierungskritiker übliche Praxis ist, war auch schon vor 12 bzw.15 Jahren eine gängige Methode, politische Gegner auszugrenzen, zu verunglimpfen und moralisch ins Abseits zu stellen, nur eben betraf es damals die CDU, die sich offensichtlich gegen diese Stigmatisierung zur Wehr setzte.

Als Wahrheit wird wahrgenommen, wovon die Menschen *mehrheitlich* überzeugt sind. Und diese mehrheitliche Überzeugung ist das Ergebnis der tagtäglichen medialen Beeinflussung unserer Denke durch die öffentlichen Medien. Es ist ungeheuer schwer, sich der einseitigen Propaganda unserer öffentlichen Medien zu entziehen. Das wird beispielhaft deutlich in den Youtube-Videos[74,75,76]. Darin wird an Beispielen nachgewiesen, wie in der heutigen Zeit Nachrichten manipuliert werden und wem sie nutzen. Ergebnis ist eine Berichterstattung im Sinne der herrschenden Eliten. Die Zustimmung eines Großteils der Bevölkerung zu Merkels Politik ist in besonderem Maße diesem Einfluss durch die öffentlichen Medien geschuldet. Denn sie hat eine Reihe von Fehlentscheidungen gefällt, die für die Zukunft Deutschlands verhängnisvoll sein werden (s. Abschnitt 2.4.). Deshalb empfiehlt es sich, neben ARD, ZDF, ... auch unabhängige Medien anzuschauen (z.B. *„Klagemauer TV" (kurz kla-tv), „Antizensurkoalition AZK", „KenFM", „Unzensuriert tv", „Russian today news deutsch", „Politically Incorrect", „Macht-steuert-Wissen.de"* usw.) und vor allem auch Bücher von unabhängigen Autoren zu lesen, um so seinen Blickwinkel auf die komplexen Zusammenhänge zu erweitern.

Die Medien schrecken nicht davor zurück, kritische Autoren öffentlich zu kriminalisieren oder zu dämonisieren, um sie mundtot zu machen. So beschreibt Dr. Udo Ulfkotte,[77] wie überall in den öffentlichen Medien, von der *Tagesschau* bis zum *Spiegel*, über eine Hausdurchsuchung bei ihm berichtet wurde, mit der gleichlautenden Formulierung *„Räume eines Terror-Experten durchsucht"*. Seitdem galt Dr. Udo Ulfkotte als Krimineller. Aber, bis heute haben weder die *Tagesschau* noch *Spiegel* oder die *FAZ* berichtet, dass die Strafverfahren gegen ihn auch wieder eingestellt wurden. Insgesamt sind bei Dr. Udo Ulfkotte sechs Hausdurchsuchungen wegen Geheimnisverrats durchgeführt worden.[78]

Eine der wirksamsten Methoden der medialen Beeinflussung der Bevölkerung ist das mit dem Begriff **„Doppeldenk"** umschriebene Phänomen, ein Begriff, der schon in Orwell's Buch „1984" eine zentrale Rolle spielt. Zu Propagandazwecken werden zwei sich **widersprechende** Begriffe kombiniert und damit das logische Denkvermögen attackiert. Diese Begriffe werden immer wieder wiederholt, in Demonstrationen, Nachrichten, Diskussionen, Argumentationen, wodurch schließlich erreicht wird, dass irgendwann das logische Denkvermögen außer Kraft gesetzt wird. Das ist das Geheimnis der Gehirnwäsche.

Ein Beispiel: „**Toleranz und Akzeptanz**" werden heute staatlicherseits in Bezug auf die Zugewanderten, aber auch in Bezug auf sexuelle Vielfalt eingefordert.

Toleranz bedeutet Duldsamkeit, d.h. Geltenlassen fremder Überzeugungen und Handlungsweisen, wobei man die eigene Überzeugung beibehält. Akzeptanz bedeutet hinwiederum „für gut heißen"; es drückt zustimmendes Werturteil aus. Wer aber eine andere Überzeugung akzeptiert, übernimmt damit gleichzeitig diese andere Überzeugung für sich und gibt die eigene auf. D.h. die staatliche Verordnung Akzeptanz wäre also eine Aufforderung zur Aufgabe des eigenen Wertesystems.[79]

Sogar das „*Bundesverwaltungsgericht hat beschlossen, dass das Einfordern von Akzeptanz sexueller Vielfalt gegen das Indoktrinationsverbot verstößt*".[80]

Ein anderes Beispiel: „**Soziale Gerechtigkeit**", ein Slogan, der gern von Parteien als Ziel vor einer anstehenden Wahl ausgegeben wird. „*Gerechtigkeit bedeutet, dass für jeden Menschen dieselben Rechte gelten. Sozial – so wie es die Sozialisten fälschlich definieren – bedeutet aber, dass die eine Gruppe die anderen bestehlen darf. Also besitzen gerade nicht alle dieselben Rechte.*"[81]

Ein anderes Beispiel sind die Begriffe „**Antifaschismus und Freiheit**", die sich, so wie sie heute benutzt werden, im Grunde gegenseitig ausschließen, zumal wenn man bedenkt, dass der Begriff „Faschismus" heute in einer sehr weitläufigen Bedeutung benutzt wird. Zum Beispiel wird heute eine patriotische Haltung gern mal als faschistisch beschimpft, obwohl der Beschimpfte nur eine Meinung äußert, die nicht mit dem Mainstream konform geht. Hier schließen sich „**Antifaschismus und** (Meinungs-) **Freiheit**" aus.

Die Folge dieser Art der „Doppeldenk-Gehirnwäsche" ist, dass man zu diesen „gehirngewaschenen" Menschen (die diese Begriffe übernommen haben), keinen argumentativen Zugang mehr hat, man kann zu ihnen nicht mehr durchdringen, weder durch logische Argumente noch durch die Konfrontation mit der Realität. *„Selbst wenn Sie ihnen beweisen, dass weiss weiss ist und schwarz schwarz, können Sie immer noch nicht ihre grundsätzliche Wahrnehmung oder die Logik ihres Verhaltens ändern."*[82]

So hat der Leitspruch dieses Buches für unser Überleben in einer menschenwürdigen Gesellschaft eine ganz zentrale Bedeutung. Er soll an dieser Stelle noch einmal wiederholt werden: *„Nur starke und interessierte Menschen schaffen es, aus dem Gedankengemäuer auszubrechen, das in der Schule angelegt und durch die Gehirnwäsche der Medien verfestigt wird. Denn: ,Das logische Denkvermögen setzt aus. Das ist der eigentliche Prozess der Gehirnwäsche'"* (Seite 12).

## 2.3. Mainstream in der Wissenschaft

*„Bloß keinen Mainstream ... Da hat die Schönheit der gängigen Theorie die Forschung behindert. Sie war so schlüssig und klar, da hat keiner mehr gesagt:*
*Das schaue ich mir noch mal an."*
(Stefan Hell, Nobelpreisträger für Chemie 2014[83])

*„Die Geschichte lehrt, dass Wahrheit eine Funktion sozialer Übereinstimmung ist und Menschen auch noch die absurdesten Dinge glauben, vorausgesetzt, dass alle sie glauben"* Dieser Satz von Harald Welzer[84] gilt auch in der „exakten" Wissenschaft, z.B. in der Physik. Dies trifft zu auf frühere Jahrhunderte, aber auch auf unsere Gegenwart. Eine der in früheren Jahrhunderten von Experten geglaubten „wissenschaftlichen Gewissheiten" war, dass die Erde eine Scheibe sei, obwohl es schon damals experimentelle Befunde dafür gab, dass die Erde eine Kugel sein könnte, die also der damaligen Lehrmeinung

widersprachen, z.B., dass ein Schiff auf dem Meer allmählich nach „unten" versinkt, wenn es sich dem sichtbaren Horizont näherte. Eine andere „wissenschaftliche Gewissheit" war, dass die Erde das Zentrum des Universums ist und sich die Sterne, einschließlich der Sonne, um diese bewegen. Auch hier gab es Befunde, die dieser Sicht widersprachen, z.B., dass sich die Planeten (damals Wandelsterne genannt) nicht kontinuierlich und gleichmäßig über den Nachthimmel bewegten, sondern manchmal sogar ihre Bewegungsrichtung änderten. Dies war damals kein Grund für die Gelehrten, dieses geozentrische Weltbild in Frage zu stellen, sondern sie machten Zusatzannahmen, die ihren Niederschlag in den sogenannten Ptolemäischen Epizykeln fanden.

In der **Gegenwart** sind wir Zeugen von einem Glauben unter Wissenschaftlern, die, zwar auf einem höheren Erkenntnislevel, aber dennoch in einer geradezu dogmatischen Weise an wissenschaftlichen Überzeugungen oder „Glaubenssätzen" festhalten, die für einen unvoreingenommenen, logisch denkenden Menschen gelegentlich als Absurdität wahrgenommen werden könnten. Dazu haben uns A. Unzicker[85,86] und H.-D. Radecke & L. Teufel[87] in ihren Büchern eine Reihe von Beispielen beschrieben, z.B. die „String-" oder auch „Superstringtheorie" und die „Schleifenquantengravitation" oder das Standardmodell der Kosmologie oder das Standardmodell der Teilchenphysik. Diese Standardmodelle werden heute von der Wissenschaftsgemeinde als weitestgehend gesichert angesehen, sind es aber nach Auffassung der genannten Autoren keinesfalls, was diese in ihren Büchern ausführlich begründen. Widersprüche zu experimentellen Befunden werden oft durch Zusatzannahmen aus der Welt geschafft, wodurch die Übereinstimmung mit dem Experiment wieder hergestellt werden kann. Z.B. sind die Geschwindigkeiten der Sterne oder Gaswolken in den außen liegenden Bereichen von Galaxien viel größer, als sie aus dem Gravitationsgesetz folgen. Dieser Widerspruch wird „gelöst" durch die Zusatzannahme, dass der überwiegende Teil der Materie im Universum, bis zu 90% und mehr, aus sogenannter „dunkler Materie" besteht, also unsichtbar ist. Auch die Annahme „dunkler Energie" im Universum wird heute in der Wissenschaftswelt weitestgehend akzeptiert. Und die „Urknalltheorie" ist ein Paradebeispiel, dem heute kaum noch ein Wissenschaftler widersprechen kann, ohne von der Wissenschaftsgemeinde ausgegrenzt oder als Spinner verschrien zu werden und dabei seine wissenschaftliche Glaubwürdigkeit aufs Spiel zu setzen, oder noch schlimmer, Berufsverbot in dem Sinne zu erfahren, dass seine wissenschaftlichen Arbeiten nicht mehr in wissenschaftlichen Zeitschriften veröffentlicht werden oder er keine Kapazitäten/Beobachtungszeiten an experimentellen Großgeräten wie z.B. Teleskopen oder Großrechnern bekommt, auch keine Forschungsgelder für seine Arbeit mehr genehmigt werden. Alles das genannte kommt einer **Zensur** gleich. Gerade am Beispiel der heute generell nicht mehr hinterfragten „Urknalltheorie" wird dies sehr deutlich: Der 2013 in München verstorbene amerikanische Astronom Halton Arp hatte etwas entdeckt, was der heute allgemein anerkannten Interpretation der *Rotverschiebung* widerspricht und damit auch der „Urknalltheorie" eine ihrer Grundlagen entzieht, nämlich dass die Rotverschiebung des Spektrums des sichtbaren Lichts, das von einem Himmelsobjekt abgestrahlt wird, allein dessen Entfernung zu uns charakterisiert.

Lassen Sie uns den Kampf Halton Arp's gegen „wissenschaftliche Windmühlen" ausführlicher beleuchten, da es an diesem Beispiel sehr anschaulich klar wird, dass es viele Gemeinsamkeiten gibt mit dem Hauptthema dieses Buches, nämlich: Wie schaffen es die öffentlichen Medien heutzutage, durch ihren Einfluss die öffentliche Meinung zu manipulieren, und dass es nur wenigen Menschen gelingt, dies zu durchschauen?

Arp hatte durch Beobachtung an einer Vielzahl von Himmelsobjekten herausgefunden, dass verschiedene, offensichtlich durch Materiebrücken miteinander verbundene Galaxien, extreme Unterschiede in ihrer Rotverschiebung aufweisen, was nach der gängigen Interpretation der *Rotverschiebung* bedeuten würde, dass die Entfernungen dieser beiden Galaxien von der

Erde sich jeweils um Millionen von Lichtjahren voneinander unterscheiden müssten, was aber mit der Beobachtung von Materiebrücken untereinander im Widerspruch steht. Die von Arp gemachten Beobachtungen, die jederzeit am Himmel durch die besten heute zur Verfügung stehenden Teleskope nachprüfbar sind, führten ihn zu der Schlussfolgerung, dass die Interpretation der *Rotverschiebung* und die „Urknalltheorie" sowie auch jedes andere kosmologische Modell, das ein expandierendes Weltall annimmt, die Wirklichkeit nicht richtig beschreibt.[88] Gemeinsam mit dem Theoretiker Jayant Narlikar hat Arp schließlich eine Theorie erarbeitet, die seine Beobachtungen erklären können, ebenso das von ihm gefundene Phänomen, dass es in der Nähe von aktiven Galaxien, sogenannten Seyfert-Galaxien, überproportional viele Quasare mit sehr hoher *Rotverschiebung* gibt. *„Der Grundgedanke (dieser Theorie) ist, dass die Masse der Elementarteilchen nicht für alle Zeiten konstant ist, sondern nach einem von dem Physiker Ernst Mach (1838 – 1916) aufgestellten Prinzip durch die Wechselwirkung mit den anderen Materieteilchen im Weltall stetig zunimmt. Die im Zentrum der aktiven Galaxien gebildete neue Materie hat die Masse null, aber sofort nach ihrer Geburt steigt die Masse stetig an, weil die Teilchen mit immer mehr Partikeln in ihrer Umgebung in Kontakt treten. "*[89] Nach den Gesetzen der Elektrodynamik strahlen aber Atome umso rötlicheres Licht ab, je geringer die Masse ist. *„Neugeborene Materie mit geringer Masse hat also eine sehr hohe Rotverschiebung. Während die Materie altert, nimmt ihre Masse zu, und die Rotverschiebung nimmt ab ..."*[90] Auf der Grundlage dieser Theorie hätte man auch eine gute Diskussionsgrundlage dafür, dass es das Universum in der heutigen Form überhaupt gibt. Denn nach dem zweiten Hauptsatz der Thermodynamik kann in einem abgeschlossenen System die Entropie nur konstant bleiben oder zunehmen; bestehende Temperaturunterschiede können langfristig nur abnehmen. D.h., nach hinreichend langer Zeit würde dieses abgeschlossene System den Wärmetod sterben, weil alle Temperaturunterschiede ausgeglichen wären, ein Phänomen, das in den vergangenen Jahrhunderten immer wieder die Diskussion über unser Universum befeuert hatte. Wenn aber, entsprechend der Narlikar–Arp–Theorie, ständig neue Materie erzeugt wird, ist das Universum kein abgeschlossenes System. Und folglich der Wärmetod des Universums infolge des zweiten Hauptsatzes der Thermodynamik nicht mehr zwingend.

Diese interessanten Beobachtungen Arp's und die darauf aufbauende Narlikar–Arp–Theorie sind jedoch durch die Wissenschaftsgemeinde vehement und mit allen verfügbaren Mitteln bekämpft worden. *„Als Arp 1995 versuchte, seine neuesten Beobachtungsdaten im (renommierten) Wissenschaftsmagazin Nature zu veröffentlichen, akzeptierte die Zeitschrift nur den unbedeutenden Teil seiner Daten und verweigerte die Veröffentlichung derjenigen Beobachtungen, die dem Urknallmodell eindeutig widersprachen. Eines der wichtigsten Fachmagazine, die europäische Zeitschrift Astronomie & Astrophysics, teilte ihm sogar offiziell mit, dass man keine Arbeiten von ihm mehr zur Begutachtung annehmen werde – wohlgemerkt, die Absage galt nicht einem abseitigen Spinner, sondern einem der bedeutendsten Astronomen mit hunderten von anerkannten Publikationen. Das ist eindeutig Zensur.* "[91] In ähnlicher Weise findet heute Zensur gegen Meinungen und insbesondere auch Veröffentlichungen im Internet statt, die dem „politisch korrekten" Mainstream widersprechen (s. Abschnitt 2.9).

Die Geschichte Arp's geht aber noch weiter: *„Von wissenschaftlichen Fachtagungen wurde Arp wiederholt und ohne Angabe von Gründen ausgeschlossen, und der Zugang zu Datenarchiven wurde ihm verweigert.* " Nicht nur das; es wurde auch die Empfehlung ausgesprochen, ihm die Benutzung der Teleskope nicht mehr zu gestatten. *„Arp wurde ultimativ aufgefordert, seinen **ketzerischen Ideen** abzuschwören und seine Forschung ‚grundlegend neu auszurichten' ... Konsequenterweise wurden auch anderen Forschern Beobachtungszeiten verweigert, sobald sie sich für ‚Arpsche Objekte' interessierten.* " Man kann es kaum glauben. Bei diesen Fakten wird man unwillkürlich an den Kampf der aufstrebenden Wissenschaft gegen die Kirche im Mittelalter erinnert, insbesondere an Galilei vor 400 Jahren.

Auch meine eigenen Erfahrungen als Festkörperphysiker haben mir den außerordentlichen Einfluss des Mainstreams auf die wissenschaftliche Forschung vor Augen geführt. Mein Arbeitsgebiet waren ungeordnete Werkstoffe, im engeren Sinne metallische Gläser bzw. amorphe Legierungen und deren elektronische Transporteigenschaften. Seit etwa den 70er Jahren des vorigen Jahrhunderts war die vorherrschende Expertenmeinung, dass die klassischen Transporttheorien, die die physikalischen Eigenschaften *kristalliner* Festkörper sehr gut beschreiben, nicht auf metallische Gläser anwendbar sind. Dem habe ich 1989 in einer Veröffentlichung grundsätzlich widersprochen.[92] Da die in dieser Veröffentlichung begründete Meinung und der dort vertretene Theorieansatz im Widerspruch zum wissenschaftlichen Mainstream stand, hatte mein damaliger Arbeitgeber, das Forschungsinstitut ZFW in Dresden, diese nicht unterstützt und untersagt, das Institut in der Veröffentlichung zu erwähnen, so dass sie als private Meinung eines Außenseiters publiziert worden ist. Das war ein Grund dafür, dass ich das Forschungsinstitut verlassen und 1990 einen Job in einer Firma, der HL Planartechnik GmbH, angenommen habe, dessen Geschäftsführer, der Physiker Johannes Herrnsdorf, mir in großzügiger Weise ermöglichte, neben meiner Entwicklertätigkeit in der Firma, die Theorie weiter auszuarbeiten, was zu weiteren Veröffentlichungen geführt hatte. [93,94] Der Glücksumstand bestand einmal in dieser Großzügigkeit als auch dessen Unabhängigkeit vom wissenschaftlichen Mainstream, ohne die eine Weiterarbeit an der Theorie nicht möglich gewesen wäre. Der Mainstream holte mich aber doch schließlich wieder ein, indem meine folgenden Manuskripte bei dieser international führenden Zeitschrift, *Physical Review*, nicht mehr zur fachlichen Begutachtung zugelassen wurden. Zuvor waren dort bereits die drei oben zitierten Aufsätze erschienen. Die folgenden drei erschienen deshalb in einer anderen Zeitschrift, im *Journal of Physics: Condensed Matter*. Auch bei dieser Zeitschrift wiederholte sich der Vorgang: Nach drei in diesem Journal veröffentlichten Publikationen[95,96,97] wurden alle weiteren von mir eingereichten Manuskripte auch wieder nicht mehr zur fachlichen Begutachtung zugelassen. Grund dafür war offensichtlich ein zu niedriger „Impact Factor". Der „Impact Factor" ist eine Art Mehrheitsabstimmung durch die Wissenschaftlergemeinde (Mainstream), der anzeigt, wie oft Aufsätze aus einer Zeitschrift in den zwei Folgejahren zitiert werden, relativ zur Gesamtzahl der Aufsätze. Je größer dieser Faktor, desto größer der Einfluss der Zeitschrift. *„Obwohl von Kritikern als zu grob abgetan, ist der Impact Faktor in den letzten Jahrzehnten vor allem in den Naturwissenschaften und der Medizin, aber auch in anderen Disziplinen, zur zentralen Einflussgröße geworden."*[98] Und wissenschaftliche Top-Zeitschriften streben nun mal einen möglichst hohen „Impact Factor" an, was als Maß für deren Bedeutung gilt. Der geringe „Impact Factor" signalisiert, dass diese Publikationen von der Wissenschaftsgemeinde weitestgehend ignoriert worden sind, was auch damit zu tun hat, dass hinter diesen keine Universität oder kein Forschungsinstitut als „Aushängeschild" stand, sondern eine kleine Firma, die Produkte vermarktet und davor nicht durch wissenschaftliche Publikationen bekannt geworden ist. Das nächste Manuskript war schließlich im *Open Journal of Composite Materials*[99] veröffentlicht worden. Mit der in diesen Publikationen entwickelten Theorie gelingt eine quantitative Beschreibung der Transporteigenschaften ungeordneter Legierungen sogar bis nahe zum Metall-Isolator-Übergang, und sie gibt nachvollziehbare Erklärungen für eine Reihe physikalischer Phänomene, für die es zuvor keine Erklärung gab, z.B. warum einfache Metalle wie Kupfer, Silber, Gold, ... positive Thermokraft (Seebeckkoeffizient) besitzen oder warum mit Metall-Isolator-Mischungen extrem hohe Werte für den Hallkoeffizent erreichbar sind, bekannt unter dem Begriff *Giant Hall Effect*.

Oder, warum überhaupt quasi-stabile amorphe Legierungen existieren können?

Schließlich ein ketzerischer Gedanke: Was wäre aus Einstein's Relativitätstheorie geworden, wenn sich Stanley Eddington nicht, gemeinsam mit Frank Eatson Dyson, 1919 nach Westafrika begeben hätten, um während einer Sonnenfinsternis eine der Vorhersagen Einstein's Relativitätstheorie experimentell zu überprüfen? Durch diese experimentelle Bestätigung wurde der Allgemeinen Relativitätstheorie zum Durchbruch verholfen, und sie ist heute ein ganz wesentlicher Eckpfeiler der Physik geworden.

Auch in der Wissenschaft spielt Geld eine wesentliche Rolle. Während die Nichtregierungsorganisationen (NGO) ihre finanziellen Mittel von milliardenschweren Eliten erhalten (s. Abschnitt 1.), ist es in der heutigen Wissenschaft so, dass der Hauptanteil der Geldzuwendungen aus Steuereinnahmen stammt; und diese fließen in aller Regel in Großprojekte, die im wissenschaftlichen Mainstream eingebettet sind. Für einen Einzelkämpfer, der keine Wissenschaftslobby hinter sich hat und über keine finanziellen Zuwendungen verfügt, besteht wenig Hoffnung, dass seine Theorie durch Experimente überprüft wird.

## 2.4. Regierungspolitik in Deutschland seit 2005

*„Das Volk hat nur einen Feind, und das ist die Regierung"*
(George Danton, hingerichtet 5. April 1794 in Paris)

Dieses Kapitel entlarvt *„eine Regierung, die wissentlich und ohne jedes Verantwortungsbewusstsein die Zukunft der Deutschen aufs Spiel setzt"*[100]. Wie ist es möglich, dass die überwiegende Mehrheit der Bevölkerung die Arbeit unserer Kanzlerin in Umfragen als gut oder „erfolgreich" bewertet, obwohl ihre politischen Entscheidungen und Maßnahmen in der Summe ein Desaster für Deutschland sind. Dieses Desaster kann man in den folgenden sechs wesentlichen Beispielen festmachen. 2005 war Angela Merkel zur Bundeskanzlerin Deutschlands gewählt worden, nicht zuletzt wegen ihrer Wahlversprechen. Doch seit Übernahme der Regierungsverantwortung hat sie in den wesentlichen Politikfeldern, die über die wirtschaftliche und existentielle Zukunft Deutschlands entscheiden, das genaue Gegenteil von dem getan, was sie vor ihrer Wahl vertreten und versprochen hatte. Das Volk kann sich aber nicht beklagen; es hätte es besser wissen können. Denn, in einer ihrer öffentlichen Reden sagte sie: *„Man kann sich nicht darauf verlassen, dass das was vor den Wahlen gesagt wird, auch wirklich nach den Wahlen gilt."*[101]

**1. Beispiel: Unkontrollierte Massenzuwanderung nach Deutschland:** Am 1.März 2016, 10 Monate vor seinem frühen Tod, schrieb Dr. Udo Ulfkotte: *„Wie extrem sich die CDU unter ihrer Führerin Angela Merkel nach links gewendet hat, kann man ganz nüchtern und neutral belegen, wenn man einen Blick in jene Wahlprogramme wirft, welche die CDU vor der Regierungsübernahme der Kanzlerin veröffentlicht hat. Was dort von der CDU gefordert wurde (Merkel war damals schon CDU-Bundesvorsitzende), wäre heute »rechtsradikal« und würde wohl auf Geheiß der Führungsriege schnell den Verfassungsschutz auf den Plan rufen. Dabei forderte die CDU noch 2002 das Ende der Zuwanderung in die Sozialsysteme, weil sonst der innere Friede gefährdet sei."*[102] **So steht im Gemeinsamen Wahlprogramm der CDU und CSU von 2002:** *„Deutschland muss Zuwanderung stärker steuern und begrenzen als bisher. Zuwanderung kann kein Ausweg aus den demografischen Veränderungen in Deutschland sein. Wir erteilen einer Ausweitung der Zuwanderung aus Drittstaaten eine klare Absage, denn sie würde die Integrationsfähigkeit unserer Gesellschaft überfordern. Verstärkte Zuwanderung* *würde den inneren Frieden gefährden und radikalen Kräften Vorschub leisten."* Diesen Standpunkt vertrat Angela Merkel auch in Ihrer Rede im Bundestag am 13.9.2002, wo sie sagte: *"... Und Sie wissen, dass spätestens nach PISA doch in Deutschland völlig klar ist: Bevor wir neue Zuwanderung haben, müssen wie erst einmal die Integration der bei uns lebenden ausländischen Kinder verbessern ... dass hier in Berlin Kreuzberg 40% der ausländischen Kinder und Jugendlichen weder einen Schulabschluss haben noch einen Berufsabschluss ... Und trotzdem reden Sie über mehr Zuwanderung... Mit uns haben Sie die Alternative ... wir werden das ändern."* Und auf dem Leipziger CDU-Parteitag im Jahre 2005 sagte sie: *"Manche unserer politischen Gegner können es sich nicht verkneifen, uns in der Zuwanderungsdebatte in die Rechtsextreme Ecke zu tun. Nur weil wir auf die Gefahren von Parallelgesellschaften aufmerksam machen. Das, liebe Freunde, ist der Gipfel der Verlogenheit. Eine solche Scheinheiligkeit wird vor den Menschen wie ein Kartenhaus zusammenbrechen. Deshalb werden wir auch weiter für eine geregelte Zuwanderung und eine Begrenzung der Zuwanderung eintreten."* Und 2010 hatte sie sich in ihrer Rede auf dem Deutschlandtag Junge Union noch einmal klar gegen Multikulti und gegen eine unbegrenzte Zuwanderung aus kulturfremden Kreisen nach Deutschland positioniert, indem sie sagte: *"Natürlich war der Ansatz, zu sagen, jetzt machen wir hier mal Multikulti und leben mal nebeneinander her und freuen uns übereinander, dieser Ansatz ist gescheitert, absolut gescheitert."* Mit der gesetzwidrigen Grenzöffnung im September 2015 und der unbegrenzten Zuwanderung Hunderttausender kulturfremder Menschen nach Deutschland hat Merkel also genau das Gegenteil von dem getan, wofür sie 2005 gewählt worden war und was sie in ihren früheren Reden vertreten hatte.

**2. Beispiel: Geldpolitik:** Im Jahre 2008, nach der Lehman-Pleite in den USA und auf dem Höhepunkt der Finanzkrise, waren sich die führenden Politiker, allen voran die Bundeskanzlerin, darin einig, dass sich eine solche Finanzkrise, hervorgerufen durch die Finanzspekulationen der Banken, nie wieder wiederholen dürfe und dass deshalb Gesetze geschaffen werden müssen, die dies verhindern, also die Banken stärker kontrollieren, und dass derartige Finanzspekulationen verboten werden müssen. So sagte sie öffentlich: *"Banken und Gläubiger dürfen sich ihrer Verantwortung nicht entziehen."*[103] Solche Gesetze sind in der Folgezeit aber nicht beschlossen worden. Stattdessen hat die Bundesregierung eine Politik betrieben, die in erster Linie den Banken dient, diese durch hohe finanzielle Zuwendungen aus Steuermitteln gerettet und damit die Kosten den Steuerzahlern aufgebürdet. Am Beispiel Griechenland kann man ganz deutlich sehen, dass die Hilfszahlungen nicht dessen Wirtschaft dienen, sondern im Wesentlichen den Banken. Denn 90% des dritten „Euro-Rettungsschirm"-Hilfspakets in Höhe von 248 Milliarden Euro seien, so Finanzexperte Marc Friedrich, nie angekommen. Das Geld floss wieder an die Finanzinstitute nach Frankfurt, Paris und London und rettete diese Banken und den Euro vor dem Untergang.[104] Dagegen ist die Wirtschaft Griechenlands seit 2010 um ein Viertel eingebrochen, und die Jugendarbeitslosigkeit liegt nach wie vor sehr hoch.

Und heute wird in der Finanzbranche wieder spekuliert, als hätte es die Bankenkrise gar nicht gegeben. Der ehemalige Vorsitzende der AfD, jetzt Chef der ALFA-Partei, Bernd Lucke, hat dazu festgestellt: *„Die Bürger sind doch an der Nase herumgeführt worden, als die CDU versprach, dass Deutschland nie für fremde Schulden würde haften müssen."*[105] Aber genau das ist durch die Politik der Bundesregierung jetzt der Fall.

**3. Beispiel: Mehrwertsteuererhöhung:** Vor der Bundestagswahl 2009 sagte Angela Merkel: *„So wie wir vor der letzten Wahl deutlich gemacht haben, dass wir eine Mehrwertsteuererhöhung ins Kalkül ziehen, sagen wir diesmal ein klares Nein. Es wird keine Mehrwertsteuererhöhung mit mir geben."*[106] Nach der Bundestagswahl 2009 hatte Angela Merkel ihr Versprechen vergessen, und die Mehrwertsteuer wurde von 16% nicht auf 18%, sondern gleich auf 19% erhöht.

**4. Beispiel: Atomausstieg:** Vor der AKW-Katastrophe in Fukushima war der Atomausstieg in Deutschland durch die SPD-geführte Regierung vor 2005 gesetzlich beschlossen worden. Dieser Beschluss war im Konsens mit den Energiefirmen ausgehandelt worden und traf auch bei der Bevölkerung auf Zustimmung. Dieser Konsens wurde durch die Merkeladministration wieder aufgehoben und eine Verlängerung der AKW-Laufzeiten beschlossen. Und nun die 180°-Kehrtwende: Nach der AKW- Katastrophe in Fukushima ruderte die Merkeladministration zurück und verschärfte den Atomausstieg sogar noch gegenüber dem von der SPD-geführten Vorgängerregierung ausgehandelten Kompromiss. Sie kehrte nicht etwa zu dem alten Konsens eines sorgfältigen, mit allen Beteiligten im Einvernehmen geplanten Atomausstieg zurück, sondern hat den Atomausstieg ohne Not Hals über Kopf in kürzest möglicher Zeit durchgesetzt mit verheerenden Folgen für die Planungssicherheit der Energiekonzerne. Diese nicht bis zu Ende gedachte 180°-Kehrtwende hat Milliarden-Verluste für die Energiekonzerne zur Folge. Jedoch, man muss davon ausgehen, dass diese Verluste nicht die Energiekonzerne werden tragen müssen; denn diese geben sie an ihre Kunden weiter, so dass nicht die Energieerzeuger die Zeche bezahlen werden, sondern die Kunden, die Verbraucher. Dieser überstürzte Atomausstieg ist mit sachlichen Argumenten nicht begründbar; denn die deutsche Atomtechnologie ist führend und eine der sichersten in der Welt. Und die Risiken, die zur Fukushima-Katastrophe geführt hatten, bestehen bei deutschen AKWs nicht. Des Weiteren gibt es in den Nachbarländern rund um Deutschland nach wie vor AKWs, die einen solchen deutschen Alleingang ad absurdum führen. Und dort werden weitere neue AKWs geplant und gebaut.

**5. Beispiel: Waffenexporte:** Versprochen hatte die Bundesregierung, konkret der Wirtschaftsminister Sigmar Gabriel, eine restriktivere Handhabung der Waffenexporte.[107] Doch die Höhe der Waffenexporte stiegen nach der Bundestagswahl 2013 weiter drastisch an. Und besonders verwerflich daran ist, dass große Teile der Waffenexporte an Kriegsparteien im Syrienkrieg, Katar und Saudi-Arabien, gehen. Diese Länder unterstützen den von westlichen Geheimdiensten angezettelten illegalen, schmutzigen Krieg in Syrien[108] (s. Abschnitte 3.2.-3.4).

**6. Beispiel: PKW-Maut:** Vor der Bundestagswahl 2013 hatte sich Merkel festgelegt, dass es mit ihr keine PKW-Maut geben werde. Im Widerspruch dazu war aber bereits zwei Jahre später die PKW-Maut durch Merkels Regierungsmehrheit im Bundestag beschlossen und mit deren Mehrheit auch im Bundesrat besiegelt worden. Deren Einführung wurde lediglich nach Einwänden durch die EU-Kommission noch einmal verzögert und ist nun in abgeänderter Form wieder im Bundestag beschlossen[109] und durch den Bundesrat bestätigt worden.

Diese sechs Beispiele für „Kehrtwende um 180°" verkörpern ein hohes Maß an Unsicherheit und Unberechenbarkeit deutscher Regierungspolitik seit 2005. Sie schaden der deutschen Wirtschaft (insbesondere der Energiewirtschaft) und der deutschen Bevölkerung (Überfremdung, mehr Kriminalität, höhere Kosten für den Steuerzahler).

Wie kann man diese 180°- Kehrtwenden erklären? Was waren die Motive? Gab es äußeren Druck durch Lobbyverbände? Die öffentlichen Medien haben diese 180°-Kehrtwendungen kaum kritisiert, sondern diese in vielen Fällen medial positiv begründet und begleitet. Letzteres hat sicher auch dazu beigetragen, dass trotz dieser 180°-Kehrtwenden ein größerer Teil der Bevölkerung Merkels Politik in Umfragen positiv bewertet hat. Die nahezu kritiklose Akzeptanz dieser 180°-Kehrtwendungen, für die von außen keine sachlichen, logischen oder nachvollziehbaren Zwänge oder Notwendigkeiten erkennbar sind, die aber die fundamentalen und existenziellen Fragen Deutschlands betreffen und teilweise der deutschen Wirtschaft schaden, legt den Verdacht nahe, dass diese durch äußeren Druck herbeigeführt worden sind, um Deutschland zu schwächen. Es drängt sich der Verdacht auf, dass Merkel diese unter dem Druck von Lobbyorganisationen gefällt hat. Wenn das so ist, bedeutet dies: die Regierenden sind nicht frei in ihren Entscheidungen. Sie sind erpressbar infolge der exorbitanten Staatsverschuldung bei den superreichen Eliten dieser Welt. Denn, wie stellte schon Horst Seehofer 2010 öffentlich fest: *„Diejenigen, die entscheiden, sind nicht gewählt, und diejenigen, die gewählt werden, haben nichts zu entscheiden."* Wenn man diesen Satz ernst nimmt (und nicht nur als Entschuldigung oder Eingeständnis eines, vielleicht resignierenden ministerialen Politikers ansieht), und diese in Zusammenhang mit den zahlreichen, scheinbar irrationalen politischen Entscheidungen und Entwicklungen, wie sie in diesem Buch beschrieben sind, bringt, dann folgt daraus, dass die regierenden Politiker nichts anderes als Befehlsempfänger sind und die Debatten im Bundestag vergleichbar sind mit „Theateraufführungen" und deren Akteure wie Marionetten agieren, die im Auftrag anderer, mächtigerer Entscheider den Schein demokratischen Handelns versuchen zu erwecken. Wenn sich Politiker dem widersetzen und ausscheren, d.h. gegen die Lobbyisten Politik für die „Menschen da draußen" machen, geraten sie schnell ins Fadenkreuz dieser „Hintergrundmächte"; dann sind sie ganz schnell weg vom Fenster und gehen der reichlich fließenden Staatsknete und Pensionen fürs Alter verlustig. Wer diese „Hintergrundmächte" sind, wird im Abschnitt 3.1. thematisiert. In diesem Zusammenhang sollte man auch die Abdankung des ehemaligen Bundespräsidenten Christian Wulff von der politischen Bühne als eine Maßnahme sehen, die von den im Hintergrund agierenden Kräften herbeigeführt worden ist, nachdem dieser sich kritisch zur Energiewende und „EURO-Rettungspolitik" ausgesprochen hatte, wobei die willfährigen „politisch korrekten" öffentlichen Medien diesen Prozess öffentlich wirksam begleitet haben (s. Abschnitt 2.1., 2.Beispiel). Ähnlich sollte man sich auch fragen, warum Christian Wulff's Vorgänger, Horst Köhler, am 31.05.2010 in seiner zweiten Amtszeit vorzeitig vom Bundespräsidentenamt zurückgetreten war. Dieser hatte sich durch Beharrlichkeit und Offenheit für die Sorgen der Bürger Respekt erworben. Er trat jedoch überraschend zurück, nachdem er wegen kritischer Äußerungen zu Auslandseinsätzen der Bundeswehr in die Kritik geraten war.[110]

Dieser Vorwurf, dass unsere führenden Politiker im Bundestag wie **Marionetten** in „**Theateraufführungen**" agieren, ist ein schwerwiegender Vorwurf; denn er sagt nichts anderes aus, als dass unsere Demokratie in Wirklichkeit eine Scheindemokratie ist und Wählen sinnlos ist. Stellen wir uns die Frage, „wem nutzt es?" Dann lautet die Antwort: Den international agierenden, superreichen Finanzeliten, die ihre Geldmacht dazu nutzen, 1) ihren unermesslichen Reichtum weiter zu vergrößern und 2) eine immer größere Macht über die Völker zu installieren (s. Anhang B). Diese ungeheuerlichen Vorgänge und Anschuldigen haben auch schon andere nachdenkende Zeitgenossen erhoben bzw. ans Licht der Öffentlichkeit gebracht, nicht zuletzt Horst Seehofer mit seinem Bekenntnis[111], oder Xavier Naidoo, der Sänger der „Söhne Mannheims", der sich mit seinem Song „Marionetten" direkt an die Politiker im deutschen Bundestag wendet: *„Wie lange noch wollt ihr Marionetten sein; Seht ihr nicht, ihr seid nur Steigbügelhalter; Merkt ihr nicht, ihr steht bald ganz allein; Für eure Puppenspieler seid ihr nur Sachverwalter ... Und weil ihr die Tatsachen schon wieder verdreht; Werden wir einschreiten; Und weil ihr euch an Unschuldigen vergeht; Werden wir unsere Schutzschirme ausbreiten; ... Ihr seid blind für Nylon und Fäden an euren Gliedern und; Hat man euch im Bundestag, ihr zittert wie eure Gliedmaßen; Alles nur peinlich und so was nennt sich dann Volksvertreter; Teile eures Volks - nennt man schon Hoch- beziehungsweise Volksverräter; Alles wird vergeben, wenn ihr einsichtig seid ... Eure Parlamente erinnern mich stark an Puppentheater; Ihr wandelt an Fäden wie Marionetten;"*[112]
Und diese Meinungsäußerung eines bisher anerkannten Sängers war Anlass für die „politisch Korrekten" dieses Landes,

eine Hasskampagne gegen den Sänger zu inszenieren (*"Jagd auf Naidoo"*[113,114]).

Auch auf dem internationalen Parkett gibt es Prominente, die diese ungeheuerlichen Vorgänge thematisiert und Anschuldigen erhoben haben. Der weltbekannte Sänger Mikis Theodorakis und Manolis Glezos schrieben 2011: *"Eine Handvoll internationaler Banken, Ratingagenturen, Investmentfonds – eine globale Konzentration des Finanzkapitals ohne historischen Vergleich – möchte in Europa und der Welt die Macht an sich reißen. Sie bereitet sich auf eine Beseitigung der Staaten und unserer Demokratie vor, indem sie die Waffe der Schulden nutzt, um die Völker Europas zu versklaven und anstelle der unvollständigen Demokratie, in der wir leben, eine Diktatur des Geldes und der Banken zu errichten."* Zu demselben Ergebnis kommt der ehemalige Generalsekretär der CDU, Heiner Geisler: *"Es treffen sich hier weltfremde und elitäre Leute, die, oftmals gegen jede Sachkenntnis sich anmaßen, Entscheidungen zu treffen, die einen großen Teil der Welt beeinflussen. Entscheidungen, die sie treffen, sind ausschließlich auf den persönlichen Machterhalt und die Bereicherung der Wirtschafts- und Finanzeliten gerichtet."*[115] Und in diesem Kontext sollte man sich noch einmal des Ausspruchs von Franklin D. Roosevelt erinnern:[116] *"The real truth of the matter is that a financial element in the large centers has owned the government ever since the days of Andrew Jackson."*§

Und John F. Kennedys sagte 1961 öffentlich:[117] *"For we are opposed around the world by a monolithic and ruthless conspiracy that relies primarily on covert means for expanding its sphere of influence - on infiltration instead of invasion, on subversion instead of elections, on intimidation instead of free choice, on guerrillas by night instead of armies by day. It is a system which has conscripted vast human and material resources into the building of a tightly knit, highly efficient ma-*

---

§ *"Die reine Wahrheit ist, dass der Hochfinanz die Regierung gehört, und zwar seit den Tagen von Andrew Jackson."*

*chine that combines military, diplomatic, intelligence, economic, scientific and political operations."*** Das genau steckt hinter den Bestrebungen zur Globalisierung.[118]

Inhaltlich nimmt im politischen Spektrum die AfD heute den Platz ein, den die CDU 2000 besetzt hielt. Wenn man sich die Partei- und Wahlprogramme der AfD von heute und die der CDU von 2000 ansieht, stellt man fest, dass diese inhaltlich in einer Reihe wesentlicher Punkte übereinstimmen.[††] Damals galt die CDU noch als eine Partei der Mitte.[119] Dagegen ist die heutige CDU, insbesondere durch den bestimmenden Einfluss der Kanzlerin Angela Merkel, in den letzten 15-20 Jahren in Richtung Links gedriftet und macht heute, in einer Reihe von Politikfeldern, „links-grüne" Politik. Für diesen Linksschwenk gibt es eine einfache Erklärung: Vor 1989 war Angela Merkel in der DDR aufgewachsen und hat da ihre soziale Prägung erhalten. Als IM der Stasi und Sekretärin für Agitation und Propaganda verkörperte sie das System DDR. Überspitzt könnte man formulieren, dass im Ergebnis nicht die BRD die DDR

---

** *„Denn wir haben es mit einer monolithischen und rücksichtslosen weltweiten Verschwörung zu tun, die sich hauptsächlich auf verdeckte Mittel zur Erweiterung ihres Einflussbereichs stützt - auf Infiltration statt Invasion, auf Subversion statt freier Wahlen, auf Einschüchterung statt Selbstbestimmung, auf Guerillas in der Nacht anstatt Armeen bei Tag. Es ist ein System, welches beträchtliche menschliche und materielle Ressourcen in den Aufbau einer eng geknüpften, hocheffizienten Maschinerie verstrickt hat, die diplomatische, geheimdienstliche, ökonomische, wissenschaftliche und politische Operationen kombiniert."*

†† Wesentliche Forderungen des Grundsatzprogramms der AfD, die über das der CDU von 2000 hinausgehen, sind zum Beispiel „Volksabstimmungen nach Schweizer Vorbild", „keine Freihandelsabkommen TTIP, CETA und TISA", „Bargeldnutzung muss uneingeschränkt erhalten bleiben". Letztere beiden sind eine Reaktion auf die jüngeren politischen Trends, die 2000 noch keine Bedeutung hatten. (weitere siehe Fußnote auf Seite 24).

übernommen hat, sondern umgekehrt, die DDR hat die BRD übernommen, wenn auch die Sache weitaus komplizierter ist als eine solche Vereinfachung suggeriert.

Wenn aber heute die AfD inhaltlich viele der Inhalte der CDU von 2000 vertritt, was ist dann die CDU von heute? Um mit einem Gleichnis aus Grimms Märchen zu sprechen, die CDU von heute ist der rot-grüne Wolf im schwarzen Schafspelz. Nun kann man einwenden, die CDU macht doch aber Politik für die Banken und Konzerne, was die Linken und Grünen gar nicht gut finden. Dieser scheinbare Widerspruch löst sich aber auf, wenn man das politische Geschehen in Deutschland als Teil des Geschehens in der Welt betrachtet und sich fragt, „wem nützt es?". Die Antwort ist wieder: es nützt den super-reichen Eliten, die über ihre Lobbyorganisationen die Politik bestimmen und die Politiker wie Marionetten führen. (s.o.) Das heißt, unsere Regierung agiert nicht unabhängig. Nun taucht gleich die nächste Frage auf: Was ist denn nun aber „rot-grün" an der Politik der heutigen CDU? Die Antwort lautet: Es ist das gemeinsame Ziel von „Rot-Grün" und der CDU, aus Deutschland ein multikulturelles Land zu erschaffen, das deutsche Volk durch Massenzuwanderung kulturfremder Menschen auszudünnen und alles, was eine nationale Identität der Deutschen ausmacht, zu beseitigen. Denn durch eine solche Durchmischung der Bevölkerung mit kulturfremden Menschen ist es viel einfacher, aus diesen willige Konsumenten und Produzenten zu machen, sie in das Heer der Arbeitssuchenden einzureihen, die überall in der Welt als billige Arbeitssklaven eingesetzt werden können. Und zur Erreichung dieses Ziels ist auch eine nachhaltige Senkung des Bildungsniveaus der nachwachsenden Bevölkerung förderlich (Abschnitt 2.5.).

Entsprechend dem *Orwell*schen Satz, *"Who controls the past now, controls the future, who controls the present now, con-*

*trols the past"* ‡‡, hat man damit begonnen, parallel zu dieser Entwicklung, die deutsche Geschichte systematisch umzudeuten und auf eine Schuldkultur zu reduzieren, die über allem gesellschaftlichen Dasein schwebt und droht. Es entsteht der Eindruck, dass alles was in der Vergangenheit an großen wissenschaftlichen, technischen, wirtschaftlichen, medizinischen, kulturellen, sozialen Leistungen und Errungenschaften von Deutschen geleistet wurde, im Orkus der Vergessenheit versenkt oder umgedeutet wird.[120] Die „neuen Deutschen", Flüchtlinge und Zugewanderte, bestimmen das öffentliche Leben im vormals überwiegend von Deutschen besiedelten Land. Parallel zu dieser scheinbar irrationalen Entwicklung werden im Namen der Terrorbekämpfung Freiheiten und Grundrechte der Bürger immer weiter beschnitten und neue Gesetze geschaffen, die die bürgerlichen Freiheiten immer weiter einschränken. Dies sind alles Schritte, die absehbar in einem Überwachungsstaat münden werden.

Und hier schließt sich der Kreis, wenn man wieder fragt: „wem nützt es?". Es nützt den Zielen der superreichen Eliten auf dem Weg zur Errichtung der NWO, in der sie und die übermächtigen internationalen Konzerne die Regeln bestimmen. Auf diesem Weg gehen „Rot-Grün" und die CDU gemeinsam.

Ein kleinerer Teil der Bevölkerung, der mit diesen 180°-Kehrtwendungen nicht einverstanden war und die gegen Deutschland gerichtete Politik durchschaut hat, hat seinen Unmut kundgetan in neuen Parteigründungen wie die der AfD und der ALFA-Partei, sowie in außerparlamentarischen Aktivitäten, die zu den Gründungen von Gruppierungen wie Pegida, BärGiDa, Legida, Identitäre Bewegung, Ein-Prozent-

---

‡‡ *„Wer die Vergangenheit beherrscht, beherrscht die Zukunft. Wer die Gegenwart beherrscht, beherrscht die Vergangenheit."* (George Orwell),

Bewegung geführt haben, als Reaktion auf die Politik der Regierenden seit 2005. Je stärker diese oppositionellen Gruppierungen wurden und je stärker diese in der Öffentlichkeit präsent wurden, um so stärker wurden sie von den öffentlichen Medien attackiert. Die öffentliche Medienschelte, wie sie diesen Gruppierungen, aber auch durch Politiker der etablierten Parteien, entgegenschlägt, ist ein untrügliches Zeichen für die Angst, die die Herrschenden vor einer solchen außerparlamentarischen Opposition haben. Linksextreme Gruppierungen wie die ANTIFA, mit Millionen Steuergeldern finanziert, werden eingesetzt, um gegen Pegida und Co. vorzugehen (s. Abschnitt 2.6.).

Während in Deutschland die Asyl-Politik der Merkel-Administration durch die öffentlichen Medien kaum oder gar nicht kritisiert wird, geschieht dies aber massiv in Meinungsäußerungen ausländischer Medien und Politiker, die unbefangener und von einem unabhängigen Standort auf die Geschehnisse in Deutschland blicken. Da ist einmal Trump, der Merkels Asyl-Politik als ein Desaster für Deutschland bezeichnet.[121] Dies ist einer der Gründe dafür, dass er von den öffentlichen Medien in Deutschland massiv angegriffen und stigmatisiert wird. Im Kanadischen TV wird Merkels Asyl-Politik als eine Katastrophe für Deutschland bezeichnet.[122] Und die Veröffentlichung der E-Mails der Hillary-Clinton-Wahlkampagne im Oktober 2016 enthielt auch E-Mails, in der Merkels Asyl-Politik außerordentlich negativ bewertet wird, z.B., *„Deutschlands Übergutmenschen [sic!] bekommen ihren Todeswunsch erfüllt"* ... *„Über sieben Millionen Lumpenmigranten [sic!] – inklusive unzähliger Familienangehöriger – haben schon eine lebenslängliche Essensmarke bekommen, und das ist erst die Vorspeise"* ... *„Und nun verkauft sie die nächste Tidenwelle von muslimischen Taugenichtsen als das Beste seit der Erfindung von geschnittenem Brot. Es ist schwierig, sich Angela Merkel nicht in einer Zwangsjacke unter schweren Medikamenten in der Gummizelle einer Klapsmühle vorzustellen ...*

*Das waren noch Zeiten, als es eine stattliche Anzahl von Atom-*
*bomben gebraucht hätte, um Europa auszumerzen. Alles, was*
*man jetzt benötigt, ist eine blöde Kuh mit einem Wiedergutma-*
*chungskomplex ...* "[123]. Diese Bewertung Merkels Flüchtlingspolitik ist diametral entgegengesetzt zu der offiziellen der
Obama-Administration. Obama hatte diese offiziell besonders
gelobt.

## 2.5. Die Partei der Grünen

*Die eigene Nation als Feindbild zu wählen, ist der*
*sicherste Weg zu seiner Vernichtung.*

Die Grünenpartei, von ehrlichen Leuten mit großen Idealen
gegründet, wurde bald danach unterwandert und übernommen
von Kommunisten, Maoisten, Stalinisten, die der Partei ihre
Richtung gaben. Danach hatten Teile ihrer Gründer (Gruhl,
Springmann, Bahro und andere, denen es um das Primat der
Ökologie ernst war) die Partei frustriert verlassen.[124,125] Ursprünglich standen die „Grünen" einmal für Umweltschutz,
lehnten Kriege und Kriegseinsätze deutscher Soldaten ab und
waren ein Korrektiv gegen die konservative, rechtsgerichtete
Politik der früheren Regierungen. Dafür erhielten sie große
Sympathie und wachsenden Zulauf in der deutschen Bevölkerung, was sich in hohen Wahlergebnissen niederschlug. Und
weil dieser Mythos „Umweltschutzpartei" heute immer noch
der Grünenpartei anhaftet, wird sie auch weiterhin durch einen
relativ hohen Bevölkerungsanteil gewählt. Jedoch, seit dem
„Sündenfall" der Grünen, wo sie 1998, im Widerspruch zu
ihrer ursprünglichen Überzeugung, zu Kriegen und Kriegseinsätzen deutscher Soldaten ihre Zustimmung gegeben hatten
und in der Regierungsverantwortung den Jugoslawienkrieg
geführt haben, stehen sie inzwischen für Zerstörung auf der
ganzen Linie, wie weiter unten belegt werden soll. Der Jugoslawienkrieg war der erste völkerrechtwidrige, illegale

Krieg,[126] den die NATO seit ihrer Gründung im Jahre 1949 geführt hat. Und die Grünen waren in deutscher Regierungsverantwortung dabei.

Mit ihrer Zustimmung zu Kriegen und Kriegseinsätzen deutscher Soldaten haben sie sich auch von ihrem Ziel Umweltschutz verabschiedet; denn Kriege verursachen (neben unsagbarem menschlichen Leid) die größten, menschen-gemachten Umweltzerstörungen.

### a) Bildung und Erziehung

*Will man ein Volk manipulieren,*
*verhindere man dessen Bildung.*

An ihrem dritten Hauptziel halten sie aber nach wie vor fest. Dieses besteht darin, die Erziehung und Ausbildung der nachwachsenden Bevölkerung komplett zu verändern, was schließlich zur Veränderung der menschlichen Gesellschaft in Deutschland führen wird, so wie wir sie kennen. Die Projekte, die diesem dritten Hauptziel dienen, sind

- *Inklusion* in den Schulen,[127]
- *Einführung altersgemischter Klassen* (d.h. jahrgangsübergreifendes Lernen),[128]
- Unterricht in *gemeinsamen Schulklassen* zwischen deutschen und Migrantenkindern,
- *Turbo-Abitur*,[129]
- „Genderisierung" der Bevölkerung (Stichwort *Gender Mainstreaming*).

Wenn Sie, liebe Leserin, lieber Leser, nun zur Ansicht kommen, dass diese fünf Projekte geeignet sind, das durchschnittliche Bildungsniveau unserer nachwachsenden Bevölkerung nachhaltig zu senken, ist das eine logische Schlussfolgerung. Und diese wird gestützt durch Bernhard Heinzlmaier vom Wiener Institut für Jugendkulturforschung, der seit Jahrzehnten Deutschlands Jugend analysiert: Er spricht von der „*Verdum-*

*mung der Jungen, die mit begrenztem Horizont und engem Herz in eine unmenschliche Leistungsgesellschaft gedrängt werden"* und auf dem besten Weg sind *„in die absolute Verblödung geführt zu werden".*[130]

Im Jahre 1763 war in Preußen die allgemeine Schulpflicht eingeführt worden, nicht in erster Linie, um den allgemeinen Bildungsstand zu erhöhen, sondern um gehorsame Untertanen heranziehen zu können, wo die Bildungs- und Erziehungsziele durch den Staat vorgegeben wurden. Die Eckpfeiler der oben genannten Grünen-Projekte kann man in ganz analoger Weise einordnen: Menschen mit niedrigerem Bildungsstand kann man besser führen bzw. manipulieren. Diese Projekte können auch als Teile eines groß angelegten Bevölkerungsexperimentes betrachtet werden mit unabsehbaren Folgen für die nachwachsende Generation.

Betrachten wir die Projekte genauer: *Inklusion in den Schulen* bedeutet, dass normal begabte Schüler mit behinderten Schülern gemeinsam unterrichtet werden, was zur Folge hat, dass erstere unterfordert und letztere überfordert werden, was zwangsläufig zu einer allgemeinen Absenkung des Bildungsniveaus der Schüler führt. Analoges trifft auch auf den Unterricht in *altersgemischten Klassen* zu. Der Unterricht in *gemeinsamen Schulklassen* zwischen deutschen und Migrantenkindern führt ebenfalls zu einer Unterforderung der deutschen Kinder, aber auch zur Gruppenbildung innerhalb der Klassen, verbunden mit Abgrenzung. Solange die Migrantenkinder noch nicht über die notwendigen deutschen Sprachkenntnisse verfügen, bleiben sie weitestgehend unter sich und die deutschen Kinder ihrerseits ebenfalls. Wegen des Sprachdefizits können die Migrantenkinder einem normalen Unterricht nicht folgen, weshalb der Lehrer gezwungen ist, das Lerntempo zu drosseln, um die Migrantenkinder nicht abzuhängen. Dies hat natürlich auch Auswirkungen auf das Bildungsergebnis bei den deutschen Kindern.

Mit der Einführung des *Turbo-Abi's* soll erreicht werden, dass die Schulabgänger schneller zum Studium oder in eine Berufsausbildung kommen. Dies ist sicher ebenfalls mit einer Einschränkung in Bezug auf das zu vermittelnde Wissen und der Reife der Schulabsolventen verbunden. Die Annahme, dass man die um ein Jahr geringere Ausbildungszeit in der Schule wettmachen könne durch eine Optimierung der Lerninhalte, Lehrabläufe und der Gestaltung der Lehrpläne, ist aber ein Trugschluss. Denn diese waren bereits das Ergebnis jahrzehntelanger Optimierungsbemühungen.

### b) Der Krieg gegen Kinder - Sexualpädagogik der Vielfalt (CSE Agenda)

*„Es passiert vor unseren Augen. Wenn wir nichts dagegen tun,*
*dann machen wir uns mitschuldig an dem,*
*was hier passiert.“*[131]

Das Projekt *Gender Mainstreaming* bedeutet den wohl schwerwiegendsten Eingriff in den Entwicklungsprozess der nachwachsenden Generation und deren Psyche. Eine Grund-These dabei ist, dass das biologische Geschlecht, männlich oder weiblich, lediglich eine soziologische Konstruktion sei.[132] Bei diesem Projekt, das die Grünen seit 2005 forcieren, beschränkt man sich nicht auf die Gleichstellung von Mann und Frau oder auf die Gleichstellung der klassischen Mutter-Vater-Kind-Familie mit Schwulenpartnerschaften. Sondern, sie forcieren die Frühsexualisierung unserer Kinder in Schulen und Kindergärten; die Kinder sollen bereits im Vorschulalter angeregt werden, sich ihres Geschlechts derart bewusst zu werden, um herauszufinden, welchem der heute im Angebot stehenden Geschlechterarten sie angehören wollen: Transgender, Cross-Gender, Bi-Gender, Viertes Geschlecht, Androgyn, Twitter, Intersexual. Dieses sind nur einige der 60 verschiedenen, im Angebot stehenden, von „Wissenschaftlern gefundenen" Geschlechtern. Grundlage für dieses Projekt ist die Dokumentation mit dem Titel *„Kuscheln, Fühlen, Doktorspiele"*[133] zur Fachtagung *„Frühkindliche Sexualerziehung in der KiTa"*. Auf dieser Grundlage haben die Landesregierungen in Baden-Württemberg (Grüne/CDU) und Niedersachsen (SPD/Grüne) bereits den sogenannten „Genderplan" gesetzlich beschlossen, wonach zusätzlich zu dem bereits existierenden Sexualunterricht, dieser durch die Einführung der Genderideologie ergänzt wird, und zwar beginnend bereits ab der 1. Klasse und sogar im Vorschulalter. *„In ihren ‚Standards für Sexualerziehung in Europa' schlägt die WHO tatsächlich vor, dass Kleinkinder im Alter von 0-4 Jahren über Selbstbefriedigung informiert und ihnen Möglichkeiten geboten werden sollen, ihre Geschlechtsidentität zu erkunden. Im Alter von 4- bis 6- Jahren sollten Kinder über gleichgeschlechtliche Beziehungen unterrichtet und ihnen Respekt für verschiedene Normen in Bezug auf Sexualität vermittelt werden."*[134] Hinter diesen Bestrebungen zur Frühsexualität unserer Kinder steht die UNO mit ihren Spezialorganisationen UNICEF, IPPF[§§], UNFPA[***].[135]

In mittlerweile acht deutschen Bundesländern werden bereits Kindergartenkinder mit Büchern und Spielmaterialien über verschiedene Familienmodelle sowie Geschlechtervielfalt (LSBT-TI[†††]) konfrontiert.[136] Kindern ab drei Jahren wird vermittelt, dass es egal sei, welches Geschlecht sie für sich erwählen und wie sich eine Familie zusammensetzt.

Obwohl sich nur eine verschwindend kleine Minderheit der Bevölkerung zu einem dieser angeblichen Geschlechter bekennen dürfte, soll nun genau das zum Lehrinhalt in den Schulen werden, und zwar nicht etwa als Zusatz zum klassischen Sexualunterricht, sondern fächerübergreifend als übergeordnetes Bildungsziel, und das schon ab dem Vorschulalter.[137,138] Dass es tatsächlich auch schon um die Sexualisierung von Vorschulkindern geht, zeigt das folgende Zitat eines Grünen-Politikers eindrucksvoll: *„Wissen Sie, die Sexualität eines kleinen Mädchens ist etwas Fantastisches. ... Wissen Sie, wenn ein kleines*

---

[§§] International Planned Parenthood Federation
[***] United Nations Population Fund
[†††] Lesben, Schwule, Bisexuelle, Transgender, Transsexuelle und intergeschlechtliche Menschen

*fünfjähriges Mädchen beginnt, Sie auszuziehen, ist das großartig. Es ist großartig weil es ein Spiel ist, ein wahnsinnig erotisches Spiel.*"[139] Diese und ähnliche Äußerungen sind der Grund dafür, dass die Grünenpartei oft auch als Pädophilenpartei bezeichnet wird.

Diese geplante „Indoktrination" unserer Kinder hatte in Stuttgart, Hannover und Wiesbaden zu Protesten und Demonstrationen der Eltern geführt, aber ohne Erfolg. Stattdessen wurden die Teilnehmer der Demonstrationen von linken Gegendemonstranten als Nazis beschimpft,[140,141] und im Vorfeld der Demonstrationen erfolgte die übliche Verunglimpfung der Demonstranten durch die Medien, z.B. in Wiesbaden: *„Konservative Christen und **Rechtspopulisten** demonstrieren heute in Wiesbaden gegen den neuen Lehrplan zur Sexualerziehung. Ihren Segen bekommen sie von Fuldas Bischof Algermissen – und Gegenwind von einem Bündnis der Vielfalt" (Hessenschau des Hessischen Rundfunks).*[142]

Diese gesetzlich verankerte Kindersexualisierung wird zu nicht mehr reparablen psychischen Schäden bei den Heranwachsenden führen. Dies hatte schon Sigmund Freud erkannt: *„Kinder, die sexuell stimuliert werden, sind nicht mehr erziehungsfähig, die Zerstörung des Schamgefühls bewirkt eine Enthemmung auf allen anderen Gebieten, eine Brutalität und Missachtung der Persönlichkeit des Mitmenschen."*

Beim Projekt *„Gender Mainstreaming"* geht es also nicht nur um die Gleichberechtigung von Mann und Frau oder unterschiedlicher Partnerschaften. Tatsächlich ist „Gender Mainstreaming" ein Angriff auf die Zweigeschlechtlichkeit des Menschen, auf die Ehe von Mann und Frau und auf die herkömmliche Familie.[143]

Wie kann eine solche Ideologie in der deutschen Parteienlandschaft fußfassen? In Deutschland gibt es 196 Genderprofessuren (Stand 2015).[144] Weder Gender Mainstreaming noch Theologie gehören in unserer aufgeklärten Zeit als Lehrfach an Universitäten, Hochschulen oder Fachhochschulen.[145] Denn „Gender Mainstreaming" ist keine Wissenschaft, wie uns das immer wieder suggeriert wird, sondern ein Dogma, ein Glaube, vergleichbar mit dem christlichen Glauben im Mittelalter.

Die Ziele, Methoden und Folgen der „Genderisierung" hat Dr. Wolfgang Leisenberg in einem Youtube-Video[146] eindrucksvoll zusammengefasst. Wenn man sich dieses Video ansieht, kommt man unweigerlich zu dem Schluss: Die 196 Genderprofessuren sind eine gigantische Steuermittelverbrennung zum Schaden des deutschen Volkes.

Es gibt aber Hoffnung; so lehnte der CDU-Bezirksverband Nordwürttemberg beim Thema Gleichberechtigung der Geschlechter die Gender-Forschung ab als auch die daraus resultierenden Schlussfolgerungen.[147] Und die CSU beschloss auf ihrem letzten Parteitag, künftig kein Steuergeld mehr für Gender-Mainstreaming bereitzustellen.[148]

### c) Massenhafte Einwanderung kulturfremder Menschen nach Deutschland

Zur Durchsetzung der unter **a)** genannten Projekte dient auch die massenhafte Zuwanderung kulturfremder und bildungsferner Menschen nach Deutschland, von der die Grünen profitieren. Das zeigt z.B. folgendes Zitat, das Daniel Cohn-Bendit zugeschrieben wird: *„Wir die Grünen, müssen dafür sorgen, so viele Ausländer wie möglich nach Deutschland zu holen. Wenn sie in Deutschland sind, müssen wir für ihr Wahlrecht kämpfen. Wenn wir das erreicht haben, werden wir den Stimmenanteil haben, den wir brauchen, um diese Republik zu verändern."*[149]

Dieses Zitat soll er in den 70er Jahren gesagt und in den 80er Jahren mehrfach wiederholt haben.[150]

Auch das folgende aktuelle Zitat von „Tobias Weihrauch",[151] unmittelbar nach der Wahl Trump's zum US-Präsidenten, bringt das Ziel der Grünen klar auf den Punkt: *„Meine Freunde, Trumps Wahlsieg hat gezeigt, dass Rechtspopulismus sich durchsetzt. Genau so wird es auch 2017 in Deutschland passieren. Die AfD wird Stimmen sammeln. Wir müssen bis zur* *nächsten Wahl unser Bestes geben und so viele Afrikaner und Syrer wie möglich in unser Land holen! Leider werden immer mehr Gewalttaten von Flüchtlingen publiziert, da die Medien nicht mehr mit uns zusammenarbeiten. Daher fordere ich alle Grünen dazu auf, Flüchtlinge zu unterstützen, egal wie integrationswillig oder kriminell sie sind. Wir haben nicht mehr lange Zeit, bis das dritte Reich zurückkehrt."*

Es gibt diverse Mutmaßungen, dass es sich bei dieser Äußerung eines Grünen um einen **"Hoax"** handelt, also eine Fälschung.[152] Andererseits entspricht es inhaltlich genau der Zielstellung, wie sie im vorhergehenden Zitat formuliert ist. Mehr noch, es verkörpert genau die Politik, wie sie heute von den Grünen betrieben wird. Das folgt z.B. auch aus belegbaren, relativ aktuellen Statements von Grünen-Politikern, die die massenhafte Zuwanderung von Migranten ganz offen herbeireden bzw. einfordern:[153,154]

- Frau Göring-Eckart 2015 im deutschen Bundestag: *„Unser Land wird sich verändern, und es hat sich schon verändert. 30% der Kinder und Jugendlichen heute haben bereits einen Migrationshintergrund, und dabei habe ich die Ossis noch nicht mitgerechnet ... Dafür sind wir im Land, dass für Migrantinnen und Migranten offen ist, was Leute anzieht, die wir übrigens brauchen, nicht nur die Fachkräfte, sondern weil wir auch Menschen hier brauchen, die in unseren Sozialsystemen zu Hause sind und sich auch zu Hause fühlen."*

- Joschka Fischer (Rezension zu seinem Buch „Risiko Deutschland", Die Welt 07.02.2005): *„Deutschland muss von außen eingehegt, und von innen durch Zustrom heterogenisiert, quasi verdünnt werden."*

- Stefanie Berg, Grünen-Abgeordnete in Hamburg: *„Es ist gut so, dass wir Deutsche bald in der Minderheit sind."*

Diese, von Grünen-Politikern propagierten Thesen und ihr Hass auf eine deutsche Identität, spiegeln sich auch in den Demonstrationen der Grünen und extremen Linken wider (s. Abschnitte 2.6 und 2.7).

Dieser Hass gegen die kulturelle Identität der Deutschen spielt den Bestrebungen zur Zerstörung Deutschlands als Nation auf dem Weg zur totalen Globalisierung direkt in die Hände.[155,156,157,158,159,160] Die diesen Projekten zugrundeliegende Ideologie scheint Teil des großen Planes der Globalisierung zu sein.[161] Dies wird im Abschnitt 3.6 thematisiert. In dem orchestrierten Kampf gegen die deutsche Identität spielt auch die UNO eine lenkende Rolle. In ihrer Studie aus dem Jahre 2001, **„Bestandserhaltungsmigration (Abteilung Bevölkerungsfragen - Vereinte Nationen)"**[162] sind verschiedene Szenarien entwickelt worden, wonach bis zum Jahre 2050 eine bestimmte Zuwanderung nach Deutschland notwendig sei, um *„die Bevölkerung im erwerbsfähigen Alter (15 bis 64 Jahre) konstant zu halten ... So läge beispielsweise in Deutschland die Gesamtzahl der Einwanderer nach Szenario IV bei 24 Millionen (bzw. 487.000 pro Jahr) gegenüber 17 Millionen (bzw. 344.000 pro Jahr) nach Szenario III."* Die nahe liegende Alternative, in Deutschland die Familienpolitik zu ändern, damit es sich junge Familien wieder leisten können, mehr Kinder zu bekommen, wird dagegen nicht in Betracht gezogen. Das Gegenteil ist der Fall. In Deutschland und Europa wird die kinderlose Karriere propagiert und besonders gefördert, wie man, zum Beispiel, in dem Artikel von Viktor Timtschenko[163] nachlesen kann.

Um die **„Bestandserhaltungsmigration"** durchzusetzen, hat die UNO die Essens-Rationen an Flüchtlinge, die in Flüchtlingslagern außerhalb Europas lebten, von 31$ pro Monat und Flüchtling auf 13$ massiv gekürzt,[164] so dass deren Ernährung nicht mehr gesichert war. Und im Dezember 2014 stellte die UNO die Hungerhilfe für 1,7 Millionen syrische Flüchtlinge vollständig ein.[165] Die Folge war ein forcierter Run auf Europa, ein Überschwemmen Europas mit Flüchtlingen, auf dass das entstehende Chaos schon mal im ersten Schritt eine Neuordnung Europas vorbereiten kann. Denn es gibt Geostrategen, denen genau das vorschwebt.[166] Und diese Strategie wird durch die Merkeladministration aktiv unterstützt. So stellt die Syrerin Maram Susli zur Rolle Deutschland in der Flüchtlingspolitik

58

fest:[167] *„Deutschland hat eine sehr negative Rolle gespielt. Es hat von Anfang an die Propaganda von al-Qaida gefördert und allem zugestimmt, was die USA gesagt haben. Und wenn Merkel den Menschen wirklich helfen wollte, dann würde sie ihnen in Syrien helfen. Neben dem Krieg ist die Flüchtlingskrise eine weitere Form des Angriffs auf den syrischen Nationalstaat. Dem Land sollen gebildete Leute entzogen werden. Syrien soll ethnisch von Syrern gesäubert werden. "*

Die oben beschriebene Ideologie der Grünen ist heute auch schon in erschreckendem Ausmaß in SPD, CDU, bei den Linken und Gewerkschaften angekommen. Ein Beispiel dafür ist der gesetzlich durch die Landesregierungen in Baden-Württemberg (Grüne/CDU) und Niedersachsen (SPD/Grüne) beschlossene „Genderplan", wie oben bereits ausgeführt. Ohne dass es die Allgemeinheit gewahr wird, betreiben die derzeitigen Regierungsparteien heute eine Politik, die den oben beschriebenen Zielen in die Hände spielt und ein zerstörerisches Potential gegen das eigene Volk, gegen menschliche Werte, aufgebaut hat. Und die öffentlichen Medien sind Teil dieses großen Planes, spielen diese Gefahren herunter und kanalisieren die Denke der Bevölkerung in Bahnen, die ein Erkennen der wahren Realität fast unmöglich macht. Denn *„... das Volk denkt schließlich, was die Medien denken. "*[168] Nur starke und interessierte Menschen schaffen es, aus dem Gedankengemäuer auszubrechen, das in der Schule angelegt und durch die Medien verfestigt wird. Die meisten Menschen gehen derart im Alltagstrott auf, dass sie niemals aus diesem Gedankengefängnis ausbrechen werden.[169]

## 2.6. Die Partei der Linken und die ANTIFA

*Die eigene Nation als Feinbild: „DEUTSCHLAND, DU MIESES STÜCK SCHEIßE!"[170]*

Durch die NATO-Osterweiterung, den von Geheimdiensten und NGOs (Nichtregierungsorganisationen) herbeigeführten Putsch in der Ukraine (s. Abschnitt 3.5.) und das in den öffentlichen Medien zelebrierte Russland-Bashing wird einem erneuten großen Krieg auf deutschem und europäischem Boden der Weg bereitet. Wer sehen will, kann die Vorboten für diesen großen Krieg sehen (s. Abschnitte 3.3. und 3.5.). Die Vertreter der Partei der Linken erheben ihre Stimme nachhaltig und konsequent gegen die Auslandseinsätze deutscher Soldaten sowie gegen deutsche Rüstungsexporte in Krisengebiete. Diese von den Linken vertretene Position ist zu begrüßen und positiv zu bewerten. Es gibt aber noch eine negative, abstoßende und nicht zu tolerierende Seite der Linken, ihre „revolutionäre Avantgarde", die ANTIFA, die alles unternimmt, um in Deutschland ein Klima der Angst zu schaffen nach dem Motto: Jeder der seine Stimme gegen die Politik der unbegrenzten Zuwanderung nach Deutschland und der schleichenden Islamisierung Europas erhebt, wird ausgegrenzt, als *rechtsextrem, rassistisch* und/oder *fremdenfeindlich* beschimpft. Es gilt das Motto: *„Du MUSST jeden ‚Refugee' dieses Planeten willkommen heißen, ansonsten bist Du ein NAZI"*[171] und kannst ganz schnell in einen Topf geworfen werden mit richtigen Nazis und so zur Zielscheibe von Attentaten werden. Dabei ist die ANTIFA selbst längst zu einer *extremistischen*, genauer *linksextremistischen* Institution im Staate mutiert. *„Die linksextremistische Antifa erfährt vielfältige Unterstützung durch den Staat, sowohl finanzielle als auch logistische, und das alles finanziert mit Steuergeldern und verdeckten Kapitaltransfers. ... Mittlerweile haben sich selbst Teile von FDP, CDU und CSU ‚Antifa-Bündnissen' verschrieben"*, schreiben die Autoren C. Jung und T. Groß in ihrem Buch „Der Links-Staat".

Wenn dies zutrifft, bedeutet das, *„dass aus unserem Rechts-staat längst ein ‚Links-Staat' geworden ist."*[172] Der aus einer jüdischen Familie stammende Gerard Menuhin, Publizist, Filmproduzent und laut Wikipedia Holocaustleugner, beschreibt die ANTIFA als *„die nützlichen Idioten der Mächti-gen"* (s. Anhang A).

Die ANTIFA-Aktivisten beschränken sich nicht auf Beschimpfungen, sondern terrorisieren einfache Bürger, die gegen die „alternativlose" Politik der im Bundestag vertretenen Parteien ihr Wort erheben. Dadurch ist die Demokratie in Deutschland in große Gefahr geraten. Linksextreme Gruppierungen wie die ANTIFA sind inzwischen ein Sammelbecken für hochkriminelle Leute geworden, die brutal und aggressiv gegen Andersdenkende vorgehen und ein Klima der Angst und Einschüchterung bei demokratisch eingestellten Bürgern erzeugen.[173] Auf ihren Demonstrationen führen sie Plakate mit Hassparolen gegen Deutschland mit und schreien diese gegen die Deutschen heraus,[174,175,176] z.B.: *„Deutschland verrecke!"*, *„Deutschland, Du mieses Stück Scheiße!"*, *„Wer Deutschland liebt, den kön-nen wir nur hassen"*,[177] *„Nie, nie wieder Deutschland!"*, *„Lie-be Ausländer, lasst uns mit den Deutschen nicht allein!"*, *„Die Deutschen sterben aus, wir klatschen noch Applaus!"*, *„Wir sind die Mauer, das Volk muss weg"*, *„Deutschland ist Schei-ße, Ihr seid die Beweise"*, *„We love Volkstod"*.[178]   Und das menschenverachtende[179] "BOMBER   HARRIS,   DO   IT AGAIN" oder „ANTIFA   ACTION   DD   13   FEB" oder „THANKS BOMBER HARRIS", das sich auf die Zerstörung Dresdens durch Anglo-amerikanische Bomber am 13./14. Feb-ruar 1945 bezieht, sieht man immer wieder auf deren Demonst-rationen. Besonders makaber: Während anlässlich des *70. Jah-restages der Bombennacht von Dresden* Dresdner Bürger auf einem Gedenkmarsch der Zigtausenden deutschen Toten, hauptsächlich Zivilisten, gedachten, feierte die ANTIFA am Abend, etwa zur selben Zeit, wie vor 70 Jahren die 1. Angriffswelle englischer Bomber auf Dresden erfolgte, diese Bombardierung mit einem Freudenfeuerwerk.[180] Die ANTIFA verbietet Andersdenkenden das Wort, und dieses Wortverbot setzen sie mit Gewalt durch. Die ANTIFA vertritt quasi eine Meinungsdiktatur, ein typisches Charakteristikum für eine faschistische Diktatur. Deshalb ist die Bezeichnung „faschistoide Putztruppe" in der Tat eine sehr zutreffende Bezeichnung für die ANTIFA.[181] Sie zerstören flächendeckend Wahlplakate der AfD, attackieren deren angemeldete Demonstrationen oder Versammlungen, insbesondere Parteitage der AfD.

Um es klar und deutlich zu sagen: Ich bin kein Mitglied der AfD, empfinde aber die Hexenjagd gegen sie, befeuert und unterstützt durch die Vertreter der etablierten Parteien, Gewerkschaften, Kirchen und öffentlichen Medien, unerträglich.[182] So etwas hatte ich früher in einem demokratischen Staat nicht für möglich gehalten. Weil dies eine große Gefahr für unseren Rechtsstaat bedeutet, möchte ich hier etwas ausführlicher auf diese Hatz eingehen: Ohne Polizeischutz könnten AfD-Veranstaltungen, obwohl offiziell angemeldet, gar nicht stattfinden oder es würde zu gewaltsamen Störungen und Übergriffen durch die ANTIFA und anderen selbsternannten „Kampf-gegen-Rechts-Kämpfern" kommen. Das Agieren der ANTIFA ist eindeutig gegen die freiheitlich-demokratische Grundordnung gerichtet. In Deutschland gibt es sie nicht mehr, die Freiheit.[183] Denn *„Freiheit bedeutet, ohne Angst vor Schäden sein zu können"* (**Adorno**). Das ist keine Freiheit, wenn die ANTIFA systematisch das Privatleben ihrer politischen Gegner auskundschaftet, deren Adressen veröffentlicht, Anschläge gegen diese oder deren Eigentum auf *Facebook* oder bei *Linksunten Indymedia* ankündigt, deren Durchführung beschreibt und feiert. Die Einschüchterungswirkung auf die politischen Gegner wird noch dadurch erhöht, dass regelmäßig auch die Adresse des Opfers mit veröffentlicht wird, um Nachahmer zu animieren.[184] *„Auf der Plattform ‚Indymedia' wurden auch Personalien tausender Personen veröffentlicht, die an* den AfD-Bundesparteitagen in Bremen (2015) und Stuttgart (2016) teilgenommen hatten. Im Falle Stuttgarts sogar mit kompletter Wohnanschrift samt Telefonnummern und E-Mail-Adressen."[185]

Der AfD-Parteitag am 22./23. April 2017 in Köln musste durch ein Großaufgebot von 4000 Polizisten gegen Übergriffe geschützt werden. Die „Welt" schrieb auf ihrer Internetseite:[186] Der „Gang zum AfD-Parteitag wird für Delegierte zum Spießrutenlauf." Und weil diese Vorgehensweise symptomatisch ist und einen grundlegenden Eingriff in die grundgesetzlich garantierten Freiheiten aller Bürger beinhaltet, soll hier etwas ausführlicher ein Kommentar der „Welt" zitiert werden: „Rund um den Veranstaltungsort des AfD-Parteitags herrscht Belagerungsatmosphäre. ... Die Polizei ist mit einem Großaufgebot im Einsatz. Nur unter massivem Polizeischutz haben die Delegierten des AfD-Bundesparteitags am Samstag ihr Tagungshotel in Köln erreicht ... Hunderte Demonstranten waren aufgezogen, sodass die AfD-Delegierten einen Spießrutenlauf hinter sich bringen mussten. Die Rechtspopulisten wurden mit Sprechchören, Pfiffen und Transparenten empfangen. Nur das starke Polizeiaufgebot verhinderte, dass das Hotel von den Demonstranten abgeriegelt wurde.

Polizeipräsident Jürgen Mathies hatte zuvor gesagt, er befürchte die Anreise von mehreren Hundert Gewalttätern aus dem linksextremen Spektrum. ... Nach Darstellung des Bündnisses Solidarität statt Hetze wurde die Anreise der AfD-Delegierten durch die Straßenblockaden „massiv verzögert". An den Blockaden beteiligten sich demnach etwa 3000 Menschen. Insgesamt sind für die unterschiedlichen Demonstrationen im Laufe des Tages etwa 50.000 Teilnehmer angemeldet. Am Mittag sollte auf dem Heumarkt, einem zentralen Platz neben dem AfD-Tagungshotel, die Hauptkundgebung stattfinden. Veranstalter ist das Bündnis „Köln stellt sich quer", das von Parteien, Gewerkschaften und Kirchen getragen wird."

Auch hier können es die Journalisten der „Zeit" nicht lassen, die AfD-Delegierten mit „Rechtspopulisten" gleichzusetzen.

Das Partei- und Wahlprogramm der AfD ist weder *„rassistisch"*, *„fremdenfeindlich"*, *„islamophob"* noch *„homophob"* ausgerichtet, auch nicht *„frauenfeindlich"*, *„unsozial"* oder *„undemokratisch"*, wie es in dem öffentlich verbreiteten Werbebanner behauptet wird. All diese der AfD unterstellten Eigenschaften sind das genaue Gegenteil von dem, was sie in ihrem Partei- und Wahlprogramm festgeschrieben hat. Aber wie wir inzwischen gelernt haben, *„nur wer die ‚richtige' Gesinnung vertritt, kann die Grundfreiheiten auch real wahrnehmen und sie sogar bis tief in die Illegalität ausdehnen, wie dies bei Antifa-Demonstrationen regelmäßig der Fall ist."*[187] Dies haben uns die Linken zum AfD-Parteitag in Köln wieder eindrucksvoll vor Augen geführt.

Die ANTIFA wird mit öffentlichen Geldern, oder sagen wir besser, mit Steuergeldern derjenigen Bürger, die durch die ANTIFA terrorisiert werden, gestützt und gefördert.[188,189,190] Zusätzlich wird sie auch durch NGOs finanziell, moralisch und argumentativ unterstützt und gesteuert, z.B. durch den PRO-ASYL-Lobby-Konzern[191,192,193] (Asylverein PRO ASYL e.V.) und die sogenannten Landesflüchtlingsräte. Der Asylverein PRO ASYL e.V. ist eine Unterorganisation von **Open Society Foundations**, einer Soros-Stiftung, als dessen einer Gründervater George Soros[194,195] gilt. Es geht dabei um die Durchsetzung des erklärten Ziels, *„... dass alle Menschen dieser Welt (derzeit überwiegend noch ‚Non Citizens') zu Bürgern Deutschlands zu machen, denn ‚kein Mensch ist illegal'..."*[196] Man beachte, dass in diesem Zitat von **allen** Menschen dieser Welt die Rede ist. Wie soll das gehen? Was steckt dahinter? Nichts anderes als „Deutschland soll sich abschaffen", in freier Wiedergabe des Bestsellers von Tilo Sarrazin „Deutschland schafft sich ab". Peter Scholl-Latour sagte einmal: ***„Wer halb Kalkutta aufnimmt, rettet nicht Kalkutta, sondern der wird selbst Kalkutta."***
Man kann dazu auch ein Gleichnis bemühen: Was würde geschehen, wenn man die Deiche, die Holland gegen das offene

Meer schützen, durchlässig machen würde. Der Meeresspiegel würde sich praktisch nicht ändern, aber Holland würde unter den einströmenden Wassermassen verschwinden. Mit diesem Gleichnis wird auch dem einfachen, von den öffentlichen Medien für dumm verkauften Bürger klar vor Augen geführt, auf was Deutschland zusteuert, forciert und unterstützt durch einen Großteil unserer Politiker, durch die öffentlichen Medien, Gewerkschaftsvertretern, Kirchenvertretern.

Die ANTIFA wird öffentlich oft verharmlosend dargestellt. Aber in ihrer Selbstdarstellung stellt sie klar: „... *Die Bewertung der Tatsache, dass Gruppen der ANTIFA regelmäßig für verletzte Polizisten und massive Ausschreitungen bei Demonstrationen verantwortlich sind, muss hinter der Bedeutsamkeit der gemeinsamen ‚humanitären' Anliegen zurückstehen.*"[197] Unter dem Vorwand, gegen „Rechts" zu kämpfen, begehen die ANTIFA-Aktivisten kriminelle Handlungen, attackieren mit roher Gewalt genehmigte Demonstrationen und Versammlungen von Andersdenkenden. Die Mitglieder der ANTIFA werden organisiert mit Bussen und logistisch koordiniert deutschlandweit zu Anti-Demos gefahren, um genehmigte Demonstrationen zu stören.[198] Sie sind eine Art „Berufsdemonstranten", die Vergütungen mit Stundenlöhnen erhalten, die um ein Vielfaches höher[199] sind als der gesetzlich festgelegte Mindeststundenlohn in der freien Wirtschaft. Und wer wäre nicht dabei, wenn man pro Person einen Stundenlohn von 45,- Euro[200] verdient durch Teilnahme an einer Anti-Demo gegen was auch immer, ohne dafür arbeiten zu müssen und obendrein noch eine kurzweilige, *gruppenverbindende Erlebnis-Polit-Reise* umsonst bekommt und auf der Antidemo Randale veranstalten kann, ohne strafrechtliche Konsequenzen fürchten zu müssen? Dazu einige Adrenalinkicks, wenn man sich Straßenschlachten gegen böse System-Cops oder gegen vermeintliche „Nazidörfer" liefern kann, und einem eh nichts passiert, wenn man doch mal von den Cops einkassiert wird.[201] Und in den folgenden Tagen nach einem solchen ANTIFA-Einsatz *„wird in den*

*Medien berichtet, was für ein ‚naziverseuchtes Kaff' der jewei-*
*lige Ort doch sei. "[202]*

Bezugnehmend auf die ca. 1000 ‚Polit-Touristen' der
ANTIFA, die von ihrer Heimatstadt Berlin nach dem ca. 300
km entfernten Schneeberg mit Bussen angereist waren und dort
mit ‚Refugees Welcome'-Bannern demonstrierten, schreit eine
Schwarzafrikanerin mit viel Temperament und fast außer sich
ihre Verachtung heraus:[203] *„Berlin, wir brauchen Hilfe. Angela*
*Merkel, wir brauchen Hilfe, Madame. Die (Flüchtlinge) brau-*
*chen keine Aktivisten oder Kaktivisten. Sie brauchen Hände die*
*zupacken und ihnen helfen... No need for Kaktivists ... Die*
*Flüchtlinge in Berlin würden nur verwahrt werden, keine*
*Sprachkurse stattfinden und die Flüchtlinge somit keine le-*
*benswerte Zukunft in Aussicht hätten."* Mit Aktivisten oder
Kaktivisten waren diese ANTIFA-,Polit-Touristen' gemeint,
denen sie sinngemäß entgegenschleuderte: Also, warum helfen
diese ANTIFA-Aktivisten nicht vor Ort, von woher sie zu
diesen ‚Refugee-Welcome'-Demos anreisen?
Personen, die auf genehmigten Demonstrationen sprechen,
werden persönlich und im privaten Bereich körperlich bedroht.[204] Wahlplakate der AfD werden flächendeckend zerstört.
Privat-PKW's und sogar Einsatzfahrzeuge der Polizei werden
mutwillig zerstört und abgefackelt. Typische Beispiele sind die
regelmäßigen Anti-Demos gegen die montäglichen Pegida-
Spaziergänge in Dresden, wo oft eine große Zahl von Bussen
aus den verschiedensten Gebieten Deutschlands, gut vorbereitet und organisiert, herangekarrt werden. 2015 haben Anwoh-
ner in Heidenau gegen die Umwandlung eines früheren Bau-
marktes in ein Flüchtlingsheim friedlich demonstriert. Am 2.
und 3.Tag ihrer Demonstrationen standen sie einem Großaufgebot von aggressiven ANTIFA-Aktivisten gegenüber, die mit
Bussen aus Hamburg angereist waren.[205,206] Die anschließenden Ausschreitungen, die ihren Höhepunkt während des Besu-
ches von Regierungsmitgliedern in Heidenau erreichten, waren
Thema in allen öffentlichen Medien und wurden den Heiden-

auer Bürgern angelastet. Sie wurden als „Pack" und „Dunkeldeutschland" beschimpft. Diese Ereignisse haben einmal mehr gezeigt, dass die Berichterstattung unserer öffentlichen Medien nicht objektiv ist, und dass die ANTIFA als Werkzeug benutzt wird, um die im Aufstreben befindlichen patriotischen Kräfte auszubremsen, um so die Macht der herrschenden Eliten und der im Bundestag und den Landtagen etablierten Parteien abzusichern. Die ANTIFA macht die Drecksarbeit für die Regierenden, und die Akteure der ANTIFA werden mit Steuergeldern dafür hoch bezahlt. Die ANTIFA-„Berufsdemonstranten" haben es nicht mehr nötig, ihren Lebensunterhalt durch ehrliche Arbeit zu verdienen. Dadurch, dass der Staat die ANTIFA mit öffentlichen Geldern großzügig ausstattet und fördert, macht er sich mitverantwortlich für eine Verrohung eines großen Teils unserer heranwachsenden Jugend, die dadurch lernen, in Anarchie, Gewalt und Zerstörung ihre „Lebensziele" zu sehen. In welch erschreckendem Ausmaß dies bereits Realität ist, hat der Autor Tuvia Tenenbom in seinem Spiegel-Bestseller-Buch „Allein unter Deutschen" eindrucksvoll beschrieben. [207]

Der Ostermarsch Rhein Ruhr, die große Friedensdemonstration in NRW, initiiert von linken Gruppen, ist etwas Großartiges und sollte eine breite Unterstützung erfahren im Kampf gegen Kriegstreiberei. Leider ist in dem offiziellen Aufruf auch vermerkt, dass Rechtsextreme von dieser Friedensdemo ausgeschlossen sind! Wir haben aber oben gelernt, wen die Linke und ihre ANTIFA alles als rechtsextrem einstuft, also einen sehr großen Teil der ganz normalen Bevölkerung. Damit ist natürlich die Wirksamkeit dieser für den Frieden so wichtigen Aktion in der Öffentlichkeit erheblich eingeschränkt.

**Liebe ANTIFA-Rabauken.** Ihr bekämpft die falsche Zielgruppe. Heute steht Euer Feind nicht mehr „rechts", sondern ganz wo anders. Es sind die superreichen Eliten mit ihren selbst erschaffenen Lobbyorganisationen und NGOs, die der Demokratie den Kampf angesagt haben, um eine NWO zu

errichten, in der die Menschen überall in der Welt als Arbeitskräfte einsetzbar sind, wodurch eine internationale Konkurrenz
entsteht, unter der die Löhne immer weiter gesenkt und die
Gewerkschaften als Arbeitervertreter keine Rolle mehr spielen.
Die Vorboten dazu müsstet Ihr doch aber schon bemerkt haben, oder? Was tut die SPD, was tun die Gewerkschaften heute
noch für Euch? Hartz IV, Leiharbeit, Mehrfach-Jobs, um zu
überleben?! Machen sich heute die Gewerkschaftsbosse noch
für die Anliegen der Arbeiter krumm, so wie es zu Zeiten Willy Brandt's, Helmut Schmidt's und zum Teil noch bei Helmut
Kohl üblich war? SPD, Gewerkschaften und sogar die Kirchen
in Deutschland kümmern sich heute nicht mehr um die „Wohl-
fahrt" ihrer Schutzbefohlenen, den Armen, den Arbeitern im
Niedriglohnsektor, ... Diese sind in den Kampf gegen Rechts
mit eingebunden, genauso wie ihr, und damit vollauf beschäftigt. Das ist auch eine Variante von „Teile und Herrsche". Und
wenn keine Rechten mehr in Sichtweite sind, werden sie er-
funden oder ernannt. Patrioten, man könnte sie auch Heimat-
liebende nennen, werden dann eben schnell umetikettiert zu
Rechten, Nazis, Faschisten. Erkennt Eure Auftraggeber, die
Hintermänner, die Euch instrumentalisiert haben. Lest Ihre
Namen hier: George Soros, David Rockefeller, Henry Kissinger, Peter Sutherland und der Rothschild-Clan und deren Vertreter, aufgelistet im Anhang F.
Kämpft nicht weiter gegen Eure eigenen Interessen! Die Massenzuwanderung nach Europa ist Teil des großen Plans der
superreichen Eliten, der im Auftrag derer durch Think Tanks
ausgearbeitet und langfristig geplant worden ist, bekannt als
„Geheime Migrationsagenda".[208] Heute werdet Ihr, die Mitglieder der ANTIFA, über das Mittel GELD und die Gehirnwäsche durch die öffentlichen Medien wie Marionetten geführt, genauso wie unsere Regierung geführt wird (s. Abschnitt
2.4.). Die öffentlichen Medien werden dabei ebenfalls durch
die superreichen Eliten als Werkzeug benutzt, das Denken der
Bevölkerung zu manipulieren. Aber wenn sie ihr Ziel, die
NWO, erreicht haben werden, wird es keine demokratischen

Verhältnisse mehr geben, auch keine Sozialleistungen mehr, so wie wir sie bisher kennen. Dann werdet Ihr nicht mehr gebraucht, und Ihr werdet nicht mehr mit Steuergeldern gefüttert. Stattdessen müsst Ihr Euch nach echter Arbeit umsehen und ins Heer der Arbeitssuchenden, Produzenten und Konsumenten, einreihen, wenn Ihr nicht verhungern wollt. Wenn Ihr Eure, unsere wahren Feinde nicht erkennt, Euch weiterhin in Scharmützeln mit vermeintlich „Rechten" aufreibt, haben diese Eliten weiterhin leichtes Spiel, Ihre Ziele durchzusetzen. Ab einem bestimmten Punkt, wenn diese Entwicklung nicht gestoppt wird, wird sie eines Tages unumkehrbar sein, dann wird der „POINT OF NO RETURN" überschritten sein, und es gibt kein „zurück" mehr.

Deshalb besinnt Euch auf Eure Vorbilder und Klassiker, Karl Marx und Friedrich Engels. Letzterer hatte schon 1840 verkündet: *„Solange die Zersplitterung unseres Vaterlandes herrscht, solange sind wir politisch Null. Wir wollen heimjagen, woher sie gekommen sind, alle die verrückten, ausländischen Gebräuche und Moden, alle die überflüssigen Fremdwörter. Wir wollen aufhören, die Narren der Fremden zu sein und zusammenhalten zu einem einzigen, unteilbaren, starken, freien deutschen Volke."*

## 2.7. Islamisierung Deutschlands – Das Spiel mit dem Feuer

*„So wie hier heute eine Bürgerin der ehemaligen DDR und ein Kind türkischer Gastarbeiter zu Spitzenkandidaten gewählt worden sind, wird vielleicht irgendwann ein Kind syrischer Flüchtlinge Bundeskanzlerin oder Bundeskanzler."*
*(Göring-Eckart, 2017, Spitzenkandidatin der Grünen)*

*„Der Papst hat abgedankt. Der Petersdom dient als Müllkippe für den Abfall Roms. Europas Städte sind ghettoisiert."*

*(Jelena Tschudinowa, Die Moschee Notre Dame – ANNO 2048, Renovamen-Verlag 2017)*

*„Der Islam gehört zu Deutschland", „der Islam ist friedlich", „das kann man nicht verallgemeinern", „immer eine Armlänge Abstand halten", „der muslimische Migrant ist eine Bereicherung" usw. usf. ...* Diese Parolen, von Politikern, Journalisten, Linken, Grünen, Gewerkschaftern, Kirchenvertretern und Profiteuren der Massenzuwanderung gebetsmühlenartig vorgetragen, dienen, unter dem Deckmäntelchen der Religionsfreiheit, der Wehrlosmachung der Deutschen. Diese „Toleranz" gegenüber einer Lebensauffassung, die in Deutschland und Europa seit Jahrhunderten überwunden ist, sich im islamischen Kulturkreis aber bis heute zu einem Glaubensdogma entwickelt hat und dort das Staatswesen und das gesamte gesellschaftliche Leben bis tief hinein ins private bestimmt, wird sich bitter rächen, wenn wir dies weiterhin zulassen oder sogar fördern. Und die Grünen träumen heute schon davon, dass irgendwann ein Syrer (oder Syrerin) zum Bundeskanzler in Deutschland gewählt wird. (s. das Zitat zu Beginn dieses Abschnittes)." Die Muslime, zumindest deren radikale Vertreter, denen der übrige Anteil der Muslime, die nicht oder weniger radikal eingestellt sind, nur zuschauen, werden ihre Forderungen immer lauter stellen und die Teilhabe im Staate Deutschland immer nachdrücklicher einfordern, je größer ihr Anteil an der hier lebenden Bevölkerung ist. Der sich zur Zeit in Europa ausbreitende Islam ist schrankenlos. Mit Ausnahme einiger osteuropäischer Staaten wird seine Ausbreitung von den Regierungen gefördert und vorangetrieben. *„Europa (entwickelt sich) zu einer Kolonie des Islam ... Und alle schauen zu – oder einfach nur weg. In unseren Städten entstehen Parallelwelten, in denen der Koran regiert."*[209] So auch in Deutschland. Und bei dieser Islamisierung bringt sich die UNO als ein sehr wirksames Instrument zur Unterstützung dieses Prozesses ein (s. Abschnitt 2.5., Stichwort „Bestandserhaltungsmigration"). Es soll an dieser Stelle aber

ausdrücklich betont werden, dass sich die folgende Analyse keinesfalls gegen die Menschen moslemischen Glaubens richtet, die in großer Mehrzahl ein friedliches Leben neben den „Ureinwohnern" Deutschlands leben. Und was die aus Kriegsgebieten zu uns Geflüchteten betrifft, so ist es die Schuld des Westens, in Sonderheit des Machtstrebens der Mächtigen der USA, die deren Länder mit Krieg überzogen haben und deren Lebensgrundlagen zerstört haben (dazu s. Abschnitt 3.6.). Dennoch, ein Teil der zu uns geflüchteten Moslems stellt auch eine Gefahr für das Weiterbestehen Deutschlands, so wie wir es kennen, dar. Darum geht es im Folgenden.

*„Was also ist der Grund, warum man vor dem Islam so buckelt und sich ihm kniend und mit dem Arsch voran nähert? Vielleicht sich gegenseitig befruchtende Doofheit?"* fragt der Deutsch-Türke Akif Pirinçci[210] Er gibt die Antwort selbst: Dieses Land wird von *„,Bekloppten' regiert, gewählt von ,Bekloppten'"*,[211] und es ist die Angst, *„weil dann die Anhänger* (des Islam) *a) mächtigen Ärger machen, b) mit Gewalt drohen und c) den Kritiker am Ende auch töten würden"*[212] Und er gibt noch einen weiteren Grund an: *„Es ist zu spät. Es leben inzwischen zu viele Muslime in diesem Land, als dass man sich ihres nicht zivilisierbaren Anteils problemlos entledigen könnte, ohne einen Bürgerkrieg, wenn nicht sogar einen richtigen Krieg zu riskieren. Das weiß die Politik."*[213] Das klingt dramatisch und auf die Spitze getrieben. Diese Worte drücken Wut aus, aber auch Ohnmacht gegenüber dem, was sich hier in Deutschland, spätestens seit September 2015, abspielt.

Der Publizist Götz Kubitschek schrieb in seinem *Antaios-Rundbrief* 10/2017 am 14. März 2017:[214] *„Das Asylchaos ist das Ergebnis von Pfusch, Verantwortungslosigkeit und Kurzzeitdenken."* Diese Einschätzung mag zwar zutreffen, greift aber zu kurz. Denn es beantwortet nicht die Frage: Wem nutzt es? Die Antwort lautet: es nutzt i) den international agierenden *Finanzeliten* und ii) den *Linken und Grünen*, wie bereits im

Abschnitt 1. dargelegt; hier trifft genau dasselbe zu, was wir dort beschrieben haben: Heterogenisierung und Durchmischung der deutschen Bevölkerung mit kulturfremden Ethnien als Mittel, um i) die totale Globalisierung (NWO) bzw. ii) den Kommunismus zu errichten. Und dazu dient die Durchmischung der indigenen Bevölkerung mit Millionen von kulturfremden Zuwanderern. Bis zum Erreichen des (End-)Ziels der *Finanzeliten* marschieren i) und ii) gemeinsam. Zur Erinnerung: Die Politiker folgen bei ihren politischen Entscheidungen einer Agenda, die von den Lobbyorganisationen und ihren Auftraggebern, den Finanzeliten, vorgegeben und in sogenannten Think Tanks und auf geheimen Konferenzen der „Bilderberger" und den „Münchner Sicherheitskonferenzen" ausgearbeitet worden ist. Und diese Agenda bedient die Interessen der „geheimen Weltregierung" (Abschnitt 3.1.) Und die *Linken und Grünen* schwimmen in diesem Fahrwasser mit und machen sich zum Anwalt dieser Bevölkerungsdurchmischung, weil sie glauben, auf diesem Wege ihre eigenen Ziele erreichen zu können.

Wie ist die Situation gegenwärtig? In den Altersklassen 18 bis 35 gibt es in Deutschland einen großen Männer-Überschuss gegenüber Frauen. Ursache ist, dass junge Männer den Hauptanteil in den Migrantenströmen nach Deutschland stellen. Die meisten von ihnen sind islamisch geprägt, und viele von ihnen sind dem fundamentalistischen Islam zuzurechnen. Dies bedeutet für unsere einheimische Bevölkerung Sprengstoff. Die hohe Geburtenrate der Zuwanderer sowie der gesetzlich verbriefte familiäre Nachzug von Großfamilien werden dazu führen, dass in der nächsten Generation die islamisch geprägten Menschen in Deutschland in der Überzahl sein werden. Dieses Szenario scheint manch einem Zeitgenossen als übertrieben und wird als Schwarzmalerei „besorgter Bürger" abgetan; aber leider folgt dieses allein aus statistischen Gesetzmäßigkeiten. Diese Angst um die Zukunft Deutschlands als Nation mit eigener kultureller Identität haben zu Schlagworten geführt, die diese Angst zum Ausdruck bringen: *„Überfremdung"*, *„Verlust der Heimat"*,

*„Großer Bevölkerungsaustausch"*, *„Umvolkung"*, *„Wir wollen unser Land zurück"*. Dies hat nichts mit Fremdenhass oder Angst vor allem Fremden zu tun, wie von den „politisch Korrekten" immer wieder unterstellt wird, sondern ist schlicht die Sorge, die eigene Heimat, die eigene Identität zu verlieren. Diese statistisch hohen Bevölkerungsanteile mit islamischem Hintergrund schaffen die Voraussetzung dafür, dass diese in der kommenden Generation eigene Parteien gründen und so schließlich Mehrheiten im Bundestag erhalten können. Genau dieses Ziel wird in Sonderheit von der Grünenpartei verfolgt, was sie auch in ihren öffentlichen Reden offen zum Ausdruck bringen, wie viele deren Zitate belegen (s. Abschnitt 2.5.b)). Diese Mehrheiten schaffen die Voraussetzung dafür, dass nach und nach unser Grundgesetz verändert werden kann.[215]

*„Extrapoliert man die Entwicklung der letzten Jahre, ist Deutschland auf dem Weg, ein islamischer Staat zu werden, egal ob Merkel oder Schulz Kanzler werden."*[216]

Man muss kein Prophet sein, um zu erkennen, dass am Ende dieser Entwicklung in Deutschland eine Gesetzgebung stehen wird, in der die Sharia, die Gesetzgebung in vielen islamisch geprägten Ländern, gilt. Bereits heute gibt es in Deutschland eine Paralleljustiz, in der die Sharia das Gesetz ist.[217] An deutschen Gerichten sind heute auch schon Gerichtsurteile gefällt worden, die mit den Gesetzen der Scharia begründet worden sind.[218] Diese Entwicklung und die zu erwartenden Konsequenzen, insbesondere auch für Deutschland, sind in dem Buch von Dr. Ulfkotte, *„Mekka in Deutschland – Die stille Islamisierung"*[219] eindrucksvoll dargestellt.

Was müssen wir für die Zukunft erwarten? In vielen Ländern dieser Erde gibt es heute Ghettos, oder drücken wir es positiver aus, Communities von Einwanderern, die in ganzen Stadtteilen die Mehrzahl bilden und dort in aller Regel ihre Traditionen, Muttersprache und kulturellen Eigenheiten pflegen, oft sogar friedlich mit den „Ureinwohnern" zusammenleben. In den meisten Fällen stammen diese zugewanderten Menschen aus

Staaten, die als solche noch existieren und wohin sie auch heute noch Kontakte pflegen. Das beste Beispiel ist heute die etwa vier Millionen starke türkischstämmige Bevölkerung in Deutschland, die in vielen deutschen Städten, insbesondere in NRW, ihr neues Zuhause gefunden hat. Ihr ursprüngliches Land, die Türkei, woher sie zu uns gekommen sind, existiert als selbständiger Staat weiter, und sie haben weiterhin enge kulturelle Bindungen und Beziehungen dorthin. Noch ausgeprägter ist die Situation bei afrikanisch-stämmigen Zuwanderern, deren ethnischen, sozialen und kulturellen Bindungen sich über ihre länderübergreifenden Clan-Zugehörigkeiten definieren. Auch für diese existieren ihre Herkunftsländer in den meisten Fällen noch. Aber wie wird es in einigen Jahren um Deutschland stehen, wenn die Zuwanderung in Verbindung mit dem gesetzlich verbrieften Familiennachzug weiterhin so forciert betrieben wird wie derzeit? Wenn man zusätzlich noch die wesentlich höheren Geburtenraten im Vergleich zu den deutschen „Ureinwohnern" berücksichtigt, wird die Situation eine völlig andere sein. Die deutsche Bevölkerung wird sich dann, in Unterzahl, in Ghettos konzentrieren und auf diese Weise versuchen, ihre ethnischen und kulturellen Besonderheiten weiter zu leben, diese versuchen zu erhalten. Aber einen deutschen Staat *außerhalb* dieser, lose über das ehemalige deutsche Staatsgebiet verteilten Ansammlung von deutschsprachigen Communities, wird es dann nicht mehr geben. Ein solches Szenario ist aus der Geschichte wohlbekannt. Z.B. wurden die Indianer von den europäischen Eindringlingen von ihren angestammten Wohngebieten verdrängt und lebten schließlich in isolierten Reservaten; ein Teil von ihnen hat sich mit der eingedrungenen Bevölkerung vermischt, der andere Teil lebt heute weiterhin in separaten Enklaven innerhalb ihrer ehemaligen eigenen Staaten. Dieses tragische Geschehen wurde herbeigeführt durch entwicklungstechnisch weiter entwickelte und militärisch überlegene fremde Mächte, denen die Urbevölkerung nichts entgegenzusetzen hatte.

Dieses skizzierte Szenario der Herausbildung von deutschsprachigen Communities in einem durch Zuwanderer mehrheitlich bevölkerten Deutschland ist noch die **harmlosere Variante**, auf die wir uns langfristig einstellen müssen, wenn diese Entwicklung nicht gestoppt wird. Die **harte Variante** ist die, dass die islamisch geprägten Zuwanderer, zur Zeit überwiegend männlich, in deutlicher Mehrheit sein werden, eigene Parteien gründen können und dies nutzen, das islamische Recht, über ihre Mehrheiten im Bundestag, einzuführen. Es ist eine Illusion zu glauben, dass die viel beschworene Integration dazu führen könnte, dass die in ihrer Jugend islamisch geprägten Menschen auf einmal ihre Überzeugungen ablegen und einen säkularen Staat tolerieren würden. Genauso wenig, wie das in den letzten dreißig Jahren bei einem Großteil der bereits hier lebenden Zuwanderer aus islamischen Ländern gelungen ist, kann es erst recht nicht bei den neuen Millionen islamisch geprägten Zuwanderern gelingen. Diese harte Variante bedeutet letztlich die Einführung islamischen Rechts in Deutschland, die Einführung der Sharia, so wie sie bereits heute in der deutschen Rechtssprechung Einzug gehalten hat.[220,221] Ein solches Szenario wird auch in dem Youtube-Video *„2049-100 Jahre Bundesrepublik"* prognostiziert.[222] Dort wird festgestellt: *„Es gibt kein islamisches Land, in dem Christen oder andere Glaubensgruppen wirklich in Freiheit in Frieden leben können, sondern als (bestenfalls) geduldete Gruppe in ständiger Sorge um Hab und Gut, Leib und Leben, zu Menschen zweiter Klasse werden. Eines von vielen dieser Beispiele liefern die Kopten in Ägypten, die als Christen ständiger Diskriminierung und Gewalt ausgesetzt sind. Dieses Schicksal droht den Deutschen in ihrem eigenen Land ebenfalls. "*

Diese **harte Variante** beschreibt der türkischstämmige Autor Akif Pirinçci in seinem Buch *„Deutschland von Sinnen ..."*[223] noch wesentlich dramatischer.

Auch eine denkbare stärkere Vermischung der Zugewanderten mit der einheimischen deutschen Bevölkerung wird zu demselben Ergebnis führen, da Islam nun mal das Vorrecht für die

Männer in den Familien reserviert und damit auch die nachfolgenden Generationen islamisch geprägt sein werden. Dieses zu erwartende Szenario wird von einem Teil der Bevölkerung so erkannt und als Bedrohung wahrgenommen. Aber der größere Teil der Deutschen erkennt diese Zusammenhänge (noch) nicht und bejubelt diese Entwicklungen sogar noch. Die Ursache dafür ist u. a. in dem Einfluss der öffentlichen Medien zu suchen, die über Propaganda, Lügen und „politisch korrekte" Berichterstattung im Sinne ihrer Auftraggeber die Bevölkerung manipulieren.

Wenn diese Entwicklung nicht gestoppt wird, werden die Deutschen bald in der Minderheit sein. Sie werden ihre kulturelle Identität verlieren oder sie aber nur noch in restlichen „GO AREAS" für Deutsche pflegen können. Vielleicht werden sie auch dort nicht mehr sicher sein; denn die Sharia wird dann auch in diesen Schutzzonen eingeführt werden. Unsere heute gepflegte, propagierte, gelebte Toleranz gegenüber dem Islam wird zu Zuständen führen, wie sie heute in anderen islamischen Ländern üblich sind, wo Christen und Ungläubige gejagt, verfolgt werden. Vielleicht dürfen dann Deutsche ihre eigene Kultur nicht mehr öffentlich leben, mit der Freizügigkeit im öffentlichen Leben, in Schwimmbädern wird es vorbei sein. Unverschleierte Frauen werden es dann kaum noch wagen, sich in der Öffentlichkeit zu zeigen. Volkslieder wie „Im schönsten Wiesengrunde" oder „Am Brunnen vor dem Tore" werden in der Vergessenheit versinken.

*„... Eine Demokratie, die von Volksvertretern geführt wird, die die Zeichen der Zeit nicht erkennt, ist eine Staatsform, die zum Tode verurteilt ist. Eine ehemals wehrhafte Demokratie hätte es nicht zugelassen, dass sich Salafisten und Radikalmuslime hier so etablieren können ... Schon jetzt werden hier Menschen nicht ausgewiesen, die Christen und Nichtmuslime in Asylbewerberheimen nicht in Ruhe lassen und diese verprügeln. Schon jetzt agieren Friedensrichter in Paralleljustiz unbeachtet von der hier angeblich bestimmenden Rechtsordnung, ohne*

*dass das hiesige Rechtssystem einschreitet.* " (Zitat aus einem Kommentar der vor allem im Nahen Osten verfolgten Kopten in ihrer Publikation *Wordpress* vom 15. August 2014 zu dieser Entwicklung in der westlichen Welt.[224])

Das, was im Jahre 732 den islamischen Truppen bei Tours und Poitiers nicht gelungen war und in den Jahren 1529 und 1683 nicht vor Wien, geschieht jetzt freiwillig durch die Hintertür, die durch die Politiker und mit Unterstützung der „politisch korrekten" Medien weit aufgerissen worden ist. Mit ihrer „gutmenschelnden" Propaganda und Gehirnwäsche machen sie's möglich: ein islamisches Europa.

## 2.8. Die Justiz

Wie sieht es heute in Deutschland mit der Meinungsfreiheit aus? Horst Mahler, ehemaliger Rechtsanwalt und Autor, Rechtsextremist und Holocaustleugner (Spiegel Online), wurde wegen Verfassens **antisemitischer** Schriften und deren Verbreitung zu 10 Jahren und 2 Monaten Strafhaft verurteilt. Horst Mahler ist „Überzeugungs-Täter" und er sieht seine Schriften als eine wertvolle Sammlung von literarischen und historischen Dokumenten aus der Thora, dem Talmud, dem Schulchan Aruch, aus vielfältigen Zeugnissen von Politikern, die mit Israel, Zionismus und Judenheit zu tun hatten, eine Sammlung wertvoller Zitate bekannter jüdischer und zionistischer Autoren, etc.[225]
Viele Zuwanderer nach Deutschland, die dem Islam anhängen, machen aus ihrem **Antisemitismus** keinen Hehl und rufen offen zum Kampf gegen die Juden und ihren Staat Israel auf. Eine Strafverfolgung, geschweige Verurteilung solcher Aktivisten ist aber in Deutschland bisher nicht bekannt. Sind vor deutschen Gerichten die Menschen nicht gleich? Das ist „Zweierlei Maß"- Praxis.

Abgesehen davon, dass eine solche Verurteilung in Höhe von 10 Jahren unverhältnismäßig ist und nur als staatlich sanktionierte Rache und als Vollstreckung einer politischen Doktrin verstanden werden kann, gibt es keine Gnade für den Verurteilten. Nach 2/3 Absitzens seiner Haft wurde er auf Bewährung entlassen, auch weil er unter einer Reihe altersbedingter Krankheiten litt, in dessen Folge ihm ein Bein amputiert worden war. Jedoch, dem inzwischen 81-Jährigen wurde mit Beginn am 19.April 2017, 0:01 Uhr sein erneuter Haftantritt für die restlichen 3,5 Jahre angeordnet, weil er „rückfällig" geworden war. Was war geschehen? Horst Mahler hatte während seiner Haft in der JVA Brandenburg eine Streitschrift verfasst mit dem Titel *„ Wo hängt der Feuerlöscher? Die Welt steht in Flammen! Horst Mahler an Weihnachten 24.12.2014"* und diese ins Internet stellen lassen.[226]

Ein anderes Beispiel für „Zweierlei Maß": *„Marco Mehlenberg hatte die Grünenpolitikerin Claudia Roth im November 2015 in einer E-Mail an den Flüchtlingskoordinator der Stadt Brühl als ‚ekelhaft' bezeichnet."* [227] Dafür wurde er wegen Beleidigung angeklagt, obwohl er diese Äußerung in einem nichtöffentlichen(!) Dokument getan hatte und die Politikerin Roth außerdem eine Person des öffentlichen Interesses ist. Marco Mehlenberg wurde zu einem „Strafmaß von 40 Tagessätzen zu je 50 Euro" verurteilt und muss auch die Prozesskosten berappen.[228] Auf der anderen Seite, fast zeitgleich, ging ein Türke in Hamburg straffrei aus dem Gerichtssaal, obwohl er die Deutschen als „Köterrasse" beschimpft hatte.[229] Das ist wieder Rechtssprechung mit „Zweierlei Maß". Zu dieser Ungleichbehandlung passt auch die Feststellung: *„Die Aussage ‚Scheiß-Deutscher' wird nach herrschender Rechtssprechung lediglich als Beleidigung geahndet und muss von dem Betroffenen persönlich angezeigt werden, der Ausruf ‚Scheiß-Türke' hingegen gilt als Volksverhetzung – hier wird der Staatsanwalt von sich aus aktiv."*[230]

Politiker gehen straffrei aus, wenn sie friedlich demonstrierende Heidenauer Bürger als *„Pack"* (Sigmar Gabriel, SPD) und

*„Mischpoke"* (Cem Özdemir, Grüne) beschimpfen, aber für die aus Hamburg mit Bussen zugereisten ANTIFA-Schläger, die für die Ausschreitungen in Heidenau verantwortlich waren,[231,232] keine entsprechenden Beschimpfungen im Köcher haben.

Wie sieht es nun aber mit echter **Volksverhetzung** in Deutschland aus? Wenn, zum Beispiel, ANTIFA-Demonstranten öffentlich gegen Deutschland hetzen mit Parolen wie *„Deutschland verrecke!"*, *„Deutschland, Du mieses Stück Scheiße!"*, *„Deutschland ist Scheiße..."*. Ist das etwa keine Volksverhetzung? (s. Abschnitt 2.6.) Es ist nicht bekannt, dass in diesen Fällen Anklage wegen Volksverhetzung erhoben worden wäre. Anders ist es bei denen, die die Frage stellen: „Hat der Holocaust in dieser Form, wie er in der deutschen Geschichtsschreibung niedergeschrieben ist, tatsächlich so stattgefunden?" Hier gilt das **Grundrecht der Meinungsfreiheit** (wie z.B. im Urteil des Bundesverfassungsgerichtes vom 9.11.2011, 1BvR 461/08, festgestellt) nicht mehr, wie der eingangs dieses Abschnitts dargestellte extreme Fall zeigt. Mehr noch, bei der Rechtssprechung *„kommt (es) nicht darauf an, ob der Holocaust stattgefunden hat oder nicht – sondern nur darauf, dass ein Leugner strafbar ist."* So festgestellt durch den Richter im „Holocaust"-Strafprozess gegen Ernst Zündel im Mannheimer Landgericht.[233,234] Es ist aber noch viel schlimmer. Es werden nicht nur „Holocaust"-Leugner zu Haftstrafen verurteilt, sondern auch deren Strafverteidiger, wenn diese versuchen, ihren angeklagten Mandanten juristisch mit Beweisanträgen zu verteidigen, so geschehen 2007 mit der Strafverteidigerin Sylvia Stolz im Strafprozess gegen Ernst Zündel im Mannheimer Landgericht. Nachdem ihr Mandant Zündel zu 5 Jahren Haft wegen Volksverhetzung verurteilt worden war, erfolgte im Nachgang der Strafprozess gegen dessen Verteidigerin Sylvia Stolz, in dem sie 2008 zu dreieinhalb Jahren Haft und einem fünfjährigen Berufsverbot als Rechtsanwältin sowie Ausschluss aus der Rechtsanwaltschaft der BRD verurteilt worden ist.[235]

Man kann auch als Holocaustleugner verurteilt werden, wenn man *„einen Text veröffentlicht, in dem der Holocaust zwar nicht konkret in Frage gestellt würde, der Text als Ganzes das aber nahelege."* So zitiert aus der Urteilsbegründung gegen den bekannten Blogger Ernst Köwing alias „Honigmann", der zu einer achtmonatigen Haftstrafe verurteilt worden ist.[236]

*„Der Fall Köwing ist bemerkenswert, weil erstens, der Text nicht von Köwing selber stammte, sondern ein Kommentar war, den er im Zweifelsfall hätte löschen müssen. Mit der juristischen Auslegung, dass man sich Aussagen anderer „zu eigen macht", sind im Prinzip auch alle, die zu diesem Text verlinken, ihn kommentieren oder in sozialen Netzwerken geteilt haben, ebenso von Strafverfolgung bedroht."*[237]

Nun könnte man sagen: das ist alles in Ordnung, denn die Gefahr, die von der Verbreitung solch rechtsextremen Gedankengutes wie der „Holocaustlüge" ausgeht, könnte einem erneuten Dritten Reich den Weg ebnen. Dem muss man aber entgegenhalten, dass heute eine viel größere Gefahr von der linksextremen Seite droht, die aber in keiner Weise juristisch verfolgt wird (s. Abschnitt 2.6). Die wesentlich größere Gefahr rührt auch daher, dass diese linke Ideologie, gepaart mit großer Radikalität, heute bereits von einem sehr großen Teil der Jugend verinnerlicht worden ist und damit ein extrem hohes Gefahrenpotential gegen die freiheitliche Grundordnung in Deutschland darstellt, während nur ein verschwindend geringer Anteil der Bevölkerung die gängige Geschichtsschreibung zum Holocaust als Lüge bezeichnet. Dass von der linksextremen Seite her tatsächlich eine für den Fortbestand Deutschlands extrem große Gefahr ausgeht, erkennt man allein schon an deren hohem Gewaltpotential, insbesondere dem der ANTIFA. Wie sieht es nun mit der Strafverfolgerung von kriminellen Bedrohungen und Handlungen der ANTIFA-Schläger aus? Das höchste, was diesen Tätern droht ist, dass sie nach einer Prügelei mit der Polizei von dieser einstweilig festgenommen und deren Personalien festgestellt werden. Und das war's dann auch schon in aller Regel.

Und vergleichen wir die verabscheuungswürdigen Taten von ANTIFA-Schlägern mit Menschen, die Zivilcourage in der Öffentlichkeit zeigen und bedrohten anderen Menschen zu Hilfe kommen. Im besten Fall nimmt das die Öffentlichkeit gar nicht wahr, im schlimmsten Fall werden diese Menschen angeklagt wie die vier mutigen Bürger aus dem sächsischen Arnsdorf, die einen Irakischen Zuwanderer, der in einem Supermarkt randalierte, stoppten und ihn bis zum Eintreffen der Polizei gefesselt und festgebunden der Polizei übergaben. Von der Staatsanwaltschaft wurde Anklage gegen die vier erhoben wegen „*Freiheitsberaubung*". Der Prozess gegen die vier war für den 24. April 2017 anberaumt.[238] Am Prozesstag wurde das Verfahren eingestellt wegen zu geringer Schuld (!) der Angeklagten. Kann man denn überhaupt von Schuld sprechen, wenn Menschen in der Öffentlichkeit Zivilcourage zeigen?

Ein anderes Beispiel für die Ungleichbehandlung in Deutschland: Die Sitzblockade der Identitären Bewegung (IB) vor der CDU-Zentrale Berlin am 21.12.16, zwei Tage nach dem Terroranschlag in Berlin, womit sie ein Gespräch mit CDU-Verantwortlichen erzwingen wollten: Die friedlich von den IB-Aktivisten vorgetragenen Forderungen waren: „*1. Grenzen dicht - Sofortige Schließung unserer Grenzen und restriktiver Grenzschutz. Nur durch sichere Grenzen kann auch eine sichere Zukunft für unsere Heimat gewährleistet werden. 2. Remigration – Ausweisung aller illegal Eingewanderten und straffällig gewordenen Migranten. 3. Islamisierung stoppen – Streichung aller öffentlichen Mittel von Vereinen, die die Islamisierung unserer Heimat vorantreiben. Sowie die konsequente Ausschöpfung aller rechtlichen Mittel zur Unterbindung von radikalislamischen Bestrebungen.*"[239] Auf diese Forderungen reagierte die Polizei aggressiv: „*Erste IB-Aktivisten werden aus der Blockade herausgerissen. Es ist ein Fanal, dass die Ordnungskräfte mit solcher Vehemenz gegen den friedlichen Protest vorgehen, aber entsprechende Blockaden durch Illegale zumeist geduldet werden. Würden die Ordnungskräfte auch mit solcher Härte gegen illegale Migranten und Islamisten*

81

*vorgehen, würde unser Land sicherer sein und ein solcher Protest wäre nicht nötig!"*[240]

Dagegen werden Sitzblockaden von Migranten nicht gewaltsam aufgelöst, z.B.: *„Rund 40 Bewohner des Camps blockierten am Oranienplatz mit Matratzen, Sitzbänken und Stühlen die Fahrbahn, um auf ihre Forderungen aufmerksam zu machen. Von der Aktion sei auch der öffentliche Nahverkehr betroffen gewesen, wie die Polizei mitteilte. Die Polizei löste die Blockade nicht auf und reagierte zunächst abwartend. ‚Wir regeln den Verkehr und warten die Gespräche ab'"*[241]

Die Erfahrung der letzten Jahre lehrt, dass die Justiz gegenüber kriminell gewordenen Asylsuchenden außerordentlich nachsichtig verfährt.[242] Asylanten werden mit Samthandschuhen angefasst. Ein Beispiel: *„Dresden - Unfassbare Gewalttat an der S-Bahn-Station Zschachwitz! Zwei Asylbewerber (Ein Marokkaner (23) und ein Libyer (27)) stürzen einen Mann (40) ins Gleisbett, halten ihn mit Fußtritten in der Todesfalle, während ein Zug einrollt (TAG24 berichtete). Und die Justiz lässt die Täter laufen"*[243] (nachdem diese von der Polizei festgenommen worden waren.) Dieses Wegschauen und Tolerieren von Migrantengewalt hat System: Bei Asylbewerbern wird weggeschaut, wenn sie Schlägereien anzetteln, dabei unbeteiligte Menschen in ihre Gewaltorgien hineinziehen, Frauen und Kinder in den Gemeinschaftsunterkünften vergewaltigen, Angehörige anderer Religionen jagen und verprügeln, gegen die Polizeikräfte aggressiv vorgehen. Solche Gewaltorgien von Asylbewerbern haben nicht einmal Auswirkungen auf ihre Asylverfahren. Schlägereien und Gewaltorgien gab es bisher in vielen Flüchtlingsunterkünften und Erstaufnahmeeinrichtungen, z.B. in Suhl, Kassel, Hamburg Wilhelmsburg und Bergedorf, Friedland, Essen, Braunschweig usw.[244]

Jugendliche eingewanderte Intensivstraftäter bekommen häufig Bewährungsstrafen auch im soundsovielten Wiederholungsfall und können sofort wieder auf Raubzug gehen.[245] Oder es wird aus „Bagatellegründen" gar nicht erst ermittelt. Diese Erfahrung hat zu den Begriffen „*Kuscheljustiz*" und „*Migrantenbonus*" geführt. Und die Zuwanderer bedanken sich auf ihre Art: mit Kriminalität und brutaler, z.T. schrankenloser Gewalt untereinander und gegen die einheimischen Deutschen, mit Vergewaltigungen von allein reisenden flüchtenden Frauen und auch von einheimischen deutschen Frauen.[246]

Der Präsident der Deutschen Polizeigewerkschaft, Rainer Wendt, schreibt: „*Machen wir uns nichts vor, das Phänomen der "NAFRI" in unseren Großstädten, nordafrikanische Intensivtäter, die sich um unser Rechtssystem einen Dreck scheren, um unsere Werte, unsere Gesetze, die stehlen, rauben, prügeln, vergewaltigen und diesen Staat verachten und verlachen, werden wir nicht in den Begriff bekommen, wenn nicht neue Instrumente des harten und konsequenten Durchgreifens geschaffen werden.*"[247]

Aus einer Studie[248] des Innenministeriums über die Kriminalitätsentwicklung im Freistaat Sachsen für das Jahr 2015 geht hervor, dass der Anteil ermittelter tatverdächtiger Zuwanderer aus Algerien 81,9%; Tunesien 67,6%; Georgien 35,8%; Marokko 24,7%, Libyen 20,2%; Irak 1,9%; Syrien 1,4% betrug. Diese Zahlangaben werden normalerweise der Öffentlichkeit vorenthalten oder heruntergespielt; denn sie könnten wohlmöglich Angst in der einheimischen Bevölkerung schüren oder den Rechtspopulisten dienen, Ausländer zu diskriminieren.

Auch vor der Regierung kuscht die deutsche Justiz, d.h. die grundgesetzlich verankerte **Gewaltenteilung** zwischen Legislative und Exekutive ist praktisch außer Kraft gesetzt: „*Selbstherrlich entschied die Bundeskanzlerin nach der Reaktorkatastrophe in Japan, dass die Kernkraftwerke abgestellt werden. Obwohl die Entscheidung ebenso politisch wie rechtlich höchst zweifelhaft war, stoppten weder Gerichte noch der Bundestag die Kanzlerin. Beispiel Euro-Rettung: Seit Jahren wird gegen die Maastricht-Verträge verstoßen, so beispielsweise bei der Griechenland-Rettung. Unverhohlen wurde das Recht immer* *wieder gebeugt und gebogen. ... Und die rechtlich hervorragend begründeten Klagen vor dem Bundesverfassungsgericht waren erfolglos, weil die politisch zahmen Karlsruher Richter die Rechtsverbiegung sanktionierten. Beispiel Flüchtlingspolitik: Im Bundestag waren im September 2015, als Merkel das Dublin II-Abkommen brach, alle Parteien auf einer Linie. Auch die Medien waren von BILD bis SPIEGEL vom Rausch der grenzenlosen „Willkommenskultur" erfasst. Weder der Bundestag noch irgendein Gericht stoppten den offenen Rechtsbruch."*[249]

Mit diesem Wissen wird auch klar, warum die von Horst Seehofer groß angekündigte Klage gegen Merkels gesetzwidrige Grenzöffnung im September 2015 letztendlich doch nicht beim Bundesverfassungsgericht eingereicht worden ist. Es war abzusehen, dass diese Klage vor der deutschen Justiz keinen erfolg haben würde. In der Tat, nachdem sich stattdessen die Bürgerbewegung *„Ein Prozent für unser Land"* am 30.1.16 der Sache angenommen hatte und eine Verfassungsbeschwerde beim Verfassungsgericht in Karlsruhe eingereicht hatte, ausgearbeitet von dem Staatsrechtler Professor Schachtschneider, wurde diese jedoch vom deutschen Verfassungsgericht abgelehnt, offensichtlich ohne dass diese überhaupt verhandelt worden war.[250]

Udo di Fabio *„kommt nach juristischer Prüfung der aktuellen Migrationskrise zu einem erschütternden Befund: Die Bundesregierung bricht mit ihrer Weigerung, die Landesgrenzen umfassend zu kontrollieren, eindeutig Verfassungsrecht. In dem Gutachten heisst es: ,Der Bund ist aus verfassungsrechtlichen Gründen (...) verpflichtet, wirksame Kontrollen der Bundesgrenzen wieder aufzunehmen, wenn das gemeinsame europäische Grenzsicherungs- und Einwanderungssystem vorübergehend oder dauerhaft gestört ist.'"*[251]

Bislang hat sich an diesem ungesetzlichen Zustand nichts geändert.

Kommen wir zu der Frage, warum werden weder die Kriminellen der ANTIFA noch die der Zugewanderten, islamisch geprägten Menschen, mit derselben Härte bestraft oder verfolgt wie die „urdeutschen" Bürger? Die Erklärung für dieses Phänomen liefert Oliver Janich in seinem Buch „DIE VEREINIGTEN STAATEN VON EUROPA – GEHEIMDOKUMENTE ENTHÜLLEN DIE DUNKLEN PLÄNE DER ELITE", wo er Stefan Blankertz[252] zitiert: [253] „Da die äußere Bedrohung den Widerspruch zwischen den produktiven und unproduktiven Klassen reduziert, ist es für den Staat rational, äußere Bedrohungssituationen herbeizuführen. Es geht dem Staat nicht um die effektive Minimierung von Kriminalität, sondern um deren Zuspitzung. Kriminalität und kriegerische Bedrohung erhöhen die Akzeptanz des Staates im eigenen Land, Frieden und Wohlstand dagegen vermindern die Bereitschaft der produktiven Bevölkerung, ihren erwirtschafteten Überschuss an die herrschende Kriegerklasse abzugeben. ... Es müssen genügend Anlässe geschaffen werden, um die Existenz des Staates der eigenen unterdrückten produktiven Klasse gegenüber zu rechtfertigen, aber sie müssen so begrenzt werden, dass dabei der Staat nicht beschädigt wird." Während diese Sichtweise z.B. die aggressive Haltung Deutschlands gegenüber Russland (Embargos, Kriegspropaganda, s. Abschnitt 3.5.) gut erklären kann, gibt sie aber auch eine Antwort auf obige Frage in Bezug auf die Ungleichbehandlung von Kriminellen der ANTIFA und Zugewanderten auf der einen Seite und den „urdeutschen" Bürgern auf der anderen Seite: Die Mitglieder der ANTIFA und die Zugewanderten sind die unproduktiven Kräfte, der Großteil der „urdeutschen" Bürger stellen den produktiven Teil dar. Unter diesem Aspekt muß man auch die offensichtliche Förderung der Gewalt auf der Straße bewerten. Diese Förderung besteht in der „vielfältigen Unterstützung durch den Staat, sowohl finanzielle als auch logistische, ... finanziert mit Steuergeldern und verdeckten Kapitaltransfers[254] an die ANTIFA.

*„Terror, Krieg, vermeintliche Gefahr von links, rechts, dem Islam, Ausländern, menschengemachtem $CO_2$ sind keine Zufälle, sondern Mittel, um die Bevölkerung von ihrer eigenen Ausbeutung abzulenken und den Staat massiv auszubauen. "[255]*

## 2.9. Zensur

*Wer in einer Demokratie einschläft, muss damit rechnen, in einer Diktatur aufzuwachen!*[256]

Liebe Leserin, lieber Leser, lassen Sie uns dieses Kapitel mit einem kleinen Quiz beginnen: Was glauben Sie, welche der folgenden im vergangenen Jahr bei Facebook geposteten Inhalte nach deren Anzeige gelöscht worden sind und welche nicht?

*(1) „Bine Schneider, Du kapierst wirklich nichts. Gehe weiter bei Hello Kitty spielen und passe auf das kein Wolf vorbei kommt!",*

*(2) „Vergast alle Deutschen. Erst vernichten wir alle Deutschen durch Vermischung, dann bomben wir die restlichen Goyim weg und dann schaffen wir unser kazarisches Utopia."*

*(3) „M. K.: 30587 bekannte tödliche islamische Terroranschläge seit 09/11. Dass ausgerechnet Muslime im Namen ihrer Religion töten, ist kein Zufall. Im Koran wird mehrf..."*
*Ch. H.: „M. K. sagt es und ich sage es hiermit auch, ,ich bin islamophob'! Und jeder der es nicht ist, muss sich fragen lassen, warum nicht?"*

*(4) „Jetzt auf der Gegendemonstration gegen die widerliche AFD Freiburg. Es ist gut zu sehen, dass dem kleinen AFD Haufen eine weit größere Masse gegenübersteht. Wir dürfen der Intoleranz der braunen Ratten nicht länger mit falscher Toleranz begegnen. Es wird Zeit, unseren Rechtsstaat und unsere Demokratie zu verteidigen."*

*(5) „Die PKK sind Freiheitskämpfer gegen die Türkische Diktatur... Was die Nazis damals mit den Juden machten, machte*

*die Türkei mit den Armeniern und seit Jahrzehnten mit den Kurden"*

*(6) M. A.: „Naja ich weiss zwar dass es nicht richtig ist anderen Menschen etwas schlimmes zu wünschen, jedoch frage ich mich manchmal wieso Menschen wie du nicht abgestochen werden? Ich glaube da hätten die wenigsten was dagegen @ y. W.*

*(7) "Liebe Grüne, liebe Berufshomos, so langsam sollten wir mal umdenken und überlegen, ob die AfD wirklich die größte Gefahr für schwule Männer ist ...".*

*(8) „Achmet, in Deutschland geboren = Deutscher. Cips, im Pferdestall geboren = Pferd (im beiliegenden Bild ist Achmet als Araber mit Turban dargestellt und Cips als kleine Ratte)*

*(9) „Außerdem wollen sie hier Dschihad machen und ihre achso-geliebte Unterdrückungsideologie in Kraft setzen, damit es wenigstens allen gleich beschissen geht."*

*(10) Bild mit Hakenkreuz und Text „Sieg Heil" auf Torte; „rüeblitorte nach wunsch XD"*

*(11) „Frauen sind unzureichend begabt hinsichtlich der Intelligenz und der religiösen Fähigkeiten. Den intellektuellen und religiösen Makel der Frauen stellt der folgende Hadith fest. Wir finden ihn in Sahih al Buchari, welches muslimische Gelehrte für das ‚nach dem Buch Allahs (der Koran) am meisten authentische Buch' halten: (Sahih Buchari, englisch-arabische Übersetzung, Bd.1, S. XIV)"*

*(12) „Fuck Israel... was Hitler mit euch gemacht hat war noch nix"*

Sie werden überrascht sein: alle mit **ungeradzahliger** Nummer aufgelisteten Inhalte sind von Facebook gelöscht worden, verbunden mit einer vorübergehenden Sperre deren Autoren, während alle mit **geradzahliger** Nummer online geblieben sind, obwohl sie von Usern als Gewaltverherrlichung oder gegen Gesetze verstoßend an Facebook gemeldet worden waren. Wohlgemerkt, es handelt sich dabei nicht um ein Versehen; denn Facebook ist extra darauf hingewiesen worden. Das heißt, dass solche Inhalte wie *„Vergast alle Deutschen"* oder *AfD–Sympathisanten* seien *"braune Ratten"* oder *„wieso (werden) Menschen wie du nicht abgestochen?"* oder *die Abbildung von Hakenkreuz mit Text „Sieg Heil"* oder *„Fuck Israel... was Hitler mit euch gemacht hat war noch nix"* im Einklang mit den "Gemeinschaftsstandards" von Facebook stehen. Andererseits: *„Facebook **löscht Beiträge und sperrt Profile**, auch wenn die darin enthaltenen Äußerungen in Einklang mit deutschen Gesetzen stehen. Gleichzeitig bleiben selbst strafbare Posts oder Kommentare, auch nach Hinweisen, online, weil sie offenbar nicht gegen die schwammigen "Gemeinschaftsstandards" Facebooks verstoßen. **In einem Rechtsstaat darf jedoch nicht bestraft werden, wer sich rechtstreu verhält...**"*[257] (Fettdruck wie im Original-Zitat)

Auf den ersten Blick erscheinen diese Löschungen bzw. Nichtlöschungen der Posts *(1)-(12)* willkürlich und irrational. Erst bei näherem Hinsehen erkennt man ein Muster, nämlich folgendes: Es wird all das gelöscht, was von Deutschen irgendwie als Bedrohung und Gefahr für ihr Leib und Leben wahrgenommen werden könnte, insbesondere den Islam als Bedrohung und als inhumane Ideologie erscheinen lässt. Hingegen wird nicht gelöscht, was geeignet ist, Deutsche in ihrem Stolz und Nationalbewusstsein zu verletzen, ihr Selbstbewusstsein zu untergraben, Schuldgefühle in ihnen zu wecken, sie zu beschämen, sie in Angst zu versetzen, den Widerstandswillen der patriotischen Kräfte zu schwächen. Denn diese patriotischen Kräfte könnten sich sonst möglicherweise der gewollten massenhaften Zuwanderung widersetzen bzw. entgegenstellen.

*„Wer sich schämt, begehrt nicht auf, sondern hält die eigenen Bedürfnisse zurück."*[258] Ein Mensch, der sich schämt und von Angst erfüllt ist, ist nicht mehr in der Lage, sich zu wehren; er kann die wahren Feinde von vermeintlichen nicht mehr unterscheiden.

Auch der in der Einleitung zitierte türkisch-stämmige Autor, Akif Pirinçci, hat dies so erkannt. Er hat diesem Phänomen ein eigenes Kapitel gewidmet mit dem Titel *„Angst ist eine Ent-*

*scheidung"*. Darin erklärt er, *„wie es dazu kam, dass aus den tapferen Deutschen, ..., das größte Hosenscheißervolk der Welt wurde."* [259]

Der seit Februar 2017 in der Türkei in Untersuchungshaft sitzende Journalist Deniz Yücel konnte 2011 in der TAZ einen Hetz-Artikel gegen Deutschland veröffentlichen, worin er schrieb *„Der baldige Abgang der Deutschen aber ist Völkersterben von seiner schönsten Seite ... diese freudlose Nation also kann gerne dahinscheiden."* Dieser Hetz-Artikel, der vom Inhalt her geeignet ist, das Selbstwertgefühl der deutschen Bevölkerung nachhaltig zu untergraben, blieb aber ohne rechtliche Konsequenzen für dessen Autor. Das passt wieder genau in das Muster, was wir bezüglich der Posts *(1)-(12)* erkannt haben.

Unter dem Vorwand, „Hate speech, Fake News, Alternative Fakten" wirksamer bekämpfen zu können, hat Justizminister Heiko Maas ein neues Gesetz, das **„Netzwerkdurchsetzungsgesetz"** auf den Weg gebracht. Rechtsanwalt Steinhöfel bezeichnet es als **„Meinungsfreiheitsbekämpfungsgesetz"**.[260] In der Tat, *„wir stehen vor einem drastischen Eingriff der poltisch-medialen Elite in eines unserer wichtigsten Grundrechte, und zwar durch ein Gesetzvorhaben, das verfassungswidrig, europarechtswidrig und schlicht überflüssig ist."*[261]

Mit diesem Gesetz sollen Kritiker der Regierungsparteien nicht nur medial bekämpft, diffamiert, lächerlich gemacht werden. Sie sollen zum Schweigen gebracht werden. Eigentlich werden ihre Wortmeldungen (Bücher, Kommentare, Veranstaltungen, ...) bereits heute schon zensiert oder behindert. Es gibt nur noch wenige Verlage, die sich trauen, kritische Bücher, die die derzeit betriebene Regierungspolitik hinterfragen, zu veröffentlichen. Eine der Ausnahmen ist der Kopp-Verlag. Buchhandlungen entfernen regierungskritische Bücher teilweise aus ihrem Angebot. Selbst der Knaur-Verlag, der seit 2007 jährlich die Buchreihe *„Verheimlicht vertuscht vergessen"* herausgegeben hatte, hat sich dem äußeren Druck gebeugt und seine Zusammenarbeit mit dem Autor, Gerhard Wisnewski, beendet.

Für 2016 und 2017 ist diese Buchreihe daher beim Kopp-Verlag erschienen.[262] Öffentliche Werbung für kritische Bücher wird behindert.

Werbung für Ulfkotte-Bücher wurden überklebt oder entfernt (vor Lidl- und EDEKA-Supermarkt). Das Geo-Magazin entschuldigte sich dafür, dass es öffentlich Werbung für den Koppverlag gemacht hatte, nachdem es dafür einen Shitstorm in Internet geerntet hatte. Die Deutsche Bahn nimmt keine Werbung des Koppverlags mehr an. All das ist nichts anderes als Zensur. Dazu stellt der Journalist Gerhard Wisnewski fest: *„Angriffe auf Bücher sind die letzte Stufe vor der Verbrennung. Wann brennen in Deutschland wieder Bücher? ... das Buch ist ein Lackmuspapier für den Zustand einer Demokratie. Und wenn das Buch angegriffen wird, wenn Verlage angegriffen werden, wenn Autoren in ihrer Existenz behindert werden und verleumdet werden, dann sind wir bereits schon wieder so weit. Das muss man sich mal hinter die Ohren schreiben, denn mit Verleumdungen und mit Boykottaufrufen und ähnlichen Aktionen, vor allem mit dem Vorgehen gegen Bücher fängt es an, fängt der Faschismus an, hat er auch schon damals angefangen und fängt er auch dieses Mal an.... Wehren wir uns gegen den aufkeimenden Faschismus, der von oben kommt, von den etablierten politischen Parteien, die über Strohorganisationen politische Verfolgung ausüben. Wählen wir diese Parteien nicht mehr. Wir haben 2017 Bundestagswahl. Lassen Sie die Finger von den etablierten Parteien. Sie werden nur belogen und hereingelegt. Wählen sie AfD oder eine andere alternative Partei, aber nicht mehr eine der etablierten.*"[263]

Die von Justizminister Heiko Maas auf den Weg gebrachten Zensurgesetze haben insbesondere die Aufgabe, ins Internet gestellte Inhalte zu löschen, wenn diese gar zu sehr vom „Political-Correctness-Mainstream" abweichen. Sie sind eine Waffe, die gegen die Alternativen Medien gerichtet ist. Die Alternativen Medien (*„Klagemauer TV" (kurz kla-tv), „Antizensurkoalition AZK", „KenFM", „Unzensuriert tv", „Russian today* news deutsch", „Politically Incorrect", „Macht-steuert-Wissen.de" usw.) haben es sich zur Aufgabe gemacht, der Bevölkerung Zugang zu Informationen zu verschaffen, die durch die öffentlichen Medien verschwiegen werden. Deshalb sollen diese bekämpft werden. Durch diese Gesetze werden die Internet-Betreiber dazu verpflichtet, „kritische" Inhalte in kürzesten Fristen zu löschen, wobei Strafen in Millionenhöhe drohen, wenn dies nicht geschieht: *„bis zu fünf Millionen Euro gegen verantwortliche Personen und bis zu 50 Millionen Euro gegen das Unternehmen".*[264] Dies wird zu einem „Lösch-Tsunami" im Netz führen, einfach deshalb, weil die Netzbetreiber es nicht riskieren wollen, derartig hohe Strafen aufgebrummt zu bekommen. Das Ergebnis ist **Selbstzensur**.[‡‡‡,265] Eine solche Selbstzensur wird auch dadurch befördert, dass die Begriffe wie „Hate-Speech" oder „Fake-News" oder „Alternative Fakten", gegen die vorgegangen werden soll, schwammige, nicht eindeutig definierte Begriffe sind und einen breiten Spielraum der Auslegung ermöglichen. Die Wirkung wird zu einer breiten Verunsicherung in der öffentlichen Debatte beitragen und zur Verängstigung der Menschen bei der Wahrnehmung ihrer Grundrechte.[266] Auch das passt in das oben

---

[‡‡‡] *„Eine Anfang 2016 veröffentliche Studie, über die auch die FAZ berichtet hat, belegt, dass das Wissen um systematische staatliche Überwachung zur Selbstzensur führt, wenn die eigene Ansicht von der Mehrheitsmeinung abweicht. Dabei ist die Verteidigung von Wahrheit seitens der Politik ein Alibikrieg. Nach außen geht es um Wahrheit, nach innen um Macht. Denn „wenn es schwierig wird, muss man lügen", wusste schon Claude Juncker... Der Widerstand heutiger politischer Eliten zeigt, dass es ihnen nicht um die Wahrheit geht, sondern um den Anspruch dogmatischer Unfehlbarkeit, einem im Kern durchaus religiöser Ansatz. Die Eliten treten auf als Sachwalter der Wahrheit, bekämpfen jedoch mit den Mitteln der Gesetzgebung den für die Wahrheitsfindung unverzichtbaren Widerspruch, die uneingeschränkt freie Meinungsäußerung. Dies ist nichts anderes als die Durchsetzung eines quasi-religiösen Anspruchs. Das Mittel dazu ist die Zensur."*

gefundene Muster, das den Löschvorgängen bei Facebook zugrunde liegt.

Was sind nun aber „Fake News", und wer entscheidet, welche Nachricht oder welcher Kommentar ein „Fake New" ist? *„Es geht um politisch nicht korrekte Inhalte* ... (und) *darum, in sozialen Netzwerken keine Stimmungen oder Strömungen zu tolerieren, die die herrschende Elite infrage stellen".*[267] So wurde auf einen Schlag die Facebook-Seite von Dr. Udo Ulfkotte mit 30 000 Followern einfach gelöscht, nachdem er das regierungskritische Buch *„Genzenlos kriminell – Was uns Politik und Massenmedien über die Straftaten von Migranten verschweigen"* veröffentlicht hatte.[268] Ein anderer bekannter Fall ist der von dem türkischstämmigen Autor Akif Pirinçci, der sich als ein glühender deutscher (!) Patriot geoutet hatte. Dessen Account wurde bei Facebook für mehrere Wochen, schließlich sogar für Monate gesperrt, weil einigen seiner Leser dessen deftige Ausdrucksweise in Bezug auf die Missstände in dieser Republik aufgestoßen waren; er hatte von *„schwachsinnigen Politikern und geisteskranken linken Medienleuten"* gesprochen und den Deutschlandhass der Grünen angeprangert und deren Gender Mainstreaming als *„Geistesverwirrung"* bezeichnet.[269]

Schließlich, und das gehört eigentlich ins Kapitel 2.8., wurde der Autor Akif Pirinçci *„mit der ganzen Härte des Gesetzes"* wegen Volksverhetzung verurteilt, nachdem er Anfang 2016 einen Artikel veröffentlicht hatte, *„in dem er sich in drastischen Worten über das sexuelle Grauen ausließ, das schutzlosen Frauen Silvester 2015 vor dem Kölner Hauptbahnhof widerfahren war."*[270] Auf der anderen Seite wurde kein einziger Täter der Silvester-Übergriffe zu irgend etwas verurteilt. Im Gegenteil, einige der Täter, die vorübergehend in Untersuchungshaft genommen worden waren, bekamen sogar Haftentschädigung.[271]

Heiko Maas bedient sich bei der Beurteilung, welche Nachrichten „Fake News" sind oder als solche eingestuft werden, seit September 2015 der Amadeu Antonio Stiftung mit deren Vorsitzenden Anetta Kahane, die in den Jahren 1974 bis 1982 Stasi-Zuträgerin in der DDR war mit dem Decknamen IM Victoria. Diese Stiftung arbeitet eng mit dem Justizministerium und dem Thüringischen Verfassungsschutz zusammen,[272] obwohl sie als gemeinnütziger Verein eingetragen ist und mit Steuergeldern finanziert wird. Was sind denn nun aber „Fake News" in der Lesart von Heiko Maas und Anetta Kahane? Dazu gehören z.B. gesellschaftskritische Videos, denen beim besten Willen keine Volksverhetzung unterstellt werden kann. Zum Beispiel waren die folgenden YouTube-Videos, die in diesem Buch zitiert werden, vor Abschluss desselben gelöscht worden. Diese waren dann wieder aufgetaucht unter anderen Links:

1) *„German History von DJ Happy Vipes"*, Europäischer Musikpreis-Gewinner (Sound Music Award 2012), (erneut ins Netz gestellt unter:

https://www.youtube.com/watch?v=wrjOnN7urO0)

2) *„Einwanderung aus Sicht der Polizei | Rainer Wendt"*, Vortrag gehalten auf der Konrad-Adenauer-Stiftung in Mainz 2017 erneut ins Netz gestellt unter:

https://www.youtube.com/watch?v=no-Fc931mUI)

3) *"UNERTRÄGLICHE & SCHOCKIERENDE WAHRHEITEN die DU NICHT wissen WILLST - TEIL 1 VERRATEN & VERKAUFT!" Die wahren HERREN der WELT TÖTEN auf RATEN"*

https://www.youtube.com/watch?v=Bwhb4-WSfes&t=243s

Nachdem dieses Video erneut ins Netz gestellt worden war unter:

https://www.youtube.com/watch?v=qMsw8nUGEBY, wurde es ein weiteres Mal gelöscht und tauchte wieder auf unter:

https://www.youtube.com/watch?v=rf_tmsu-aNM und mit geändertem Titel *„WAHRHEITEN /UNERTRÄGLICH SCHOCKIEREND - VERRATEN VERKAUFT!H"*.

4) *„Fantastische Wutrede über den Genderwahnsinn | Dr. Wolfgang Leisenberg"*
https://www.youtube.com/watch?v=Avwpr73R0JY&t=6s
Während des Schreibens der 2.Auflage dieses Buches war dieser Vortrag auf Youtube nicht mehr abrufbar. Deshalb ist dieses Zitat nun ersetzt durch das Youtubevideo *„Genderwahn Die Zerstörung der Familie Frühsexualisierung (Prof. W. Leisenberg)"* https://www.youtube.com/watch?v=3V6sk5-A9JE

Eine andere Variante, derer sich die Zensoren bedienen, ist die, dass sie Videos zwar nicht löschen, den gesprochenen Text aber mit lauter Musik übertönen oder aber einfach den Ton abschalten oder die Bildfolgen „verpikseln". Beispiele dafür sind:
*„Als dieser Mann die Wahrheit sagt passiert das ...."*
https://www.youtube.com/watch?v=ONptwr2IvU0&list=PLjJ
ANbfWxmka4O0wGlFMPbcCD3edDi2tt
*„AZK Sylvia Stolz Gegendarstellung Medien Vorwurf AZK"*
https://www.youtube.com/watch?v=9VNjCqi2M6k&t=167s
*„Deutschland mit gefälschter Geschichtsschreibung? Sylvia Stolz auf der AZK Zusammenfassung"*
https://www.youtube.com/watch?v=0YlUlgGis5w
*„Die Medien verschweigen EUROCRASH 2017/18 Angela Merkel Türkei Erdogan Donald TRUMP EU SYSTEMCRASH"*
https://www.youtube.com/watch?v=kygam1leKO4

Oder ein Interview mit einem kritischen Journalisten wird mitten in einer Live- Sendung abgewürgt mit fadenscheinigen Gründen, dokumentiert in dem Video *„N24 bricht die Sendung, wenn jemand die Wahrheit sagt"*
https://www.youtube.com/watch?v=nxOqdfmexMk&index=3
&list=PLjJANbfWxmka4O0wGlFMPbcCD3edDi2tt

Eine gelegentlich verwendete Begründung, warum bestimmte Videos bei YouTube nicht mehr aufgerufen werden können, ist die Verletzung von Urheberrechten.

Was eine „Hassbotschaft" ist, bestimmt die Amadeu Antonio Stiftung nach einem Kriterienkatalog, einer Kahane-Broschüre *„Hetze gegen Flüchtlinge in sozialen Medien"* von 2016. Danach *fällt praktisch jede Kritik an der überbordenden Einwanderung unter ‚rassistische Hetze', nicht nur direkte Äußerungen gegen eine bestimmte Rasse ..., sondern auch ganz normale Meinungsäußerungen. Über diesen Katalog kann man nur staunen"*[273] Dieser Katalog[274] umfasst außer einigen wenigen bedenklichen Meinungsäußerungen überwiegend ganz normale Meinungsäußerungen aus dem täglichen Leben, die man nur mit vorsätzlichem bösen Willen als rassistisch oder fremdenfeindlich einstufen würde. Auf der anderen Seite betreibt die Amadeu Antonio Stiftung selbst Rassismus, *„... nur mit umgekehrtem Vorzeichen. So geht es Kahane keineswegs (nur) um Flüchtlingshilfe, sondern um die Besetzung Deutschlands durch dieselben"* Zum Beispiel vertritt sie die Meinung: *„Im Osten gibt es, gemessen an der Bevölkerung, noch immer zu wenig Menschen, die sichtbar Minderheiten angehören, die zum Beispiel schwarz sind"*[275] Und eine ihrer Mitarbeiterinnen, Julia Schramm, setzte selbst Hasspostings ins Internet, z.B., *„Bomber Harris, Flächenbrand // Deutschland wieder Ackerland!"* #bombergate #twitterdemo oder *„Sauerkraut, Kartoffelbrei // Bomber Harris, Feuer frei!"* #bombergate #twitterdemo,* beides mit Bezug auf die Bombardierung Dresdens 1945 durch den Massenmörder Arthur Harris (s. Abschnitt 2.6.).

Wenn man schon nicht auf Zensur in Deutschland verzichten will, sollte man doch wenigstens eine neutrale Institution damit beauftragen.

## 2.10. Deutschland in Gefahr

*„So altmodisch der Begriff «Heimat» auch klingen mag, jeder braucht ihn, um sich geborgen zu fühlen. Wem die Heimat*

*dagegen verloren geht, der ist anfälliger für psychische Belastungen, Depressionen oder gar Psychosen."*[276]

In dem Buch von R. Wendt,[277] Präsident der Deutschen Polizeigewerkschaft, wird eindringlich vor den Gefahren für den Fortbestand Deutschlands gewarnt, wenn die derzeit von der Regierung geförderte Massenmigration nach Deutschland nicht gestoppt wird. Die Zahl der rechtsfreien Räume in deutschen Städten und die Respektlosigkeit gegenüber Polizisten nehmen zu. In bestimmte sogenannte *„No-Go-Areas"* trauen sich Polizisten nur noch in Mannschaftsstärke hinein.[278,279] Wenn wir die derzeit in Deutschland vorangetriebene *„alternativlose"* Politik nicht stoppen, werden wir bald keine Heimat mehr haben. Und die Gefahr eines großen Krieges wird weiter wachsen (s. Abschnitte 3.3. und 3.5). Deshalb ist es ein Gebot der Stunde, von seinem im Grundgesetz, Art. 20(4), verbrieften Recht Gebrauch zu machen, Widerstand gegen die derzeitige, verantwortungslose Politik in unserem Lande zu leisten. Und dies kann man, z.B., durch „Überzeugen" anderer Menschen, die durch den steten Tropfen der *„political correctness"* eingelullt worden sind. Dieses Phänomen des Einlullens zeigt sich z.B. sehr anschaulich darin, dass nach der gesetzwidrigen Grenzöffnung durch Merkel im September 2015 deren Umfragewerte rapide in den Keller gerutscht waren, inzwischen aber durch den Einfluss der öffentlichen Medien wieder angestiegen sind, auch deshalb, weil die Menschen dazu neigen, schnell zu vergessen. Denn an Merkels Politik hat sich seitdem nichts geändert. Ähnlich war es auch nach den Ereignissen in der Silvesternacht 2015/16 in Köln und anderen deutschen Großstädten, wonach Merkels Umfragewerte wieder abgerutscht waren, später aber wieder anstiegen. Die mehr als 1000 mutmaßlichen Opfer sexueller Gewalt in der Kölner Silvesternacht 2015/16 waren von weiten Teilen der Bevölkerung als Warnsignal wahrgenommen worden. Da halfen auch keine Versuche, die wahren Geschehnisse und Täter zu verheimlichen oder medial zu verharmlosen wie z.B., *„der Islam ist im Grunde* *friedlich"* oder *„das kann man nicht pauschalisieren"* oder *„immer eine Armlänge Abstand halten"*. In der Folge begannen sich große Teile der Bevölkerung zu bewaffnen. Der Wirtschaftszweig *Selbstschutz- und Überwachungseinrichtungen* boomt seitdem. In den Tagen nach Silvester sind die Google-Suchanfragen zu Elektroschockern, Pfefferspray und Waffenschein schlagartig angestiegen. Selbstverteidigungskurse haben einen großen Zulauf.[280] Es gibt sogar schon moderne Keuschheitsgürtel zum Selbstschutz für Frauen („Vergewaltigungsschutzhose mit integriertem Schloss und Alarmfunktion").[281] Alarmierend ist auch der bereits öffentlich zelebrierte Deutschlandhass, der *Gender-Mainstream*-Wahn, der große *Bevölkerungsaustausch* und die *Islamisierung* Europas, an vorderster Front durch die Grünen-Partei forciert (Abschnitt 2.5.), aber inzwischen auch mehr oder weniger getragen durch alle im Bundestag vertretenen Parteien. Besonders verstörend ist die Einsicht, dass die **Gewaltenteilung**, die zu den Prinzipien unserer Demokratie gehört und im Grundgesetz verankert ist, in Deutschland scheinbar außer Kraft gesetzt ist; die Trennung der staatlichen Obrigkeit in Gesetzgebung, Rechtsprechung und Verwaltung ist in Deutschland nicht mehr gegeben. Dies wird besonders in der Rechtsprechung deutlich, wo regierungsfreundliche Urteile in für Deutschlands wesentlichen Fragen unter Missachtung geltender Gesetze gefällt werden (Eurorettung, Grenzöffnung, s. Abschnitt 2.8). Während die Gewaltenteilung in den USA unter der Trump-Regierung intakt ist, wo z.B. das Justizministerium einen Sonderbeauftragten mit der Untersuchung beauftragt hat, eine unterstellte illegale Zusammenarbeit Trumps Wahlkampfteam mit Russland zu untersuchen,[282] ist eine solche Gewaltenteilung in Deutschland nicht mehr gegeben. Trotzdem wird Trump unisono in allen deutschen Leitmedien u. a. wegen angeblicher *Demokratie*defizite gescholten.

Gegen die beschriebenen Tendenzen, die in letzter Konsequenz zur Zerstörung Deutschlands, so wie wir es kennen, führen werden, gilt es sich zu widersetzen, solange dies noch möglich ist. Diese Möglichkeit besteht zur Zeit noch. Das Zeitfenster dafür kann sich aber bald schließen. Diese Situation erinnert an die Jahre vor 1933, als noch die Möglichkeit bestand, eine Machtergreifung durch die Nazis zu verhindern. Nach 1933 bestand sie nicht mehr. Damals war es der „Rechtsfaschismus", der triumphierte mit den bekannten Folgen für Demokratie und Freiheit und dem verheerenden 2.Weltkrieg. Heute ist es der „Linksfaschismus", der unsere Demokratie und Freiheit bedroht. Die Altparteien, CDU/CSU/SPD/Linke/Grüne, die sich in den vergangenen Jahren wie zu einem „Bündnis gegen das deutsche Volk" zusammen gefunden haben, schicken sich an, die „totale Macht, legislativ wie exekutiv" über Deutschland zu übernehmen. Machen wir uns nichts vor, die am 24.9.17 anstehende Bundestagswahl entscheidet darüber, ob Deutschland noch eine Zukunft hat oder ob die Ausdünnung des deutschen Volkes weiter fortgesetzt wird und somit der Untergang Deutschlands als ein Hort für die Deutschen besiegelt wird, und in letzter Konsequenz, ob die Strategie der superreichen Finanzeliten mit ihrem Ziel einer Weltregierung und NWO durchkommen wird.

Die im vorangegangenen skizzierte Entwicklung in Deutschland, die zu einer Ausdünnung der deutschstämmigen Bevölkerung führen wird, geschieht heute durch die Hintertür, befördert durch die eigenen Volksangehörigen, verblendet durch eine infiltrierte, nach modernsten soziologischen Methoden und Ideologien, ausgetüftelt in sogenannten Think Tanks. Dieser Prozess, initiiert und finanziert durch superreiche Eliten, unterstützt durch die ebenfalls von diesen Eliten geschaffenen Nichtregierungsorganisationen (NGO),[283] wird medial befördert durch die Journalisten der öffentlichen Medien, die sich heute ebenfalls in einem Abhängigkeitsverhältnis zu diesen Eliten befinden. Es ist ein Heer von Profiteuren geschaffen worden, die im Windschatten dieses Umgestaltungsprozesses Deutschlands hohe Gewinne einstreichen, großzügig mit Steuergeldern gepolstert werden und deshalb auch überhaupt kein Interesse an einer Abkehr von dieser so verhängnisvollen Entwicklung haben. Die dahintersteckende Ideologie ist heute schon bei einem großen Teil der Bevölkerung, insbesondere bei der Jugend verinnerlicht, und eine kritische Reflektion der Folgen dieser Entwicklung ist bei ihnen kaum mehr zu erwarten. Diese Ideologie ist heute auch tief im Beamtenapparat, aber auch in den öffentlichen Medien eingedrungen, was u. a. auch damit zu tun hat, dass viele Aktivisten der ANTIFA, die linksextreme Vollstreckerin der links-grünen Regierungspolitik auf der Straße, nach ihrer aktiven Zeit eine Karriere im Öffentlichen Dienst und besonders viele im Bereich der Erziehung und Jugendarbeit angetreten haben. Und zwischen den aktiven Linksextremisten, insbesondere denen der ANTIFA, und den der ANTIFA entwachsenen Linksextremisten, bestehen weiterhin enge ideologische und soziale Verbindungen, die einen leichten Zugang zu Steuergeldern ermöglichen, die in reichlichem Umfang an linksextreme Gruppen fließen. C. Jung und T. Groß haben in ihrem Buch[284] „Der Links-Staat" hochgerechnet, dass heute 30000 oder mehr Personen aus dem ehemals linksextremen Spektrum an den Schalthebeln der Macht sitzen.

Am 13. Januar 2017 starb der Enthüllungsjournalist Dr. Udo Ulfkotte plötzlich und unerwartet. Damit ist eine der wichtigsten Stimmen verstummt, die auf die Machenschaften der international agierenden Finanzeliten, Globalisierungsfanatiker und die negativen Auswirkungen des Mainstream-Journalismus der öffentlichen Medien hingewiesen hat. In seinen Vorträgen, Interviews und Büchern prangert er die Käuflichkeit von Journalisten an, die durch superreiche Eliten „eingekauft" werden und deren Interessen in der öffentlichen Berichterstattung bedienen. Er meint damit nicht das sehr menschliche Verhalten, einfache Vergünstigungen (kostenlose Kinokarten oder Einladungen zu Banketts, Rabatte für Neuwagen usw.) in Anspruch zu nehmen, sondern ihm ging es um den Filz zwischen Journalisten und Lobbyorganisationen wie *Atlantik-Brücke*, *Trilaterale Kommission*, *German Marshall Fund*, *Council on Foreign*

*Relations, American Council on Germany, American Academy, Aspen Institute, Institut für Europäische Politik* u.a. mit der Folge, dass die öffentliche Berichterstattung nicht mehr unabhängig ist, sondern maßgeblich von diesen Institutionen vorgegeben wird. Dr. Udo Ulfkotte fasst in seinem Buch *Gekaufte Journalisten*[285] zusammen, „ *... warum Meinungsführer tendenziös berichten und wie der verlängerte Arm der NATO-Pressestelle Kriege medial vorbereitet ... Meinungsvielfalt wird jetzt nur noch simuliert. Denn unsere ‚Nachrichten' sind häufig reine Gehirnwäsche.*" Diese tendenziöse Berichterstattung muss man auch als eine Folge und Teil des Geheimen Staatsvertrages vom 21. Mai 1949 sehen, in dem „*die grundlegenden Vorbehalte der Sieger für die Souveränität der Bundesrepublik bis zum Jahre 2099 festgeschrieben (sind) ... Danach wurde einmal der "Medienvorbehalt der alliierten Mächte über deutsche Zeitungs- und Rundfunkmedien" bis zum Jahre 2099 fixiert. Zum anderen wurde geregelt, dass jeder Bundeskanzler Deutschlands auf Anordnung der Alliierten vor Ableistung des Amtseides die sogenannte "Kanzlerakte" zu unterzeichnen hatte.*"[286] Dieser Vertrag, vom Bundesnachrichtendienst unter "Strengste Vertraulichkeit" eingestuft, war ursprünglich dazu gedacht, nationalsozialistisches Gedankengut des Dritten Reiches auszumerzen, dient heute aber vor allem der Durchsetzung ausländischer, insbesondere US-amerikanischer Interessen.[287] Eine der Kopien dieses Geheimen Staatsvertrages (Nr. 4) war verloren gegangen und deshalb, trotz „strengster Vertraulichkeit", der Öffentlichkeit zur Kenntnis gelangt. In dem Schreiben, worin dieser Verlust den Ministern bekannt gegeben wurde (Anhang L), schrieb dessen Autor, Staatsminister Dr. Rickermann: „*Sofern die Kopie Nr. 4 des geheimen Staatsvertrages in falsche Hände gelangen sollte, empfehle ich dringend, die Echtheit abzuleugnen.*" Diese Art des Umgangs mit dem Volk kennen wir auch aus der jüngeren Vergangenheit. So sagte der EU-Kommissionschef Jean-Claude Juncker 1999 über die Bürokratie in Brüssel „*Wir beschließen etwas, stellen das in den Raum und warten einige Zeit ab, ob was passiert.*

*Wenn es dann kein großes Geschrei gibt und keine Aufstände, weil die meisten gar nicht begreifen, was da beschlossen wurde, dann machen wir weiter – Schritt für Schritt, bis es kein Zurück mehr gibt.*"[288] Und Jean-Claude Juncker an anderer Stelle: „*Wenn es ernst wird, müssen wir lügen.*"[289]

Seit etwa 2005 bilden die im deutschen Bundestag vertretenen Parteien, die öffentlichen Medien und die Justiz eine „unheilige Allianz", die die Interessen des deutschen Volkes nicht mehr oder nur noch zum Teil vertritt. Sie sind nicht unabhängig, sondern fremdgesteuert durch mächtige Lobbygruppen. Bereits 2010 hatte Horst Seehofer öffentlich erklärt, dass *diejenigen, die entscheiden, nicht gewählt sind, und diejenigen, die gewählt werden, nichts zu entscheiden haben.*[290] In wichtigen Politikfeldern gibt es kaum noch eine parlamentarische Opposition. Eine ergebnisoffene öffentliche Diskussion über politische Fragen findet kaum noch statt. Wer die durch die öffentlichen Medien vorgegebenen Meinungen hinterfragt oder anzweifelt, wird ausgegrenzt, als „rechts" oder „rechtspopulistisch" gebrandmarkt. Wer die Politik der massenhaften, unbegrenzten Zuwanderung kulturfremder bzw. islamisch geprägter Menschen nach Deutschland kritisiert, wird als „rassistisch", „fremdenfeindlich" und „islamophob" stigmatisiert, lebt in ständiger Angst vor gesellschaftlicher Ächtung. Wer die Überprivilegierung von Minderheiten wie homosexuell veranlagter Menschen, gegenüber der Mehrheit natürlich veranlagter Menschen kritisiert, gilt als „homophob" und „intolerant". Wer den öffentlichen Rummel um die Frauenquote oder um die Gleichstellung der Frau hinterfragt, wird als „frauenfeindlich" abgestempelt. Wer Gender Mainstreaming als links-grüne Absurdität begreift und sich gegen dessen Einführung in den menschlichen Alltag und vor allem als übergreifendes Bildungsziel in den Schulen zur Wehr setzt, wird als fortschrittsfeindlich, rückständig beschimpft. All diese Stigmatisierungen dienen dazu, Menschen auszugrenzen, die mit der derzeitigen, als „alternativlos" dargestellten, links-grün ausgerichteten Regie-

101

rungspolitik nicht einverstanden sind. Es ist eine Situation entstanden, in der der medial angesagte, alle Bereiche des öffentlichen Lebens durchdringende *„Kampf gegen Rechts"* der Wehrlosmachung des eigenen Volkes dient. Diese Indoktrination wird unterstützt durch Schlägertrupps der ANTIFA, die, zum Teil mit körperlicher Gewalt gegen Andersdenkende, die durch die öffentlichen Medien betriebene Gehirnwäsche der Bevölkerung begleiten. In der Berichterstattung unserer öffentlichen Medien nimmt die Propaganda-Lüge bereits einen großen Raum ein. Es gibt zahlreiche Interessengruppen und Profiteure, die vom Staat finanziell gepolstert werden. Kriegshetze, zum Beispiel gegen Russland, ist wieder salonfähig geworden. All diese, von einem Teil der Bevölkerung als irreales Geschehen wahrgenommenen Ereignisse spielen sich ab vor dem Hintergrund einer komplizierten, von Kriegen geschüttelten und von Globalisierungsfanatikern bedrängten Welt. Zwischen dem Geschehen in Deutschland und dem in der Welt gibt es Zusammenhänge, die erst klar werden, wenn man hinter die Kulissen schaut und immer wieder die Frage stellt, *„ wem nutzt es?"* Und immer wieder lautet die Antwort: Es nutzt den superreichen Finanzeliten, die im Hintergrund agieren.

## 2.11. Die Trump-Wahl – Hoffnung für Deutschland?

Die Politik der etablierten Parteien CDU, SPD, die Linke, die Grünen, unterscheiden sich in wesentlichen Politikfeldern kaum noch. Die Situation ist in etwa vergleichbar mit jener in der Volkskammer der ehemaligen DDR, Stichwort „Blockparteien". Die im Bundestag vertretenen Parteien stimmen Kriegseinsätzen deutscher Soldaten in deutlicher Mehrheit zu. Diese Tatsache sowie das Säbelrasseln von USA und NATO an der russischen Grenze haben die Gefahr drastisch erhöht, dass Europa, und damit auch Deutschland, wieder zum Schauplatz eines großen Krieges wird. Allerdings glauben viele, dass sich durch den Wahlerfolg TRUMPS in den USA die Chance für eine Umkehr dieses Trends wieder erhöht habe, wenn man seinen Wahlversprechen glaubt, mit allen Verantwortlichen zu reden, auch mit Putin, und nicht zuerst zu schießen, wie es Hillary Clinton in der Vergangenheit immer wieder getan hat. Denn Hillary Clinton stand als ehemalige Außenministerin unter der Obama-Administration für die Kriege im Nahen Osten, für den NATO-Aufmarsch an den Grenzen zu Russland, für das Säbelrasseln gegen Iran und Nordkorea. Sie kollaborierte mit den menschenfeindlichen Systemen in Saudi-Arabien, Katar und dem Islamischen Staat. Dies bringt Willy Wimmer, verteidigungspolitischer Sprecher der CDU/CSU von 1985-92 und anschließend Parlamentarischer Staatssekretär im Verteidigungsministerium, in dem Youtube-Video *"Die Trump-Wahl bewahrt uns vor einem großen Krieg"* [291] auf den Punkt. An diesem Beispiel zeigt sich die einseitige Parteinahme der öffentlichen Medien ganz deutlich, die so hysterisch auf die Trump-Wahl reagiert hatten, wie es nicht deutlicher durch die Titelseiten aller deutschen Leitmedien zum Ausdruck gebracht werden kann, z.B. *Stern, Spiegel, Focus, Wirtschaftswoche, Frankfurter Allgemeine, Die Zeit*, die unmittelbar nach der Wahl erschienen sind. Durch die Nichtwahl von Hillary Clinton schien also die Gefahr eines großen Krieges erst einmal geringer geworden zu sein (s. Abschnitte 3.3. und 3.5). Allerdings haben Trumps erste außenpolitischen Maßnahmen in seiner Amtszeit gezeigt, dass er entschlossen ist, die aggressive Politik gegen die von seinen Amtsvorgängern als „Schurkenstaaten" bezeichneten Staaten Iran und Nordkorea fortzusetzen. Möglicherweise ist dies ein Zugeständnis, bzw. Entgegenkommen seinerseits an das mächtige US-Militär und den Militärisch-Industriellen Komplex, um dadurch im Gegenzug ein Stillhalten dieser Mächtigen zu erreichen, damit er seine innenpolitischen, national orientierten Ziele verwirklichen kann. Allerdings, eine solche „Schwarz-Weiss"-Beschreibung, wie eben erfolgt, kann auch völlig daneben liegen, wenn man hier wieder Frage stellt: „Wem nützt es?" Bei der Beantwortung

103

dieser Frage sollte man nicht außer Acht lassen, dass Trump, der die Interessen des Nationalstaates vertritt, dessen Souveränität und Landesgrenzen er mit allen Mitteln zu verteidigen sucht, eine eher unklare politische Vergangenheit hat. Zum Beispiel war er früher eng mit seinem heute vermeintlichen Gegenspieler, George Soros, der das Establishment verkörpert und die genau entgegengesetzte Position vertritt, nämlich die Abschaffung aller Nationalstaaten und Landesgrenzen und die Errichtung einer NWO, eng verbandelt.[292] Des Weiteren *„war und ist Trump als Immobilien-Gigant und mit seinem gigantischen Unternehmensimperium unbestritten Teil des wirtschaftlichen Establishments, gegen das er nun wettert."*[293] So kommt man in dem eben zitierten Video zu dem Schluss: *„Einerseits ist nicht auszuschließen, dass Trump aus irgendwelchen Gründen die Seiten gewechselt haben sollte und nun gegen das Establishment antritt. Andererseits kann aber auch noch nicht definitiv von der Hand gewiesen werden, dass Trumps Rolle als Gegenspieler bloß gespielt und ein abgekartetes, hinter dem Rücken vereinbartes Spiel sein könnte. ... Es muss sich die Frage gestellt werden, ob Trump nicht gezielt von Politik und Finanzestablishment auf die Politikbühne emporgehoben wurde, um eine weltweite Polarisierung wie nie zuvor voranzutreiben. Denn die „Teile und Herrsche-Strategie" gehörte schon immer zu den Grundpfeilern der wenigen Superreichen und Globalstrategen des Establishments. Sie wissen genau, dass sie ihren Einfluss und ihre politische Agenda gegen den Rest der Menschheit nur durchbringen können, wenn es ihnen gelingt, diese gegeneinander aufzubringen, Linke gegen Rechte, Nationalisten gegen Globalisten, Christen gegen Muslime, Atheisten gegen Gläubige, Frauen gegen Männer, Einheimische gegen Migranten usw."*[294] Bevor man aber die Sachlage einigermaßen beurteilen und Schlüsse ziehen kann, muss man die weitere politische Entwicklung in den USA, insbesondere auch deren Außenpolitik genau verfolgen. (s. auch Abschnitt 3.2.).

Was aber für Trump und seine Ehrlichkeit bzgl. seiner im Wahlkampf vertretenen Ziele spricht, ist, dass er nach seiner

Amtseinführung sofort daran ging, seine Wahlversprechen, für die ihn ja die amerikanischen Wähler gewählt hatten, in die Tat umzusetzen. Das ist es, was seine neue Regierung besonders von anderen gewählten Regierungen unterscheidet. Eine solche Politik (dass Wahlversprechen eingehalten werden) ist in der Politik generell nicht die Regel. Trumps Vorvorgänger G. Bush junior hatte vor seiner „Wahl" versprochen, keine Kriege zu führen. Unter seiner Regierung und durch ihn forciert, sind aber der Afghanistan-Krieg und der 3. Irak-Krieg losgetreten worden. Auch in Deutschland scheint es üblich zu sein, Wahlversprechen nach erfolgter Wahl schnell zu vergessen (s. Abschnitt 2.4.). Deshalb sollte man den Regierungsparteien eher kritisch gegenüberstehen, auch wenn sie neuerdings eine konsequentere Registrierung von Asylbewerbern und eine konsequentere Abschiebung von abgelehnten Asylbewerbern fordern, obwohl sie das ja schon längst hätten tun können. Diese Forderungen, die zuvor schon zentrale Forderungen der AfD waren, sind lediglich von den Regierungsparteien übernommen worden, weil sie sich damit größere Wahlchancen für die im September 2017 anstehenden Bundestagswahlen ausrechnen. Das gleiche trifft zu auf den Kampf gegen die Flüchtlingsschlepper, denen neuerdings dadurch das Handwerk gelegt werden soll, dass die aufgebrachten Fluchtboote wieder an ihren Ausgangspunkt zurück verbracht werden sollen und nicht, wie bisher üblich, die Flüchtlinge weiter nach Europa verbracht werden. Die gegenwärtige Praxis der Bundesregierung, im Schulterschluss mit der EU, ist jedoch eine ganz andere. Derzeit kreuzen etwa 20 Flüchtlingsrettungsschiffe im Mittelmeer, die (unter dem Deckmantel "Humanitäre Rettung aus Seenot") ähnlich einem Taxiunternehmen, Zuwanderer von der libyschen Küste nach Italien transportieren, nachdem diese aus ihren Schlepper-Schlauchbooten noch in Nähe der libyschen Küste SOS gefunkt hatten. Dieses Verfahren ist von der EU gewollt und eingefädelt und wird durch die Bundesregierung finanziell unterstützt. Private Unternehmen und NGOs haben dies als ihre Geschäftsidee entdeckt und machen riesige Gewinne durch diese "Taxifahrten", vom deutschen Steuerzahler hoch bezahlt.[295]

Eine Abkehr von dieser Verfahrensweise war schon länger von der AfD und anderen Regierungskritikern gefordert worden. Auch zentrale Forderungen von Pegida sind im gegenwärtigen Wahlkampf nach und nach von den Regierungsparteien als neue eigene Forderungen übernommen worden. Zum Beispiel fordert die CDU neuerdings ein Islamgesetz, in dem ein Verbot der Finanzierung aus dem Ausland und auch ein Moscheenregister gefordert wird.[296] Wer erinnert sich noch an die viel vorsichtigeren diesbezüglichen Forderungen von Pegida Anfang 2015, wofür diese als Nazis, brauner Mob, Mischpoke usw. diffamiert worden sind?[297] Wenn also solche Forderungen von AfD und Pegida von den Regierungsparteien als eigene „Forderungen" übernommen werden, handelt es sich höchstwahrscheinlich um Wahlpropaganda mit dem Ziel, bei der nächsten Bundestagswahl die Mehrheit zu erhalten. Man muss aber davon ausgehen, dass diese Forderungen nach der Bundestagswahl schnell vergessen sind. Denn, wie äußerte sich unsere Kanzlerin in einer ihrer öffentlichen Reden? *„Man kann sich nicht darauf verlassen, dass das was vor den Wahlen gesagt wird, auch wirklich nach den Wahlen gilt."*[298]

Um zu Trump zurückzukehren: Falls es ihm um seine Ziele ernst ist und er sich tatsächlich vorerst als unabhängig vom Establishment behaupten kann, so haben die Finanzeliten doch die größere Macht, genauer, die größere Geldmacht, um Trump schließlich doch scheitern zu lassen, einfach dadurch, dass sie ihm den Geldhahn zudrehen und er deshalb seine anspruchsvollen Ziele, insbesondere die vielen Arbeitslosen in seinem Land wieder in Lohn und Brot zu bringen, nicht realisieren kann. Denn die Finanzeliten haben die Geldmacht, verkörpert durch die Wallstreet, die größte Wertpapierbörse der Welt sowie die ganze Machtstruktur um die privat geführte US-Notenbank Federal Reserve. Und solches Scheitern kann zum Beispiel durch eine neuerliche weltweite Finanzkrise ausgelöst werden, welche schon seit vielen Jahren von namhaften Finanzexperten vorausgesagt wird, deren genauer Zeitpunkt, wann diese eintrifft, in der Entscheidung dieser Finanzeliten steht.

„In gut informierten Kreisen"[299] wird sogar die Vermutung geäußert, dass auf dem letzten Bilderberger-Treffen in den USA am 1.-4. Juni 2017 auch darüber gesprochen wurde, wie man den US-Präsidenten zum Scheitern bringen kann, und dazu könnte Trumps Absage an das Pariser Klimaschutzabkommen ein willkommener Anlass sein. Dort heißt es, sarkastisch formuliert:[300] *„Da Trump die CO2-Klima-Sekten-Steuer-Abzock-Religion auf das Ausatmen von CO2, -berechtigterweise-, nicht mitmachen will, -die die NWO aber haben will-, wird er jetzt wie im NWO-Fahrplan gewünscht, als Buhmann und Amerikas „Abrissbirne" hingestellt (und vermutlich als Bestandteil des gewollten NWO-Welt-Crash-Auslösers eingesetzt). Das ist alles Teil des Drehbuchs und der Show auf der Handpuppen-Welt-Theaterbühne des militärisch-industriellen Banken-Komplexes."*

Ein solcher weltweiter Crash hätte unabsehbare Folgen und kann zu der *„allumfassenden Krise"* führen und dazu, dass" ... *die Nationen in die neue Weltordnung einwilligen."* (David Rockefeller, s. Abschnitt 3.1.) Und diese *„allumfassende Krise"* wird dann Trump und den Nationalisten in anderen Ländern angelastet werden. Und als „Rettung" wird dann, wie könnte man es anders erwarten, die NWO die bisherigen Strukturen ersetzen.


Die Trumpwahl bedeutet insofern Hoffnung für Deutschland, als dass es eine Atempause bedeutet, die die patriotischen Kräfte in Deutschland nutzen könnten, die Globalisierungsbestrebungen der Koalition, die sich parteiübergreifend aus CDU, SPD, den Linken und Grünen, den Kirchen, Gewerkschaften und Profiteuren der Asylindustrie herausgebildet hat, sich entschiedener entgegenzustellen. Die Trumpwahl kann also bestenfalls das Zeitfenster verlängern, in dem noch eine Umkehr möglich ist. Durch sie ist der „POINT OF NO RETURN" auf später verschoben.

## 3. Die Welt im Würgegriff von Global Players

### 3.1. Globalisierung

*„Wir stehen am Rande einer weltweiten Umbildung, alles was wir brauchen, ist die richtige allumfassende Krise und die Nationen werden in die neue Weltordnung einwilligen."*
(David Rockefeller[301])

*«Seit 1989 ist der ganze Globus nicht nur das Feld anglo-amerikanischen Herrschaftswillens, sondern auch das Feld neuer sozialer Experimente geworden. Weltweit ist eine Zwei-klassengesellschaft entstanden. Was sich siebzig Jahre lang in Russland abspielte, hat begonnen, sich auf dem ganzen Planeten abzuspielen: Nicht nur die Rechte eines Volkes werden gegenwärtig mit Füßen getreten, sondern die Rechte aller Völker, die sich der Macht und dem Willen der Supermacht nicht beugen; nicht einem Volk wird eine Planwirtschaft aufgezwungen, die ganze Welt hat sich den Diktaten der WTO (World Trade Organization) und anderen Organisationen mit noch schöneren Namen zu beugen, was zu einer weiteren Globalisierung von Arbeitslosigkeit, Armut und Gewaltbereitschaft führen wird. Die Globalisierung, von der ausschließlich eine relativ kleine anglo-amerikanische Elite und ihr Gefolgstrupp in der übrigen Welt profitiert, ist weltweit im Begriff, Formen des sozialen Zusammenlebens zu erzwingen, die reine Karikaturen von allem sind, was menschenwürdig genannt zu werden verdient.»* [302]

Diese Worte, zitiert aus dem Buch *«Brückenbauer müssen die Menschen werden.»* von Thomas Meyer (Hg.), zeichnen ein Bild der globalen Entwicklungstendenzen, wie sie seit dem

Zusammenbruch des Ostblocks in der Welt sichtbar werden. (Bzgl. des *„anglo-amerikanischen Herrschaftswillen"*, wie im Zitat verwendet, siehe Abschnitt 3.3.) Diese globalen Entwicklungstendenzen kennzeichnen den Weg zu einer Neuen Weltordnung (NWO), die von den internationalen Finanzeliten, dem militärisch-industriellen Komplex, ThinkTanks und Geheimbünden wie die „Bilderberger", den „European Round Table of Industrialists", „European Financial Services Round Table", „Entrepeneur's Roundtable"[303] vorangetrieben werden. Es *„treffen sich hier weltfremde und elitäre Leute, die, oftmals gegen jede Sachkenntnis sich anmaßen, Entscheidungen zu treffen, die einen großen Teil der Welt beeinflussen. Entscheidungen, die sie treffen, sind ausschließlich auf den persönlichen Machterhalt und die Bereicherung der Wirtschafts- und Finanzeliten gerichtet."*[304] Bemerkenswert ist, dass die Konstituierung der Bilderberger durch die CIA unterstützt worden ist, sie finanzierte zumindest das erste Treffen im Hotel Bilderberg.[305]

Sogar die jährlich stattfindende Münchener Sicherheitskonferenz dient der Koordinierung and Absprachen dieser Eliten auf dem Weg zu dieser NWO.[306] *„Wer den Informationen der Mainstreammedien traut, könnte glauben: Auf der Münchener Sicherheitskonferenz treffen sich Spitzenpolitiker die miteinander diskutieren, wie die Welt ein Stück weit friedlicher werden kann."*[307] Wenn man aber hinter die Kulissen schaut, stellt man fest, dass dies nicht der Fall ist. Auf ihr sind im Wesentlichen dieselben Teilnehmer vertreten wie auf den Bilderberger-Treffen (s. Anhang F). Und Informationen über Inhalte, die auf der Münchner Sicherheitskonferenz besprochen werden, findet man in den öffentlichen Medien ebenfalls nicht. Die in München während der Münchener Sicherheitskonferenz stattfindende Demonstration gegen die Kriegstreiberei wurde in den abendlichen Hauptnachrichten von ARD und ZDF komplett totgeschwiegen. *„Statt friedensbewegten Bürgern kamen ausschließlich Politiker und „Experten" der Eliten zu Wort, um der deutschen Öffentlichkeit in den sogenannten „Nachrich-*

*ten" militärische Aufrüstung und Feindbildung in den Kopf zu trichtern.* "[308]

Auch die Treffen der Trilateralen Kommission, die sogar mehrmals im Jahr stattfinden, dienen diesen Zielen und der Koordinierung.

Eine solche NWO können wir so nicht wollen; denn sie ist zerstörerisch und unmenschlich. Es handelt sich dabei um eine Verschwörung der Finanzeliten, bei der die „Bilderberger" eine tragende Rolle spielen. Bei den jährlich stattfindenden Bilderberg-Konferenzen nehmen ca. 120 und 130 Personen teil, die im Geheimen tagen, ohne Transparenz, ohne öffentlich zugängliche Protokollierung dessen, was dort verhandelt wird, wo sich die Teilnehmer zur Verschwiegenheit verpflichten müssen. Unter ihnen sind Regierungschefs, die Hochfinanz Westeuropas, der USA und Kanadas sowie führende Industrielle, hochrangige Militärs und Geheimdienstchefs und die Chefetagen der größten und bekanntesten Medienunternehmen der Welt. Sie gelten als geheime Weltregierung.

*„Hauptziel der Bilderberger ist die Globalisierung. Sie wollen keine Landesgrenzen. Zur Umsetzung benötigen die Bilderberger Krisen, damit ihre geplante Neuordnung der Welt von den Völkern akzeptiert wird. Nichts geschieht zufällig. Kriege, Wirtschaftskrisen oder Völkerwanderungen sind das Ergebnis der Schachzüge, die im Hintergrund gezogen werden. Zahlreiche „Änderungen" des Systems sind auf die Bilderberger zurückzuführen. Eigens von ihnen erschaffene Organe (z.B. EU, NATO, UNO) sind mächtige Einrichtungen und stellen einige von vielen Tentakeln der globalen Kontroll- und Machtmechanismen dar. Wer maßgebend gegen die „Prinzipien" der Bilderberger handelt, stellt eine Bedrohung für die ‚Neue Weltordnung' dar und wird mundtot gemacht, was erklärt, warum Wahrheitsbewegungen in die rechte Ecke gedrängt werden.* "[309]

Der Einwand, dass einige dieser Einrichtungen bereits vor den Bilderbergern gegründet worden sind, widerspricht der obigen Feststellung nicht, denn die treibenden Kräfte, die hinter den Bilderbergern stehen, hat es auch schon vor deren Konstituierung im Jahre 1954 gegeben. Das kommt zum Beispiel auch in dem folgenden Zitat zum Ausdruck: *"Die vier Botschafter (der Siegermächte des zweiten Weltkrieges) brauchten über das Berlin-Abkommen nicht viel zu verhandeln. Sie brauchten nur den Text zu unterzeichnen, den die Bilderberger ausgearbeitet hatten." (Henry Kissinger: 1993 bei einem Treffen im Haus der Weltkulturen in Berlin)*[310] Diese Feststellung besagt auch, dass Hitler mit seinem Krieg letztlich unfreiwilliger Helfer war auf dem Weg zur Errichtung einer NWO, deren Konturen sich heute ganz deutlich abzeichnen.

Es ist bemerkenswert, dass dieses Gremium, die Bilderberger, den Präsidentschaftskandidaten Obama sowie die Parteivorsitzende Merkel einluden, und beide kurz darauf Präsident / Kanzlerin wurden, ebenso Frau von der Leyen kurz danach Verteidigungsministerin. Hier eine Liste solcher Korrelationen zwischen Einladungen auf eine Bilderberger-Konferenz und anschließendem „Ritterschlag":[311,312]

• Barack Obama, Teilnahme 2008, danach US-Präsident;
• Gerhard Schröder und Angela Merkel, Teilnahme 2005, danach Misstrauensvotum Schröder und neue deutsche Kanzlerin Merkel;
• Georg Kiesinger ab 1955 Teilnahme / 1966 Kanzler
• Helmut Schmidt 1973 Teilnahme / 1974 Kanzler
• Helmut Kohl 1980 Teilnahme / 1982 Kanzler
• Jean-Claude Trichet, Teilnahme 2003, danach Präsident der Europäischen Zentralbank;
• José Manuel Barroso, Teilnahme 2003, danach Präsident der Europäischen Kommission;
• Jürgen Schrempp, Teilnahme 1994, danach Chef der Daimler Benz AG;
• Tony Blair, Teilnahme 1993, danach Chef von Labour und britischer Premierminister;
• Bill Clinton, Teilnahme 1991, danach US-Präsident;
• Margaret Thatcher, Teilnahme 1977, danach britische Premierministerin;

Alles Zufälle? Nein! Schon 1988 schrieb der Zeitungsherausgeber Will Hutton, „The Observer", selbst Teilnehmer an Bilderberg-Konferenzen: *„Bilderberg gehört zu den wichtigsten Zusammenkünften des Jahres ... Der dort gefundene Konsens definiert den Rahmen, in dem Politik weltweit gemacht wird."*[313]

Angela Merkel löste in der Bundestagswahl 2005 Gerhard Schröder als Bundeskanzler ab. Man kann vermuten, dass auch dies kein Zufall war. Gerhard Schröder hatte zwar als Bundeskanzler im Rahmen seiner Agenda 2010 das deutsche Sozialsystems und den Arbeitsmarkt im Sinne der im Hintergrund agierenden Lobbygruppen reformiert und damit zu einer Verarmung großer Teile der Bevölkerung beigetragen. Jedoch durch seine Weigerung, sich am Krieg gegen den Irak zu beteiligen, konnte er nicht mehr auf die Unterstützung der Hintergrundmächte rechnen. Deshalb erscheint es logisch, dass er durch die neue Bundeskanzlerin Merkel abgelöst wurde. Die Regierungen in Deutschland werden zwar durch den Souverän, das Volk, gewählt. Man darf jedoch nicht den propagandistischen Einfluss der öffentlichen Medien auf das Wahlverhalten der Bevölkerung unterschätzen, wodurch, wie wir oben gelernt haben, das Denken der Menschen und damit natürlich auch deren Wahlentscheidung ganz wesentlich beeinflusst werden kann. Dadurch, dass die Vertreter der Chefetagen der öffentlichen Medien auch Teilnehmer der Bilderberger-Treffen sind, muss man davon ausgehen, dass diese im Sinne der dort gefassten Beschlüsse agieren. Auch die Möglichkeit von Wahlmanipulationen sind nicht völlig auszuschließen, wie dies die letzte Landtagswahl in NRW gezeigt hat.[314]

Ergänzend sollte man noch erwähnen, dass auch Christian Lindner 2013 sein Debut auf dem Bilderbergertreffen hatte und wenige Monate danach neuer FDP-Chef wurde, *„dessen FDP nach den Wahlen in NRW groß gefeiert wird und den AfD-Wählern eine ‚demokratischere' Alternative für Deutschland bieten soll."*[315]

Beim letzten Bilderberger-Treffen im Juni 2016 in Dresden kam durch einen Insider heraus, dass die Abschaffung des Bargelds, der Ukraine-Konflikt und die Förderung der Flüchtlingsströme nach Europa ganz oben auf der Agenda standen.[316,317] *„Tatsache ist, dass in den letzten Jahrzehnten, speziell nach den Bilderberger Veranstaltungen, spürbare Veränderungen stattgefunden haben (Euroeinführung, Lehman-Pleite, Ukraine-Krise, Flüchtlingskrise u.v.m.). Der Bilderberger Ehrenpräsident und Ex-EU-Kommissar Etienne Davignon gab vor einigen Jahren selbst zu, dass diese Gruppe den Euro erschaffen hat."*[318]

Sollte es doch mal nicht so laufen, wie auf den Bilderberger-Treffen geplant, gibt es Gegenmaßnahmen ungeahnten Ausmaßes, wie z.B. der orchestrierte Kampf der „politisch korrekten" Medien gegen den neu gewählten Präsident der USA, Trump (s. Abschnitt 2.1.) oder die Verhinderung Al Gore's als US-Präsident im Jahre 2000 und dessen Ersetzung durch Bush junior, dessen „Inthronisierung" einem Putsch ins Weisse Haus gleich kam.[319] Es wird sicher auch kein Zufall gewesen sein, dass das letzte Bilderberger-Treffen in den USA stattfand, vom 1. bis 4. Juni 2017, wo der nicht vorgesehene Präsident Trump den Bilderberger-Zielen im Wege steht.

Über Inhalte auf den Bilderberger-Treffen wird man so gut wie nichts in den Mainstreammedien finden. Die oben geschilderten Zusammenhänge werden von der Bevölkerung nicht als solche wahrgenommen, weil diese durch die öffentlichen Medien verschleiert werden. Deren Nachrichtensendungen, Talkshows und Kommentare sind in sehr vielen Fällen keine objektive Darstellung, sondern Propaganda;[320,321] die Hintergründe und Ziele der Globalplayer bleiben dem einfachen Volk verborgen. Denn „*... das Volk denkt schließlich, was die Medien denken.*"[322]

Um es noch einmal klar zu sagen: Seit ungefähr 15 Jahren wird die weltpolitische Entwicklung in Richtung einer globalisierten NWO beschleunigt vorangetrieben. Eine solche NWO ist das

Ziel von superreichen Eliten und Geheimgesellschaften in der Welt, die schon heute eine ungeheure Macht über Regierungen und Medien international ausüben. Das entscheidende Mittel dieser Macht ist das Geld. Da die westlichen Staaten hoch verschuldet sind, sind sie erpressbar geworden.[323] Sie sind auf die Gewährung von Krediten angewiesen. Die Kreditvergabe und die Höhe der Zinsen für die Kredite hängen zwar von der Kreditwürdigkeit des jeweiligen Staates ab, bewertet durch die Rating-Agenturen, aber zu einem erheblichen Maße auch von dem Wohlwollen der Geldgeber gegenüber den jeweiligen Schuldnerstaaten. Die Kredite können versagt oder gekündigt werden, wenn die jeweilige Regierung sich den Forderungen der Geld-, bzw. Kreditgeber verweigert. So können Staaten in den Ruin getrieben werden und sogar Kriege provoziert werden, wie der Jugoslawienkrieg gezeigt hat. Da hatte die Kündigung von Krediten zu Verteilungskämpfen zwischen den verschiedenen Volksgruppen um die noch vorhandenen Geldmittel geführt, was schließlich in einen Krieg mündete.[324] D.h., die superreichen Eliten sind in der Lage, über das Mittel Geld die globale Entwicklung in der Welt entsprechend ihren Wunschvorstellungen zu beeinflussen. Genau das haben bereits 2011 der weltbekannte Sänger Mikis Theodorakis und Manolis Glezos als drohendes Scenario für unsere Demokratien treffend beschrieben (s. Abschnitt 2.4.). Das genau steckt hinter den Bestrebungen zur Globalisierung.[325] Einige der Personen, die zu diesen superreichen Eliten gehören, sind George Soros, David Rockefeller, Henry Kissinger, Peter Sutherland und der Rothschild-Clan. David Rockefeller stellte 1991 fest *"Wir sind der Washington Post, der New York Times, dem Time Magazine und anderen großen Publikationen dankbar, deren Chefredakteure an unseren Treffen in der Vergangenheit teilnahmen und die Zusage der Vertraulichkeit fast 40 Jahre lang respektierten. Es wäre unmöglich für uns gewesen, unsere Pläne für die Welt zu entwickeln, wenn wir all die Jahre im Rampenlicht der Öffentlichkeit gestanden hätten. Nun ist unsere Arbeit jedoch soweit durchdacht und bereit in einer Weltregierung zu münden. Die supranationale Souveränität von Welt-Bankern und einer intellektuellen Elite ist sicher der nationalen Selbstbestimmung, welche in den letzten Jahrhunderten praktiziert wurde, vorzuziehen."* [326] Dieses Zitat benennt

1) das große Ziel der Finanzeliten, nämlich **Ersetzen der Nationalstaaten durch eine supranationale Bankenherrschaft,**
2) das Prinzip der **Geheimhaltung der Pläne der Finanzeliten vor der Weltöffentlichkeit** und
3) die **Komplizenschaft der öffentlichen Medien mit den Finanzeliten.**

Es bestätigt damit unzweifelhaft die Aussagen, die in diesem Kapitel getroffen werden. Man kann davon ausgehen, dass mit den im Zitat genannten „Treffen" unter anderem die Bilderbergertreffen und die Münchner Sicherheitskonferenzen gemeint sind.

Das was Mikis Theodorakis und Manolis Glezos 2011 festgestellt haben (s. Abschnitt 2.4.), wird von Mayer Amschel Rothschild bestätigt: *„Let me issue and control a nation's money and I care not who writes the laws."*[§§§] Und unter dem Suchbegriff „Jacob Rothschschild" findet man im Internet[327] z.B., *„ ...I am the most powerful man in the world, & head of the Banking clan. We own your Federal Reserve, media, government, political parties, & money. For over 200 years we have funded both sides of every war..."*[****] Dieses "beide sich in einem Krieg gegenüberstehenden Parteien" mit Waffen zu beliefern hatte auch schon den 2.Weltkrieg befeuert,[328,329] ebenso den 1.Irakkrieg gegen Iran, 1980-88, über den George

---

[§§§] *„Gebt mir die Kontrolle über die Währung einer Nation, und es ist mir egal, wer die Gesetze schreibt."*

[****] *., „ ...Ich bin der mächtigste Mann in der Welt und Kopf des Banken-Clans. Wir besitzen die Federal Reserve, die Medien, Regierung, politischen Parteien und das Geld. Seit über 200 Jahren haben wir beide Seiten jeden Krieges finanziert ..."*

Friedman sagte[330] (siehe Anhang G): *„Er (Ronald Reagan) finanzierte beide Seiten, so dass sie gegeneinander kämpften und nicht gegen uns. Das war zynisch, bestimmt nicht moralisch, aber es funktionierte."* U. Aybirdi gibt in seinem Buch „Die Lügengeschichte – Wer die Welt wirklich regiert" an: *„Im Zeitraum 1981 bis 1985 wurden Waffen an den Irak für 23,9 Milliarden US-Dollar geliefert, an den Iran im gleichen Zeitraum Waffen im Wert von 6,4 Milliarden Dollar."*[331] Die Waffenlieferungen, die nicht allein von den USA kamen, sorgten ganz entscheidend für eine Verlängerung des 1.Irakkriegs, *„da es faktisch bereits 1982 beiden Kriegsparteien an Nachschub für Waffen mangelte."*[332]

Zur Sicherung ihrer Macht und zur Gewinnmaximierung wollen die superreichen Finanzeliten eine autoritäre, supranationale Weltregierung errichten, in dem der Mensch nur noch als Ware „Arbeitskraft" gehandelt wird und mobil überall in der Welt einsetzbar ist, wo persönliche und nationale Identitäten als Störfaktoren so weit wie möglich zurückgedrängt werden sollen. Eine Voraussetzung dafür ist die systematische Zerstörung von Familienstrukturen und nationalen Identitäten. Dies wird zu noch mehr Reichtum und Macht der Eliten führen, aber zur weiteren Verarmung großer Teile der Bevölkerung. In diesem Sinne wird z.Zt. die Globalisierung massiv vorangetrieben. Wenn wir uns in Deutschland umsehen, sind wir bereits mittendrin in dieser Entwicklung: Der Anteil der unter der Armutsgrenze lebenden Menschen hat in der BRD in den letzten 10 Jahren rapide zugenommen, der Einfluss der Gewerkschaften wurde zurückgedrängt, Freihandelsabkommen, die die großen internationalen Konzerne mit unermesslicher Macht ausstatten, werden hinter verschlossenen Türen ohne Beteiligung der Parlamente verhandelt. In kleinen Entscheiderrunden werden Gesetze formuliert, die dann von den Parlamenten nur noch abgesegnet werden sollen und auch werden, wie z.B. der ESM-Vertrag.[333] Die Versuche der Merkel-Regierung, unsere Gesetze zu verändern, häufen sich. Und die öffentlichen Medien begleiten diese Entwicklung propagandistisch im Sinne der *„political correctness"*, indem sie uns diese Gesetzesänderungen als zwangsläufig und alternativlos verkaufen. In Deutschland sind die Worte *„Nation"*, *„deutsch"*, *„Volk"*, *„deutsches Volk"*, *„patriotisch"* ... im öffentlichen Sprachgebrauch inzwischen verpönt, was auch dazu geführt hat, dass in öffentlichen Reden inzwischen nicht mehr von *Deutschen* gesprochen wird, sondern von *„denen, die schon länger hier leben"*, während die Migranten als diejenigen beschrieben werden, die *„erst jetzt zu uns gekommen sind"*. Und Angela Merkel hat auf einer CDU-Veranstaltung am 25.2.17 einen Satz gesagt, der einen weiteren Meilenstein auf dem Weg zur Abschaffung des deutschen Staatsvolks markiert: *„Das Volk ist jeder, der in diesem Land lebt."*[334,335]

Und es häufen sich die Anzeichen dafür, dass deutsche Bürger als Bürger 2. Klasse behandelt werden, während die Migranten bevorzugt werden. Diese Erfahrung hat zu dem Begriff *„Migrantenbonus"* geführt. Besonders deutlich ist dies in der heutigen Rechtssprechung,[336] aber auch in der deutlich besseren Finanzausstattung der Migranten im Vergleich zu den Deutschen (Arbeitnehmer, Rentner, Hartz-4-Empfänger, Aufstocker).[337,338]

Die Thematisierung der Hintergründe dieser NWO wird in den öffentlichen Medien immer wieder als Verschwörungstheorie abqualifiziert. Das liegt daran, dass auch die öffentlichen Medien von diesen Eliten geschmiert werden (s. Abschnitt 3.6.), so dass diese deren vorgegebene Meinungen verbreiten.[339]

Infolge des exorbitant großen Reichtums und der immer weiter fließenden hohen Gewinne sind diese Eliten in der Lage, ein Heer von Unterstützerorganisationen ins Leben zu rufen und mit üppiger Finanzierung auszustatten. In dem Youtube-Video *„WAHRHEITEN - UNERTRÄGLICH & SCHOCKIEREND ..."*[340] sind die wesentlichen NGOs aufgelistet und deren Vernetzung untereinander dargestellt. Danach sind die UNO und die NATO von diesen superreichen Eliten mit beeinflusst, und solche NGOs wie HUMAN RIGHTS WATCH; AMNESTY

INTERNATIONAL; ÄRZTE OHNE GRENZEN; REPORTER OHNE GRENZEN; IWMF, PRO ASYL e.V., werden von Ihnen ebenfalls finanziert. Das sind eigentlich Organisationen, von denen man glauben sollte, dass sie hinter die Kulissen schauen, Menschenrechtsverletzungen aufdecken, humanen Zwecken dienen und die Welt ein wenig sicherer machen würden. So wird es uns jedenfalls in den öffentlichen Medien immer wieder verkauft und suggeriert. In Wahrheit sind sie zu Werkzeugen der Finanzeliten geworden, um deren Politik zu unterstützen, deren Sichtweisen unters Volk zu bringen und dieses durch Ausnutzung ihrer Medienhoheit manipulativ zu beeinflussen. Das derzeitige Geschehen in Deutschland kann man nicht losgelöst vom Weltgeschehen betrachten. Aber Deutschland ist ein ganz wesentliches Betätigungsfeld dieser Hintergrundmächte. Über diese Unterstützerorganisationen und die öffentlichen Medien wird die Politik in Deutschland ganz wesentlich mit beeinflusst.

Aber auch in vielen anderen Ländern der Erde spielen diese NGOs, die Geld von der von Soros 1984 gegründeten OPEN SOCIETY FOUNDATIONS erhalten, eine destruktive Rolle. *„Soros ist bekannt für die Finanzierung von „Destabilisierungsaktivitäten" gegenüber souveränen Staaten wie der Ukraine, Russland, der Türkei, Ungarn, Mazedonien und Serbien."*[341] Nach Soros Beteiligung an dem Umsturz in der Ukraine scheinen nun besonders die Länder auf dem Balkan (Ungarn, Serbien, Rumänien, Mazedonien und Bulgarien) ins Visier geraten zu sein. Hier stifteten die NGOs, finanziert durch George Soros, regierungskritische Demonstranten zu Vandalismus und Anarchie an und riefen zu gewalttätigen Demonstrationen gegen deren Regierungen auf. Für ihre Teilnahme wurden den Teilnehmern an diesen Demonstrationen Tagegelder über diese NGOs bezahlt.[342] Auch die EU spielt in diesem gefährlichen Spiel eine unrühmliche Rolle. Denn sie mischt sich massiv in die Entscheidungen Ungarns ein, wo der ungarische Ministerpräsident, Viktor Orbán, angekündigt hatte, die von Soros finanzierte Universität „Central European University (CEU)", von Orbán kurz "Soros-Uni" genannt, zu schließen. Die EU-Kommission drohte sogar mit Strafmaßnahmen und Sanktionen gegen Ungarn. Die CEU war 1992 vom US-Milliardär George Soros gegründet worden. Sie sollte dazu beitragen, „die Ideen der liberalen Demokratie im ehemals kommunistischen Osteuropa zu verbreiten. Der rechts-konservative ungarische Regierungschef Viktor Orbán ... sieht (jedoch) in Soros' Universität eine Bedrohung ..."[343] Bei dem, was wir im vorangegangenen Diskurs gelernt haben, ist es sehr wahrscheinlich, dass diese "Soros-Uni" ebenfalls eine für Ungarn unheilvolle Rolle spielen dürfte. Und man muss befürchten, dass die „zehntausende Menschen",[344] die am Wochenende 8./9. April 2017 in Budapest gegen die Schließung der CEU protestiert haben, ebenfalls über die in Ungarn ansässigen NGOs aktiviert worden sind. Dass die EU hier die Position Soros einnimmt, sieht man ganz deutlich daran, dass der EU-Kommissionschef, Jean-Claude Juncker, Soros persönlich in Brüssel empfing, um über die Schließung der CEU zu sprechen. Auch die Vizepräsidenten der EU-Kommission, Frans Timmermans und Jyrki Katainen, sowie EU-Justizkommissarin Vera Jourova planten ein Treffen mit Soros.[345] Timmermans selbst hat sich ganz klar zu den Zielen Soros' positioniert, wie aus seiner Rede am 10. August 2016 hervorgeht (s. Anhang I). Die verstärkte Kontrolle von durch das Ausland finanzierten NGOs hat auch in Russland Fahrt aufgenommen. Nachdem eine Reihe ausländischer NGOs in Russland als unerwünscht bezeichnet worden sind, sind die von Soros gegründeten NGOs „Open Society Foundation" und die "OSI Assistance Foundation" in Russland nun verboten worden.[346] In den deutschen öffentlichen Medien wurden diese Maßnahmen gegen die vom Ausland finanzierten NGOs als Einschränkung von Freiheitsrechten gebrandmarkt. Das ist scheinheilig, denn auch in den USA und anderen westlichen Ländern gibt es Gesetze, die die Arbeit ausländischer NGOs beschränken.[347]

## 3.2. Verschwörungstheorien

*„Für den Triumph des Bösen reicht es,*
*wenn die Guten nichts tun."*
(Edmund Burke)

Dirk Müller schrieb in seinem Buch **Crashkurs:**[348] *„Es scheint in der Tat so zu sein, dass es zu allen wirtschaftlichen und politischen Themen dieser Erde exakt **eine** richtige und absolute Wahrheit gibt. Nämlich die Wahrheit, die von den großen Medienstationen weltweit verbreitet wird, die Wahrheit, die die Politiker und Wirtschaftsbosse in die Kameras sprechen. Wann immer an dieser absoluten Wahrheit gekratzt wird oder wenn sie in Frage gestellt wird, taucht plötzlich und unvermeidlich dieses alles beendende Wort auf:* »Verschwörungstheorie«. Der ursprünglich neutrale Begriff *»Verschwörungstheorie«* wurde 1967 durch die CIA umgedeutet zu einem negativ besetzten Begriff, *„conspiracy theory"* , um die Kritiker an der offiziellen Version (Warren Report) zum Mord an John F. Kennedy als unseriös hinzustellen und deren Vermutungen als diskussionsunwürdig zu diskreditieren. Diese Umdeutung des Begriffes hat dazu geführt, dass heute allein das Aussprechen des Wortes *»Verschwörungstheorie«* gegen einen Kritiker dazu führt, dass eine inhaltliche, unvoreingenommene Diskussion über das Thema nicht mehr möglich ist, der Kritiker quasi zum Schweigen gebracht wird. So gilt heute ein Verschwörungstheoretiker als unseriös; er wird nicht mehr ernst genommen. Der Begriff „Verschwörungstheorie" wird heute als eine Allzweckwaffe benutzt, um Kritiker mundtot zu machen und Diskussionen über Inhalte zu vermeiden. Dieses Denkverbot ist inzwischen eine gefährliche Waffe der Macht-Eliten geworden. WIKIPEDIA bedient sich ebenfalls dieser Vokabel, indem sie den Friedensforscher Daniele Ganser, Autor des Buches „Illegal Kriege"[349], in einem WIKIPEDIA-Eintrag als Verschwörungstheoretiker hinstellt, obwohl seine Analysen durch saubere Recherchen belegt sind.

120

Auch der WIKIPEDIA-Eintrag zum Stichwort „Neue Weltordnung" qualifiziert diese als *»Verschwörungstheorie«* ab, indem dort geschrieben steht: *„Als **Neue Weltordnung** (engl.: **New World Order**) wird in verschiedenen Verschwörungstheorien das angebliche Ziel von Eliten und Geheimgesellschaften bezeichnet, eine autoritäre, supranationale Weltregierung zu errichten. Solche Theorien wurden zu Beginn der 1990er Jahre in den Vereinigten Staaten populär. Verbreitet werden sie vor allem von christlich-fundamentalistischen, rechtsextremen und esoterischen Autoren. Ob die Verwendung des Begriffs in der globalisierungskritischen Linken ebenfalls als verschwörungstheoretisch einzustufen ist, ist umstritten."*

In diesen zwei Beispielen wird das Wort *»Verschwörungstheorie«* benutzt, um eine Person (Ganser) oder eine Ansicht/Theorie (*„Neue Weltordnung"*) zu diskreditieren und als unseriös oder unglaubhaft hinzustellen. Aus diesen zwei Beispielen kann man vermuten, dass auch WIKIPEDIA ein Instrument der superreichen Finanzeliten ist. Diese Vermutung ist letztlich auch eine Verschwörungstheorie. Aber wenn man die Frage stellt *„wem nutzt es?"* liegt eine solche Vermutung nahe. Dass es sich bei *Neue Weltordnung aber keinesfalls um eine Verschwörungstheorie* handelt, wird in dem Beitrag von Marco Maier deutlich (s. Anhang B).

Der Begriff „Verschwörungstheorie" war auch durch Bush junior auf der UNO-Generalversammlung am 10.11.2001 verwendet worden, um Zweifler an der offiziellen Darstellung von „9/11" zu diskreditieren.[350,351] Damit meinte er diejenigen, die die offiziell verbreitete Darstellung der Terroranschläge auf das World Trade Center in New York anzweifelten und behaupteten, dass die Behörden vor den geplanten Attacken auf die Zwillingstürme im Vorfeld gewarnt worden waren, aber nichts dagegen unternommen hatten. Seitdem werden Kritiker an offiziell vertretenen Tatbeständen als Verschwörungstheoretiker bezeichnet und als unseriös abgetan.[352] Der Begriff „Verschwörungstheorie" wird als Totschlagargument benutzt gegen

Leute, die die Frage nach dem Motiv, „*Wem nützt es*", stellen. Dabei war es die Bush-Administration selbst, die die Waffe „Verschwörungstheorie" einsetzte, um den 2. und 3. Irak-Krieg zu legitimieren, bekannt als die „Brutkastenlüge"[353] und die Lüge „Massenvernichtungswaffen im Irak".

Wir halten also fest, die Behauptungen

1) irakische Soldaten hätten neugeborene Babys aus ihren Brutkästen genommen und auf den Boden geworfen und dadurch getötet („Brutkastenlüge"),
2) Irak sei im Besitz von Massenvernichtungswaffen („Massenvernichtungswaffen im Irak") und
3) die Terroranschläge 9/11 waren von geheimen Hintergrundmächten inszeniert worden, um die Begründung für die anschließenden MENA-Kriege (Middle East and North Africa) zu liefern,

sind Verschwörungstheorien. Die ersten beiden waren von Regierungsvertretern der USA in die Welt gesetzt worden, die dritte durch Kritiker der offiziellen Darstellung von 9/11. Zwischen letztgenannter einerseits und den beiden erstgenannten andererseits besteht ein wesentlicher Unterschied: Bei 3) glauben deren Verfechter meistens selbst, dass ihre Verschwörungstheorie der Wahrheit nahe kommt. Bei 1) und 2) ist das anders; hier wissen deren Verfechter in der Regel, dass es sich um (vorsätzliche) Lügen handelt zum Zwecke der Meinungsmanipulation. Und diese dienten schließlich als Begründung für den 2. und 3. Irakkrieg. Während die Verschwörungstheorien 1) und 2) inzwischen als Lügen entlarvt worden sind, handelt es sich bei der Behauptung, Assad habe den Giftgasangriff in Khan Shaykhun, Syrien, am 4. April 2017 befohlen, sehr wahrscheinlich ebenfalls um eine Lüge, wenn man fragt „*wem nützt es?*" Denn, wenn Assad wirklich das international geächtete Giftgas einsetzte, würde dies sofort Propagandamaterial gegen ihn liefern. In dem Video „*FALSE FLAG von langer Hand geplant*"[354] werden die von westlichen Medien vorgelegten „Zeugnisse" dafür, dass Assad das Giftgas eingesetzt habe, klar widerlegt. Und ein weiteres Argument gegen die Behauptung, Assad habe Giftgas eingesetzt, ist die Aussage eines britischen Reporters, dass am selben Tage, als der Giftgasangriff stattfand, 10 km entfernt amerikanische Inspektoren eintrafen, die Assad selbst zuvor eingeladen hatte.[355] Inzwischen gibt es auch eine Einschätzung des MIT-Professors Postol zum *Geheimdienst Report betreffend den Giftgasangriff vom 4. April in Syrien: „Ich habe mir das Dokument aufmerksam angesehen, und ich glaube, dass man zweifelsfrei zeigen kann, dass das Dokument keinen Beweis irgendeiner Art dafür liefert, dass die US-Regierung konkret weiß, dass die syrische Regierung Verursacher des Giftgasangriffs in Khan Shaykhun, Syrien, am 4. April 2017... (war)".*[356]

Solche Anschuldigungen, Assad habe Giftgas eingesetzt, gab es in der Vergangenheit immer wieder, aber es konnten nie Beweise für diese Behauptung vorgelegt werden. Auch schon 2013 gab es diese Vorwürfe, woraufhin ein direkter, offener militärischer Eingriff durch die USA und NATO (Obama, *„Überschreiten einer roten Linie"*) unmittelbar bevorstand, aber durch Assad noch dadurch abgewendet werden konnte, indem er UNO-Beauftragte in sein Land ließ, um alle seine Giftgasvorräte beseitigen zu lassen.

Die immer wieder in den öffentlichen Medien kolportierte Behauptung, Assad setze Giftgas und Fassbomben gegen die eigene Bevölkerung ein, er bombardiere vorsätzlich Krankenhäuser und Schulen, sind nichts anderes als Kriegspropaganda, um Assads Beseitigung als syrischer Präsident zu forcieren. Solche Behauptungen sind höchstwahrscheinlich ebenfalls als Verschwörungstheorien der ersten Kategorie einzustufen, d.h. vergleichbar zu den oben unter 1) und 2) genannten. Denn auch hier hilft uns wieder die Frage *„wem nützt es?"* weiter: Es ist völlig unglaubhaft, dass Assad so etwas tun würde; denn dann würde er den Rückhalt in seiner Bevölkerung nachhaltig verspielen. Dass das nicht der Fall ist, kann man an dem Wahlergebnis aus dem Jahre 2016 ablesen, wo er durch eine überwältigende Mehrheit wiedergewählt worden ist, obwohl da der Krieg in Syrien bereits seit fünf Jahren getobt hatte. Bei dieser Wahl hatte seine regierende Baath-Partei 200 von 250 Parlamentssitzen im Volksrat erhalten.[357] Die kanadische Journalistin Eva Bartlett, die der arabischen Sprache mächtig ist, war sechs mal während des Syrienkrieges nach Syrien gereist, zwei mal mit internationalen Delegationen, vier mal privat auf eigene Faust und eigenes Risiko, zuletzt im Januar 2017. Sie hatte mit vielen syrischen Bewohnern, auch aus Aleppo, gesprochen und berichtete vor der UNO, dass diese mehrheitlich Assad unterstützen.[358] Und sie beklagte, dass die meisten der westlichen Medien seit Anbeginn des Syrienkrieges Lügen über das Land verbreiten, und es sei bekannt, dass 101 von den 193 UNO-Staaten Söldner (Terroristen) nach Syrien entsandt hätten, um das Land zu zerstören. Dass die syrische Bevölkerung mehrheitlich hinter Assad steht, wurde auch eindrucksvoll auf einer Massendemonstration in Damaskus bewiesen, wo 1,5 Millionen Syrier für Assad demonstriert hatten,[359] was aber in der Berichterstattung in den deutschen Massenmedien ins Gegenteil verdreht worden ist; denn sie berichtete von einer Demonstration gegen (!) Assad, eine eindeutige Kriegslüge. Aber auch hier gilt: Die Menschen glauben es schließlich, dass Assad Giftgas und Fassbomben gegen die eigene Bevölkerung, Krankenhäuser und Schulen einsetzt als Ergebnis der immer wiederkehrenden Behauptung durch die öffentlichen Medien. Denn die Menschen glauben auch noch die absurdeste Behauptung, wenn sie nur oft genug wiederholt wird.[360]

Eine Frage: Worin besteht für das Opfer der Unterschied beim Getötetwerden, wenn dies durch eine Fassbombe geschieht oder durch eine Drohne oder eine Cruise Missile, oder durch eine mit Uran angereicherte Patrone? Hier sieht man auch wieder, wie verlogen die mediale Berichterstattung ist, wie sie einen „Fassbombeneinsatz" als „böse" einstuft, aber andere Tötungsarten wie Drohnenmorde gar nicht erst bewertet, obwohl diese Art der Todbringung noch heimtückischer sein dürfte als eine Bombardierung, bei der man, wenn man Glück hat, sich vielleicht noch schützen kann, indem man einen Bunker aufsucht. Aber auch dieser Schutz ist oft nicht sicher, wenn spezielle US-High-Tech-Waffen zum Einsatz kommen, die zuerst die Bunkermauern durchschlagen können und dann erst im Innern des Bunkers gezündet werden. An diesem Beispiel erkennt man die Verlogenheit der öffentlichen Medien sehr real.

Wem nützt nun aber dieser Giftgasangriff vom 3. April 2017? Er nützt eindeutig den Gegnern von Assad, den „Rebellen", dem IS und den westlichen Verbündeten. Denn diese waren seit der Einnahme von Aleppo durch die syrische Armee immer mehr in die Defensive geraten. Und wie wir gesehen haben, hat dieses Giftgasereignis zu einer Schwächung Assads geführt infolge der Zerstörung eines seiner Luftwaffenstützpunkte durch einen illegalen Luftschlag durch die USA. Und mindestens genauso nachteilig für Assad: die internationalen Medien hatten wieder neues Propagandamaterial gegen Assad bekommen. Was für eine verheerende Rolle die öffentlichen Medien hierbei spielen, und welche Gefahren aus deren Kriegsberichterstattung für die menschliche Gesellschaft erwachsen, sind in dem in Anhang C zitierten „Musterbrief" dargestellt.

Eine Verschwörungstheorie kann aber auch einen nicht zu überschätzenden positiven Effekt haben, wenn sie dazu dient, solche Machenschaften rechtzeitig zu enttarnen. Im Falle der Verschwörungen, die hinter „Brutkastenlüge" und „Massenvernichtungswaffen im Irak" standen, hätten die darauf folgenden Kriege verhindert werden können, wenn sich die Bevölkerungen der USA und Westeuropas in diesem Bewusstsein gegen deren Vorbereitungen gewehrt hätten. Und dabei spielen die Medien eine entscheidende Rolle. Im Zusammenhang mit dem 3. Irakkrieg zitiert Ulrich Teusch in seinem Buch „Lückenpresse" eine Reihe namhafter amerikanischer Journalisten, die der Meinung waren, *„wenn wir Journalisten unseren Job* *richtig gemacht hätten, hätte es 'eine sehr, sehr gute Chance gegeben, dass wir nicht in den Krieg gezogen wären'.*[361]

Eine Verschwörungstheorie ist auch die Behauptung, dass die USA der Geburtshelfer des Islamischen Staates (IS) waren und dass die Türkei, USA und NATO Verbündete des IS sind. Der erstgenannten Verschwörungstheorie wird heute kaum noch widersprochen. Für die zweitgenannte gibt es inzwischen zahlreichen Belege (siehe Abschnitt 3.4.).

Ein Klassiker einer Verschwörungstheorie ist die Behauptung, dass der japanische Angriff auf Pearl Harbour durch die USA provoziert worden ist, um den Kriegseintritt der USA in den 2.Weltkrieg zu ermöglichen. Ohne ein solches Großereignis gegen die USA hätte das Volk der USA einem Kriegseintritt niemals zugestimmt. Denn nur wegen seines Wahlversprechens, Amerika aus dem Krieg herauszuhalten, war Roosevelt 1940 als Präsident der USA wiedergewählt worden.[362] Nahezu die gesamte US-amerikanische Bevölkerung war bis zum Frühjahr 1941 strikt gegen einen Kriegseintritt der USA. Nach 60 Jahren und immer weiteren Informationen war klar, dass der bevorstehende Angriff auf Pearl Harbour nicht nur Wochen im voraus der US-Administration bekannt war, sondern vielmehr gänzlich gewollt und provoziert.[363] Nachdem Roosevelt am 22. Juli 1941 durch Admiral R. K. Turner gewarnt worden war, dass die Einstellung amerikanischer Öllieferungen an Japan einen japanischen Angriff auf die Philippinen hervorrufen und die USA in einen Pazifikkrieg verwickeln würden, hat er genau das getan; denn am 25. Juli 1941 hat er alle Öllieferungen an Japan stoppen lassen.[364] Drei Tage vor dem japanischen Angriff auf Pearl Harbour berichtete der australische Nachrichtendienst, dass eine japanische Kampfgruppe in Richtung Pearl Harbour unterwegs war. Roosevelt ignorierte den Bericht und unternahm nichts, um seine Militärs über den bevorstehenden japanischen Angriff zu informieren. Bei diesem Angriff auf Pearl Harbour, bei dem 2400 Soldaten ihr Leben verloren, erfolgte ein radikaler Stimmungsumschwung in der US-amerikanischen Bevölkerung. Nach „Pearl Harbour" meldeten sich 1 Million Männer zum Kriegsdienst.[365]

Eine aktuelle Verschwörungstheorie lautet: die öffentlichen Leitmedien sind gleichgeschaltet und fremdgesteuert. Diese „Verschwörungstheorie" hat neue Nahrung bekommen durch die Leitmedien, die unisono den demokratisch gewählten Präsidenten der USA, Trump, in gleich aggressiver Weise beschimpfen, verunglimpfen und mit Schmutz bewerfen. Denn, wären die öffentlichen Medien nicht gleichgeschaltet, würde doch das eine oder andere öffentliche Medium aus dieser Phalanx irgendwann mal ausscheren und alternative Sichtweisen veröffentlichen oder zumindest moderatere Töne anschlagen. Und wer könnte diese Macht im Hintergrund sein? Vielleicht die NATO-Pressestelle? Die nächste spannende Frage wäre: Wer hält dort die Fäden in der Hand? Diese gleichgeschaltete Propaganda gegen Trump muss aber noch lange nicht bedeuten, dass es dabei um Trump als Person oder um seine Politik geht. Genauso gut kann es sich dabei auch um ein Ablenkungsmanöver handeln, um die öffentliche Aufmerksamkeit zu kanalisieren, weg von anderen Prozessen/Projekten in der internationalen Politik, die Menschen durch Eröffnung von „Nebenschauplätzen" abzulenken und zu verwirren. Es ist auch denkbar, dass man Trump mit seiner bewusst nationalistischen Überzeugung im Amt scheitern lassen möchte, was bedeuten würde: seht, die rechtspopulistischen Vertreter sind auch nicht die Lösung.[366,367] Scheitern lassen ist einfach: Die Kreditgeber müssen nur den Geldhahn zudrehen, und Trump wäre nicht mehr in der Lage, seine angekündigten Projekte, z.B. wieder mehr Amerikaner in Brot und Lohn zu bringen, in die Tat umzusetzen. Und seine Wählerschaft würde sich resigniert von ihm abwenden. Vor diesem Hintergrund könnte man auch die weitere Erhöhung des Militärbudgets der USA um 10% und das 110 Milliardenschwere Rüstungsprojekt mit Saudi-Arabien als Zugeständnisse Trumps an die Finanzgeber sehen, die durch diese zusätzlichen Gewinne Trump erst einmal werden „machen lassen". Doch das ist momentan nur Spekulation. Wie im Abschnitt 2.11 ausgeführt, ist auch unklar, inwieweit Trump auf Dauer eine Politik gegen die superreichen Lobby-Gruppen im Hintergrund machen kann und ob er sich gegen das eigene Militär, die die unsäglichen MENA-Kriege geführt haben, durchsetzen kann.[368,369] Denn diese sitzen am längeren Hebel, eine Folge der exorbitanten Staatsverschuldung der USA.

Eine weitere Verschwörungstheorie ist, dass die Migration nach Europa von langer Hand geplant worden sei, durch das Pentagon, NGOs, Think Tanks, Pro Asyl und sogar die UNO, die ihrerseits wieder „gelenkt" werden durch die superreichen Eliten. Es gibt eine Reihe von Belegen und Indizien, die diese Sichtweise stützen, nachzulesen in dem Buch „Geheime Migrationsagenda", einem gründlich recherchierten Buch von Friederike Beck,[370] der Vorsitzenden der *Gesellschaft für Internationale Friedenspolitik e. V.* (dazu mehr in Abschnitt 3.6.).

Es ist außerordentlich wichtig, die Widersprüche zwischen der offiziellen Darstellung des Terroranschlags 9/11 und den überlieferten Tatsachen aufzuklären. Denn dieser Terroranschlag lieferte die Begründung für die sich anschließenden „Kriege gegen den Terror", in dem bisher 1,7 Millionen Menschen getötet worden sind, von denen etwa 90 % Zivilisten gewesen sein sollen.[371]
Eine „Verschwörungstheorie" gegen die offizielle Version von 9/11 besagt, dass die US-Regierung und/oder mit ihr verbundene Geheimdienste vorher von den Anschlägen gewusst und sie zugelassen oder sie sogar aktiv geplant und unterstützt hätten.[372] Die Zwillingstürme, der 3.Wolkenkratzer (WTC7)[373] und das Pentagon[374] seien durch eine „kontrollierte Sprengung", die vorher im oder unter den Gebäuden angebracht worden seien, zum Einsturz gebracht bzw. beschädigt (5m großes Loch in der Fassade des Pentagon[375]) worden. Bemerkenswert ist, dass viele Zeugen von 9/11 später eines mysteriö-

sen Todes gestorben sind. Allen diesen Toten war gemeinsam, dass ihre Aussagen die Sichtweise dieser „Verschwörungstheorie" stützten (siehe dazu die Dokumentation von Kla-TV-5132)[376]. Der 580 Seiten lange *Commission report* von 2004 liefert weder eine plausible Erklärung für den Einsturz des WTC7, der von keinem Flugzeug getroffen worden war, noch für eine Reihe weiterer Widersprüche, die die offizielle Darstellung von 9/11 enthält.[377,378,379] Und es ist überhaupt nicht erwiesen, dass Osama bin Laden tatsächlich der Drahtzieher der Terroranschläge war; denn gegen ihn hat das FBI nach eigenen Angaben keine konkreten Beweise.[380] Dass Bin Laden mit hoher Wahrscheinlichkeit nicht der Drahtzieher der Anschläge von 9/11 gewesen ist, kommt auch noch von einer ganz anderen Seite, von der *British Financial Services Authority*.[381] Diese hatte *„Bin Laden und seine Gefolgsmänner vom Verdacht des Insiderhandels freigesprochen"*. Man muss dabei wissen, *„der Handel mit Put-Optionen von Firmen, die ihre Hauptvewaltung in den WTC Türmen hatten, nahm eine Woche vorher* (vor 9/11) *drastisch zu."* Bei MORGAN STANLEY von durchschnittlich 27 Put-Optionen pro Tag auf 2157. Bei MERRILL LYNCH von 252 pro Tag auf 12215. Diese mit „Panikverkäufen an der Börse" gleichzusetzenden massenhaften Käufe von Put-Optionen legen nahe, dass die dahinter steckenden Käufer von dem bevorstehenden 9/11-Anschlag gewusst haben mussten, ihn vielleicht sogar mit geplant hatten. Denn auch hier sollte man wieder fragen *„Wem nutzt es?"*

Und die Meinung vieler Architekten ist, dass der Einsturz des WTC7 wie eine gezielte Sprengung ausgesehen habe. Deshalb ist hier die Frage *„wem nützt es?"* so außerordentlich wichtig. „9/11" lieferte schließlich die Rechtfertigung für die sich anschließenden MENA-Kriege.

Verschwörungstheorien haben wesentliches mit Kriminalistik gemein. Bei beiden ist das wichtigste Instrument die Frage nach dem Motiv, *wem nützt es*? Diese Frage ist deshalb so wichtig, weil der oder die Täter ihre Spuren nach Möglichkeit

129

verwischen. Bei Taten, wo keine direkte Verbindung zwischen Opfer und Täter besteht, wie bei Geheimdienstoperationen, Aktionen unter falscher Flagge oder wie bei Auftragsmorden, ist diese Frage von entscheidender Bedeutung. Zur Erinnerung: es war Bush junior, der vor Beginn des 3. Irakkriegs seine Kritiker als Verschwörungstheoretiker bezeichnete, weil diese den Kriegsgrund „Massenvernichtungswaffen im Irak" in Zweifel zogen, während die Bush-Administration selbst mit den „Massenvernichtungswaffen im Irak" eine Verschwörungstheorie in die Welt gesetzt hatte als Legitimation für den 3. Irakkrieg. Aber die Kritiker hatten schließlich Recht, wie inzwischen jedem klar ist. Der wahre Kriegsgrund war wahrscheinlich ein anderer, nämlich die Ankündigung des Irakischen Machthabers, sein Erdöl nicht länger gegen Dollar zu verkaufen, sondern gegen Euro („Petro-Euro") und sich dadurch vom Petro-Dollar[382,383] unabhängig zu machen, auch wieder eine Verschwörungstheorie, die aber plausibel erscheint, im Gegensatz zur Verschwörungstheorie „Massenvernichtungswaffen im Irak". Auch der Machthaber Libyens hatte die erklärte Absicht, in seinem Ölhandel den Petro-Dollar durch eine unabhängige Währung zu ersetzen, was sehr wahrscheinlich einer der Gründe für den Krieg gegen Libyen war, der zur Zerstörung eines funktionierenden Staatsgebildes geführt hatte, ein Staat mit dem höchsten Lebensstandard der Bevölkerung im gesamten Afrika. Ein anderer Grund, weshalb Gaddafi weg musste, war, dass er ein Bollwerk gegen die Massenmigrantion nach Europa war und sich immer wieder entschlossen gezeigt hatte, dieses Bollwerk aufrecht zu erhalten. Er hatte die Welt vor einer solchen Massenmigrantion nach Europa und seinen Folgen gewarnt.

Auch der Iran und Nordkorea hatten den Übergang vom Petro-Dollar zum Petro-Euro[384] geplant und gerieten dadurch massiv in den Fokus US-amerikanischer Außenpolitik. Diese Länder wurden 2002 durch George W. Bush junior in seiner Rede als „Achse des Bösen" bezeichnet indem er diese beschuldigte,

Terroristen zu unterstützen und nach Massenvernichtungswaffen zu streben. Es spricht aber vieles dafür, dass der auch von
diesen Ländern angekündigte Übergang vom Petro-Dollar zum
Petro-Euro der eigentliche Grund war, diese Länder zu dämonisieren. Es ist aber noch ein weiterer Aspekt von Bedeutung:
Dass Irak, Libyen, Syrien, Jemen durch den Westen mit Krieg
überzogen oder durch westliche Geheimdienste und NGOs
destabilisiert worden sind, hat auch damit zu tun, dass diese
sich dem Einfluss der westlichen Zentralbanken, die alle in
privatem Besitz stehen, widersetzten.[385] Auch Iran und Nordkorea, aber auch Russland, widersetzen sich dem Einfluss der
westlichen Zentralbanken und sehen sich heute wieder ver-
stärkt unter dem Beschuss westlicher Kriegspropaganda und
verhängter Sanktionen. Unter der Präsidialherrschaft von
Trump hat die Bedrohungsspirale gegen Iran und Nordkorea
wieder erneut Fahrt aufgenommen. Und man muss sich fragen,
ob Trump sich inzwischen der Macht des militärisch-
industriellen Komplexes und der Finanzeliten beugt, indem er
ihnen Zugeständnisse macht, um so seine angestrebten national
orientierten Ziele realisieren zu können. Unter diesem Hintergrund könnte der 110 Milliarden-Rüstungs-Deal mit Saudi-
Arabien und auch die beträchtliche Steigerung des US-
Militärbudgets als eine Art Gegenleistung Trumps in Richtung
der Superreichen verstanden werden.

Eine *Theorie* bzw. Verschwörungstheorie ist also nichts unse-
riöses, sondern kann im Extremfall dem Überleben der gesamten Menschheit dienen. Andererseits kann sie höchst gefährlich
sein, wenn sie einer kleinen, aber mächtigen Elite dient, um
ihre Ziele durchzusetzen, wie sich im Falle von „Brutkastenlüge" und „Massenvernichtungswaffen im Irak" herausgestellt
hat. Wie in den folgenden Abschnitten argumentiert werden
wird, finden viele der sogenannten Verschwörungstheorien, die
Kritiker zu den gegenwärtig in Deutschland und der Welt ablaufenden globalen Prozessen aufgestellt haben, ihre Bestäti-

gung im *Experiment* oder treffender, in der *Praxis*, genauer, in der *Verschwörungspraxis*.

Lasst uns die Waffe „Verschwörungstheorie" zu einem scharfen Schwert werden im Kampf gegen echte Verschwörungen, um diese rechtzeitig aufzudecken und zu entlarven. Dies ist eine Voraussetzung, um Kriege in Zukunft zu verhindern.

## 3.3. NATO-Kriege und der internationale Terrorismus

*„Terrorismus ist der Krieg der Armen, und der Krieg ist der Terrorismus der Reichen."*
(Peter Ustinov)

Der Friedensforscher Daniele Ganser[386] hat festgestellt: Die USA, und seit dem Jugoslawien-Krieg auch die NATO, zetteln Kriege in aller Welt an, sei es indirekt durch Destabilisierung anderer Länder über Geheimdienstoperationen (CIA) und gezielte Einflussnahme durch NGOs oder direkt durch kriegerische Aggression (Vietnam, Guatemala, Libanon, Afghanistan, Irak, Libyen, Syrien, Jemen...). Die Kriege und „Revolutionen" im Nahen und Mittleren Osten und Nordafrika waren von langer Hand durch die NATO, dem verlängerten Arm der USA, und deren Geheimdienste und NGOs eingefädelt und vorbereitet worden.[387] Es ist immer das gleiche Schema: Im Vorfeld werden die Völker der kriegführenden Länder durch Lügen-Propaganda derart stimuliert, dass sie den Kriegen ihrer Regierungen zustimmen, zumindest aber nicht dagegen protestieren. *„Kriege beginnen mit Lügen und Täuschungen. Völker werden damit kriegswillig gemacht."*[388] Eine einfache Lüge wird eher geglaubt als eine vielschichtige Wahrheit. Alle Kriege beginnen mit einer Kriegslüge; die Wahrheit stirbt im Krieg zuerst. Und die Kriegslügen begleiten den Krieg, wie man dies sehr deutlich am Syrienkrieg nachweisen kann.[389]

Die Kriege, die seit dem Terroranschlag „9/11" in der Welt stattfinden, folgen einer Agenda, die durch das Pentagon unter

Mithilfe sogenannter Thinktanks in den USA akribisch geplant worden ist.[390,391] Der NATO-Oberbefehlshaber in Europa in den Jahren 1997-2000, hatte am 3.10.2007 in einem Vortrag zusammengefasst:[392] Bereits 2001, kurz nach dem Terroranschlag „9/11", war es geplant, den Irak anzugreifen. Der wahre Grund waren nicht die von der US-Administration frei erfundenen, Massenvernichtungswaffen Husseins, sondern Öl.

Allerdings stellten dazu die Politikwissenschaftler B. Abdolvand und M. Adolf bereits im Jahr 2003 fest: *„Wenn allein schlichtes Ausbeutungsinteresse an den Ölvorhaben als Triebfeder der US-Kriegspolitik angenommen wird, greift diese Einschätzung jedoch zu kurz."*[393] Stattdessen sei es im Irak vor allem um die Stabilität des US-Dollars als wichtigster Währung der Welt gegangen und weniger um die Sicherung der Rohstoffvorkommen.[394] Der irakische Machthaber hatte nämlich im Jahr 2000 angekündigt, im Rahmen des Programms „Öl gegen Lebensmittel", sein Erdöl gegen Euro zu verkaufen („Petro-Euro") und sich dadurch vom Petro-Dollar unabhängig zu machen.[395,396] Dies würde sich mit der Einschätzung von B. Abdolvand und M. Adolf decken. Diese Sichtweise wird auch durch Dirk Müller gestützt.[397] Sie ist auf jeden Fall plausibler als der Vorwand „Massenvernichtungswaffen", über die Irak in Wirklichkeit nicht verfügte. Und der Krieg gegen den Irak sollte erst der Anfang sein. Man darf aber dabei nicht aus den Augen verlieren, dass das eigentliche Motiv für den Krieg gegen den Irak das globale Machtstreben der superreichen Finanzeliten war; denn dieser Krieg war Teil einer Strategie, als dessen Endziel die Errichtung einer neuen globalen Weltordnung steht, der NWO.

Der ehemalige NATO-Oberbefehlshaber sagte weiter: Man wollte *„7 Länder angreifen und deren Regierungen innerhalb von 5 Jahren stürzen ... Wir werden mit dem Irak beginnen und dann nehmen wir uns Syrien, Libanon, Libyen, Somalia, den Sudan und den Iran, sieben Länder in fünf Jahren ... es ist wirklich das, was später geschehen ist. ... Sie wollten den Nahen Osten destabilisieren, ihn auf den Kopf stellen, ihn unter*

133

*unserer Kontrolle zu machen ...* "[398,399] Im selben Video kommt auch George Friedman (Direktor der privaten US-Denkfabrik *Stratfor*) zu Wort: *„Die Vereinigten Staaten haben ein grundsätzliches Interesse – sie kontrollieren alle Ozeane der Welt, keine Macht hat das zuvor jemals getan. Aufgrund dieser Tatsache können wir überall auf der Welt bei den Völkern einfallen, und sie ihrerseits sind nicht in der Lage, uns anzugreifen. "* Es ist alles so offensichtlich. Und trotzdem gelingt es den öffentlichen Medien immer wieder, diese Zusammenhänge zu verschleiern, durch ihre tendenziöse Berichterstattung, durch Propaganda und Gehirnwäsche die Aufmerksamkeit der Völker so zu kanalisieren, dass diese die wahren Ursachen und Verursacher der Kriege nicht erkennen. Eigentlich müssten die für diese Kriege verantwortlichen Politiker durch den Internationalen Gerichtshof in Den Haag wegen ihrer Kriegsverbrechen angeklagt werden, so wie es zum Beispiel gegen die jugoslawischen Kriegsführer geschehen ist. Doch das wird nicht geschehen; denn die UNO und der IGH sind von den Mächtigen geschaffen worden und dienen denen, die die Macht haben. (s. Abschnitte 2.6. und 3.2.).

Auch der *„Arabische Frühling"*[400] war Teil des Projektes zur Neuordnung des Nahen und Mittleren Ostens, ausgearbeitet in Think Tanks in den USA und von langer Hand durch die Geheimdienste und NGOs vorbereitet. Unter Ausnutzung und Schüren von religiösem Hass und Benutzung islamischer Bewegungen wurden diese Länder von innen destabilisiert und deren Regierungen schließlich gestürzt. Beides, die MENA-Kriege und der *„Arabische Frühling"* waren Teile dieses großen Projektes. In Bezug auf Syrien war eine Aufteilung in mehrere kleinere Staaten geplant, die sich in ihren Ethnien und religiösen Ausrichtungen voneinander abgrenzen. Solche Staaten sind durch die Großmacht USA besser beherrschbar entsprechend dem Prinzip *„Teile und herrsche"*, dem bekannten Muster, das schon dem Machterhalt der Regierenden im antiken Rom diente, ebenso dem der Kolonialherren in ihren Kolonien der letzten Jahrhunderte. Ein anderes Beispiel für dieses

134

*„Teile und herrsche"* ist der Zerfall Jugoslawiens in kleinere Staaten, initiiert von äußeren, mächtigen Interessengruppen (s. Abschnitt 3.1.). Diese nationale Tragödie Jugoslawiens ist heute zu einem Synonym geworden, indem man dafür den Begriff „Balkanisierung" geprägt hat. In Syrien ist diese Strategie bisher nicht aufgegangen. Im Gegenteil, nach dem Eingreifen Russlands in diesen Krieg sowie des neuerdings gemeinsamen Vorgehens von Russland, Türkei und Iran[401] besteht wieder Hoffnung, dass Syrien als Staat erhalten bleibt und nicht ein Opfer der US-Globalstrategie wird. Dieses Zusammengehen von Russland und der Türkei lässt hoffen, dass auch die Türkei den IS nicht länger unterstützt (siehe Abschnitt 3.4.).

In Bezug auf Europa sagte Friedman:[402] *„Europa wird, wie ich vermute, zwar nicht zu den großen Kriegen des 20. Jahrhunderts zurückkehren. ... Es wird Konflikte in Europa geben. Es gab schon Konflikte in Europa, in Jugoslawien, und jetzt auch in der Ukraine."* Verschwiegen hat Friedman dabei, dass der Ukraine-Konflikt und der Jugoslawienkrieg durch vorsätzliche Einflussnahme durch die USA-Administration und ihrer Geheimdienste bzw. superreicher Finanzeliten zielstrebig herbeigeführt worden ist.[403] (Der vollständige Wortlaut von Friedmans Rede ist im Anhang G wiedergegeben). Auch der Multimilliardär Soros hat offensichtlich mit seinen Milliarden von Dollars dazu beigetragen, den ukrainischen, gewählten Präsidenten Janukowytsch zu stürzen und, mit Unterstützung des Außenministeriums der USA, durch eine handverlesene Junta zu ersetzen.[404]

Der *Militärisch-industrielle Komplex* und das internationale Kapital erzielen durch diese Kriege enorme Gewinne. In den USA besteht ein enges Geflecht zwischen der Rüstungsindustrie (Lockheed Martin, Boeing, ...) und dem Pentagon. Pensionierte Generäle wechseln nahtlos auf hochdotierte Chefposten in der Rüstungsindustrie, aber auch in die der Medien (CNN, Fox News, ...). Dort betreiben sie Propaganda und „überzeugen" so das Volk von der dringenden Notwendigkeit des Krie-

135

ges in Afghanistan, im Irak, in Libyen, in Syrien, ... Es dient der Kriegstreiberei und der Aufrechterhaltung des Kriegszustandes und dessen Akzeptanz in der Bevölkerung. Wilkerson[405], ehemaliger Regierungsberater in der Reagan-Administration, stellt dazu fest: *„Heute ist der Sinn der US-Außenpolitik, den Komplex zu stützen, den wir mit dem nationalen Sicherheitsstaat geschaffen haben und der durch endlosen Krieg angetrieben, finanziert und ermächtigt wird, und die Auswirkungen davon. Das ist eine traurige Feststellung bzgl. dem, was aus Amerika geworden ist. Es ist jedoch eine realistische, und ich denke auch ehrliche Einschätzung dessen, was Amerika geworden ist."* Es ist eine kleine Clique, die die Macht hat, Kriege in der ganzen Welt anzuzetteln und Länder in Schutt und Asche zu legen. Diese Clique spielt mit Millionen von Menschenleben, einfach so, weil sie es können, weil sie die Macht haben, weil sie daran verdienen und ihren bereits vorhandenen unermesslichen Reichtum und ihre Macht noch weiter steigern können. *„So hat sich der Aktienkurs des größten US-Rüstungskonzerns, Lockheed Martin, zwischen Mitte 2010 und Mitte 2014 verdreifacht".*[406] Dies ist monströs, zynisch und lebensverachtend und birgt im heutigen Atomzeitalter die Gefahr der Ausrottung der gesamten Menschheit in sich. Dies wird auch sehr deutlich in der Rede von George Friedman[407] (s. Anhang G).

Im Zusammenhang mit dem Berliner Terroranschlag am 19.12.16 hat Willy Wimmer, ehemaliger Staatssekretär im deutschen Verteidigungsministerium, in einem Interview treffend gesagt:[408] *„... vielen Menschen in Deutschland ist nicht bewusst, dass wir seit vielen Jahren Krieg führen in anderen Teilen der Welt und genau das praktizieren, was uns jetzt im eigenen Land trifft ... Wir legen zwischen Afghanistan und Mali unsere Nachbarstaaten in Schutt und Asche ... Wir verbreiten Mord und Totschlag und wundern uns dann, dass wir selber Betroffene sind."*

Die Menschen in den überfallenen Ländern werden getötet oder ihrer körperlichen Unversehrtheit und ihrer Lebensgrund-

lagen beraubt. Ihre Häuser und Wohnungen werden wegge-
bombt, die Länder werden destabilisiert und Bürgerkriege
ausgelöst. Diese, ihrer Lebensgrundlagen beraubten Menschen
stehen dieser gewaltigen Kriegsmaschinerie ohnmächtig gegenüber. Dies ist der Boden, auf dem der Terrorismus gedeiht,
der auf die kriegführenden Länder zurückfällt.

Es gibt aber noch einen anderen Aspekt: Es mehren sich die
Hinweise und Verdachtsmomente, dass nicht alle Attentate
tatsächlich durch Aktivisten des IS begangen werden, sondern
zielgerichtet von anderen Mächten/Geheimdiensten herbeigeführt werden, um eigene politische Ziele durchzusetzen, um
Voraussetzungen dafür zu schaffen, dass Gesetze geändert,
Demokratie, Freiheit der Bürger und Rechtstaatlichkeit immer
mehr eingeschränkt werden können, aber auch um die Zustimmung oder „Stillhalten" der eigenen Völker zu Kriegen zu
erreichen. Zum Beispiel, hinter dem Massaker im Nachtclub
Reina in der Türkei mit 39 Toten am 1. Januar 2017 und dem
Mordanschlag gegen den russischen Botschafter in Ankara am
19. Dezember 2016, am gleichen Tag wie der Terroranschlag
in Berlin, könnten westliche Geheimdienste stecken, um die
Friedensgespräche zwischen Russland, Iran und Türkei zu
Syrien zu torpedieren; denn bei diesen Verhandlungen waren
die USA ausgebootet und hatten keinen Einfluss mehr auf das
Ergebnis.[409] Solche Terroranschläge können aber auch das Ziel
verfolgen, von Problemen im eigenen Land abzulenken.[410] So
hat man Ungereimtheiten und Zweifel in der offiziellen Darstellung einzelner Terroranschläge gefunden, z.B. zu den Anschlägen auf dem Weihnachtsmarkt in Berlin[411,412,413] und
Brüssel (Flughafen und U-Bahnstation Maalbeek).[414] Bei den
Terroranschlägen fällt vor allem immer dasselbe Muster auf:
Die Attentäter hinterlassen in aller Regel ihre Ausweise am
Tatort, und die Attentäter werden generell getötet, so dass sie
nicht mehr zur Verfügung stehen, um über rechtsstaatliche
Ermittlungsverfahren Hintergründe und Hintermänner in Er-
fahrung zu bringen. Sogar nach dem Jahrhundertanschlag

„9/11" hat man angegeben, dass man in den pulverisierten Trümmern des WTC den unversehrten Ausweis eines der Piloten gefunden habe, der eines der Kamikaze-Flugzeuge gesteuert hatte.[415] Wenn auf diese zahlreichen Ungereimtheiten hingewiesen wird, wird dies generell als Verschwörungstheorie abqualifiziert.

## 3.4. Türkei, USA und NATO als Verbündete des IS

*"Wer das Öl kontrolliert, der beherrscht die Staaten; wer die Nahrungsmittel kontrolliert, der beherrscht die Völker; und wer das Geld kontrolliert, der beherrscht die Welt!"*
(Henry Kissinger[416])

*„Military men are dumb, stupid animals to be used pawns for foreign policy!"*
††††(Henry Kissinger[417])

Was durch die öffentlichen Medien immer wieder verschleiert wird, ist die Tatsache, dass die NATO-Länder, allen voran die USA, Türkei, England und Frankreich, den Islamischen Staat (IS) und die vielen Rebellengruppierungen in Syrien logistisch und finanziell unterstützen und mit Waffen beliefern sowie durch westliche Militärberater instruieren und steuern,[418] um einen Regime-Wechsel in Syrien durchzusetzen. Diese, scheinbar widersinnige Feststellung wird durch CIA-Dokumente aus dem Jahre 2012 belegt, die durch USA-Gerichtsbeschluss offengelegt werden mussten,[419] aber auch durch Recherchen über die Herkunft der Geldquellen zur Finanzierung des Krieges gegen die legitime Regierung Assad (s. Anhang H). Auch Deutschland unterstützt diesen illegalen

---

†††† *„Militärpersonal ist blödes, dummes Vieh, das man als Bauernopfer in der Außenpolitik benutzt!"*

138

Krieg durch Waffenlieferungen an Saudi-Arabien, Katar und Türkei,[420] d.h. an diejenigen Länder, die den IS unterstützen. General Michael Flynn, der die Unterstützung der radikalen sunnitischen Kräfte durch die CIA kritisiert hatte und daraufhin als Chef der „Defence Intelligence Agency" entlassen wurde, hat selbst gesagt: *„Der Aufstieg des IS war eine absichtsvolle Entscheidung der US-Regierung".*[421]

In der Propaganda der öffentlichen Medien wurde immer wieder behauptet, es handle sich um einen Bürgerkrieg Assads gegen das eigene Volk, ohne Beteiligung der NATO. In unseren öffentlichen Medien war der Syrien-Krieg als ein schiitisch-sunnitischer Religionskrieg[422] dargestellt worden. Was zuerst durch kritische Beobachter nur vermutet wurde (dass westliche Geheimdienste den IS vor Ort unterstützten), stellte sich schließlich als Gewissheit heraus, nachdem Spezialeinheiten der syrischen Regierung vierzehn ausländische Offiziere in einem Bunker bei Ost-Aleppo verhaftet hatten. Das waren Geheimdienst-Offiziere, die aus den USA, Israel, Saudi-Arabien, Katar, Jordanien und der Türkei stammen. Die vollständige Namensliste dieser ausländischen Militärs, die sich in Ost-Aleppo gemeinsam mit den Terroristen versteckt hatten, hatte der syrische UN-Botschafter Baschar al-Dschafari dem UN-Sicherheitsrat am 19.12.16 vorgelegt. Die „hysterischen Aktivitäten" im UN-Sicherheitsrat[423] durch westliche Diplomaten im Vorfeld, bevor Ost-Aleppo durch die syrischen Regierungstruppen eingenommen wurde, hatten das Ziel zu verhindern, dass die Weltöffentlichkeit von dieser aktiven Beteiligung westlicher Staaten auf Seiten des IS erfährt. Diese „hysterischen Aktivitäten" durch westliche Diplomaten wurden begleitet durch eine „hysterische" Berichterstattung in unseren öffentlichen Medien, verbunden mit Forderungen nach Waffenstillständen bzw. Kriegsunterbrechungen, um dadurch zu erreichen, dass diese westlichen Geheimdienst-Offiziere zuvor evakuiert werden können, bevor die syrische Armee Ost-Aleppo einnimmt.

Halten wir also fest: Der IS ist durch die USA erschaffen worden und wird seit seinem Bestehen aktiv durch die USA unterstützt.[424] Damit ist das Ziel „Terrorbekämpfung", in dessen Namen seit „9/11" Kriege angezettelt und Demokratie und Freiheit in den westlichen Ländern immer mehr eingeschränkt worden sind, ad absurdum geführt. Es geht sogar noch weiter: Einige US-Generäle (Allen, Petraeus, ?) haben im Sommer 2016 praktisch gegen den US-Präsidenten Obama eigene Politik gemeinsam mit Erdogan gemacht, um den etwa 100 km breiten Korridor zwischen Türkei und dem Islamischen Staat militärisch abzusichern und den IS dadurch am Leben zu erhalten.[425] Durch Nachschub und Erdöl-Schmuggel über diesen Korridor wurde der IS künstlich am Leben erhalten. Die Aufrechterhaltung dieses Korridors diente auch den Zielen Erdogans, dessen Interesse hauptsächlich der Verhinderung eines selbständigen Kurdischen Staates gilt. Man kann den IS praktisch als eine Hausmacht der Türkei betrachten, und Saudi-Arabien und Katar unterstützen den IS und diese Politik durch Geld.

Eines der Hauptmotive der USA für den angestrebten Regime-Wechsel in Syrien ist Öl; denn zwei Jahre vor Kriegsausbruch hatte Assad seine Zustimmung zum Bau einer Erdgasleitung durch Syrien, die von Katar nach Europa geplant war, verweigert. Ein anderes Ziel, das die USA schon seit „9/11" als ein großes Projekt geplant hatten, war die Neuordnung des Nahen Osten, für den die USA sieben Länder angreifen wollten, Irak, Libyen, Syrien, Libanon, Somalia, Sudan und Iran. Bis auf den Iran wurde bis jetzt alles planungsgemäß umgesetzt (s. Abschnitt 3.3.). Deshalb sollte Syriens Regierung gestürzt und Syrien in kleinere Einzelstaaten aufgeteilt werden, welche durch die USA leichter beherrschbar sein würden, entsprechend dem Prinzip, Teile und herrsche.[426,427]

Parallel zu der Einflussnahme durch westliche Spezialkräfte im Lande, wurden die verschiedenen Ethnien (Sunniten und Schiiten, Muslimbruderschaft und Salafisten) gegeneinander aufgewiegelt, getreu dem Prinzip *„Teile und herrsche"*. Der Syrien-krieg, der nun schon 6 Jahre tobt und bisher mehr als 400 000 Menschenleben gekostet hat, ist nichts anderes als eine Neu-auflage der Zusammenarbeit der USA und der CIA mit den Dschihadisten, wie man sie aus dem Afghanistankrieg aus den 1980er Jahren oder dem Bosnienkrieg der 1990er Jahre her kennt.[428]

Dass diese Fakten von der Weltöffentlichkeit so nicht wahrge-nommen werden, liegt an der einseitigen und tendenziösen Berichterstattung/Propaganda der Mainstream-Medien, denen die Bevölkerung tagtäglich ausgesetzt ist. Deshalb ist es le-benswichtig, auch für uns Deutsche, hinter die Kulissen zu schauen, und sich zusätzlich Informationen von unabhängigen Medien zu holen (s. Abschnitt 2.2.).

Es wird auch alles dafür getan, um Außenstehende zu verwir-ren, indem in der Berichterstattung zwischen „guten" und „bö-sen Rebellen" unterschieden wird. Z.B. wird Al-Nusra als „gut" bezeichnet. Al-Nusra ist aber nichts anderes als die Nachfolgeorganisation von Al-Qaida auf syrischem Boden. In Bezug auf die Unterstützung des IS durch den Westen und dessen Propaganda sind auch die Videos[429,430,431] sehr auf-schlussreich.

Es gibt aber auch Hoffnung von einer nicht erwarteten Seite: am 19.02.17 hat der WDR4 in seinen 9-Uhr-Nachrichten die Nachricht verbreitet, dass der US-Präsident Trump Mitarbeiter angewiesen hat, innerhalb von 30 Tagen ein Programm auszu-arbeiten, wonach der IS besiegt werden soll. Diese Nachricht, die man als ein positives Signal deuten kann, wurde jedoch in den 10 Uhr- und folgenden Nachrichtensendungen nicht mehr wiederholt (s. Abschnitt 2.9.).

## 3.5. Russland

In den westlichen öffentlichen Medien wird immer wieder thematisiert, dass Russland eine (traditionell) homophobe Gesellschaft ist, und dass die LGBT-Community[‡‡‡‡] mit offenen und versteckten Diskriminierungen zu kämpfen hat.[432] Was von unseren öffentlichen Medien aber verschwiegen wird, ist, dass seit *„1993 homosexuelle Handlungen zwischen Erwachsenen in Russland legalisiert"* sind.[433] *„Lediglich die Werbung für Homosexualität in Anwesenheit von Minderjährigen steht unter Strafe".*[434] Hierin besteht genau der Unterschied zu Deutschland, wo Gender Mainstreaming als fächerübergreifendes, übergeordnetes Bildungsziel gesetzlich in den Schulen bereits installiert (Baden-Württemberg, Niedersachsen) oder aber geplant ist.[435,436] (s. Abschnitt 2.5.) Der aber weitaus gewichtigere Grund dafür, dass Putin einer ständigen Hetze durch die westlichen Medien ausgesetzt ist, ist, dass er im Jahre 2006 den Deal zwischen Russland und den USA zur Ausbeutung von russischem Öl und Gas durch amerikanische Firmen, der Jahre zuvor mit Jelzin vereinbart worden war, hat platzen lassen.[437] Russland ist eine Großmacht, die sich seitdem einer Vereinnahmung durch die global agierenden Kräfte (s.o.) erfolgreich widersetzt hat, trotz ständigem medialen Dauerfeuer, dem NATO-Aufmarsch an seinen Grenzen sowie Wirtschaftssanktionen durch die EU und USA.

Nach dem Zerfall der UdSSR war es die NATO, die ihre Westflanke in Europa immer weiter in Richtung Russland vorgeschoben hatte, obwohl die Vertreter der NATO-Länder am 9. Februar 1990 in Moskau feierlich erklärt hatten, das sie ihren Einflussbereich *„nicht einen Zentimeter weiter nach Osten ausdehnen"* werden.[438] Dies hatte die verantwortlichen Politiker der UdSSR dazu bewogen, der deutschen Wiedervereinigung und einer NATO-Mitgliedschaft ganz Deutschlands zu-

---

[‡‡‡‡] „LGBT" ist eine Abkürzung für Lesben, Schwule, Bisexuelle und Transgender

zustimmen. An dieses feierliche Versprechen hielten sich die Vertreter der westlichen Länder aber nicht. Zuerst wurde die NATO auf ganz Deutschland ausgedehnt, dann auf Polen, die baltischen Staaten, Rumänien, Bulgarien, Kroatien, Slowakei, Tschechien, Slowenien, Ungarn und schließlich bis in die Ukraine. Zusätzlich haben die USA eine Vielzahl von militärischen Stützpunkten rings um Russland an dessen Grenzen auf- und ausgebaut, die über ein großes Angriffspotential verfügen.[439]

Militärtransporte rollen durch Deutschland, Polen nach Ukraine und die baltischen Staaten an die Grenze zu Russland.[440] Dieser Aufmarsch wurde für Russland zu einer permanenten Bedrohung. Die Entfernung zwischen den jetzt stationierten NATO-Truppen zu Petrograd beträgt inzwischen 150 km, das entspricht der Entfernung Dresden-Berlin. Russland verfügt über keine solchen Stützpunkte an den US-Grenzen.

In unseren Medien war immer wieder von Annexion der Krim durch die Russen die Rede, und Putin wurde sogar mit Hitler verglichen. In Wirklichkeit war es aber so, dass die russlandfreundliche Regierung in der Ukraine am 22. Februar 2014 durch einen Putsch, der durch die USA und deren Geheimagenten und mit Unterstützung von NGOs herbeigeführt worden ist,[441] gestürzt worden ist. Nach diesem Putsch haben sich die Bewohner der Krim, die mehrheitlich Russen sind, in einer Volksabstimmung mit 96,77%, bei einer sehr hohen Wahlbeteiligung von 83,1%, für die Loslösung von der Ukraine ausgesprochen und als selbständiger Staat proklamiert. Dass diese Wahl korrekt und ohne Manipulationen abgelaufen ist, wurde von unabhängigen Beobachtern bestätigt.[442]

Laut diesen Fakten kann nicht von einer gewaltsamen und widerrechtlichen Aneignung der Krim durch Russland gesprochen werden. Gemäß des Staatsrechtlers Prof. Dr. jur. Karl Albrecht Schachtschneider war die Hilfestellung Russlands beim Eingliederungsprozess der Krim verhältnismäßig und kein Verstoß gegen das Völkerrecht.[443]

Eine differenzierte Medien-Berichterstattung zum Ukrainekonflikt findet man in unseren öffentlichen Medien nicht. Was in den öffentlichen Medien auch verschwiegen wurde, war, dass die Volksabstimmung zur Loslösung der Krim als Protest der Krim-Bevölkerung auf den in Kiew erfolgten Putsch geschah und dass sie außerdem einen historischen Hintergrund hat, nämlich den, dass die Krim früher einmal russisch war, aber 1954 durch Chruschtschow (der gebürtig aus der Ukraine stammte) in einer „großzügigen" Geste an die Ukraine geschenkt worden war.[444] (Übrigens, das Saarland war auch einmal französisch und ist in den 50er Jahren durch eine Volksabstimmung an Deutschland gefallen.)

Bei der Beurteilung der Kriegspropaganda gegen Russland spielt aber noch ein anderer wesentlicher Faktor eine Rolle, nämlich das Bestreben, äußere Bedrohungen aufzubauen und zu schüren; denn: *„Da die äußere Bedrohung den Widerspruch zwischen den produktiven und unproduktiven Klassen reduziert, ist es für den Staat rational, äußere Bedrohungssituationen herbeizuführen. ... Es müssen genügend Anlässe geschaffen werden, um die Existenz des Staates der eigenen unterdrückten produktiven Klasse gegenüber zu rechtfertigen, aber sie müssen so begrenzt werden, dass dabei der Staat nicht beschädigt wird."* [445,446] Diese These erklärt die aggressive Haltung Deutschlands gegenüber Russland (Embargos, Kriegspropaganda); man kann daraus aber auch mit einiger Zuversicht die Schlussfolgerung ziehen, dass der Konflikt nicht bis zu einem Krieg zwischen Russland und dem Westen eskalieren wird.

Dennoch, die ursprünglich als Verteidigungsbündnis installierte NATO ist seit dem Jugoslawienkrieg immer mehr zu einem Angriffsbündnis unter Leitung der USA mutiert. Welcher Kriegsgefahr sich Russland gegenüber sieht, kann man auch an den Rüstungsausgaben der NATO ablesen, die für 2015 um den Faktor 10 höher lagen als die Russlands:[447]

NATO: 904,9 Milliarden US-Dollar
davon allein die USA: 595,5 Milliarden US-Dollar
Russland: 91,1 Milliarden US-Dollar.

## 3.6. Migration nach Europa

*„Wer Flüchtlingsströme produziert, der hat Krieg gesät."*[448]
*„Mögen sich die Verantwortlichen in naher Zukunft vor einem*
*internationalen Gerichtshof zu verantworten haben."*[449]

Die riesigen Flüchtlingsströme, oder genauer Migrationsströme, nach Europa sind u.a. eine Folge der MENA-Kriege, die in
den letzten 15 Jahren durch die USA und die NATO losgetreten worden sind. Sie sind von den Militärstrategen geplant[450]
und werden auch bewusst benutzt, um Europa zu schwächen
(s.u.). Ein großer Teil der Flüchtlinge nach Europa flieht vor
den Kriegsauswirkungen, aber auch vor dem *Islamischen Staat*,
für dessen Erschaffung in erster Linie die USA verantwortlich
sind (s. Abschnitt 3.4.). Die USA waren letztlich die Geburtshelfer des *Islamischen Staates*.[451,452]
Eine weitere Ursache für die riesigen Migrationsströme aus
den Dritte-Welt-Ländern in Richtung Europa ist eine verfehlte
globale Wirtschaftspolitik. Viele afrikanische Länder kommen
deshalb nicht auf die Beine, weil sie in der Vergangenheit
Freihandelsabkommen mit westlichen Ländern abgeschlossen
haben, die sie daran hindern, ihre eigene Wirtschaft zu entwickeln. Sie sind gezwungen, die Billigprodukte aus den EU-
Staaten zu importieren, können deshalb ihre eigenen, teureren
Produkte nicht vermarkten. Die Wirtschaft dieser Dritte-Welt-
Länder ist im gegenwärtigen Entwicklungsstadium einfach
noch nicht konkurrenzfähig gegenüber den westlichen Staaten.
Die durch EU-Staaten gewährte Wirtschaftshilfe ändert an
diesem Dilemma nichts, sondern dient oft nur der Bereicherung
einiger weniger. Weil die Konzerne in den westlichen Ländern
aus dieser Situation riesige Profite erzielen, wird sie auch nicht
geändert. Das Gegenteil ist der Fall. Diese Situation wird im
internationalen „Wirtschaftskrieg" durch die Globalplayer
ausgenutzt, um Konkurrenten zu schwächen. Zusätzlich werden in den öffentlichen Medien der Herkunftsländer der Migranten Anzeigen in verschiedenen Sprachen geschaltet, in de-

nen die Menschen mit großzügigen Versprechen nach Europa bzw. Deutschland gelockt bzw. eingeladen werden, um dort ein neues Leben zu beginnen.[453]

Die entstehenden Migrationsströme werden als „Waffe" benutzt, um bestimmte globalstrategische Ziele zu erreichen.[454,455,456,457,458] Spätestens seit 2005 gibt es eine perfekt eingerichtete Migrationsinfrastruktur nach Europa. An dieser beteiligen sich maßgeblich Akteure aus der internationalen Hochfinanz in Form von superreichen Stiftungen und Hedgefonds, die mit ihren unvorstellbar hohen Gewinnen eine Unzahl von Nichtregierungsorganisationen (NGO) und sogenannten *„Think Tanks"* (*Stratfor, Atlantikbrücke, Aspen-Institut, German Marshall Fund, European Council on Foreign Relations*, ...) finanzieren. Diese Finanzierung geschieht nicht direkt, sondern verdeckt über bis zu drei Etappen durchlaufende Finanzierungsmodelle, um dies zu verschleiern und eine Nachverfolgung unmöglich zu machen.[459,460] Diese NGOs betreiben u.a. Lobbyarbeit an den Schaltstellen des EU-Parlaments und den nationalen Parlamenten, um Gesetze gezielt zu beeinflussen, so wie wir das z.B. von den Lobbyisten im deutschen Bundestag her kennen (Beispiel: Beeinflussung der deutschen Gesundheitspolitik durch die Pharmaindustrie). In diesem Zusammenhang kommt den öffentlichen Medien eine ganz wesentliche Rolle zur Meinungsbildung in der Bevölkerung zu: Wie wir spätestens seit dem Buch von Dr. Udo Ulfkotte[461] wissen, ist ein Großteil der Journalisten im öffentlichen TV, Rundfunk und Presse korrumpiert und verbreiten die von den NGOs vorgegebenen Meinungen und Kommentare (Stichwort *„political correctness"*). Diese Hintergrundmächte/Finanzlobby in Einheit mit den Regierenden nennt man Establishment. Ziel dieser *„Migrationsagenda"* ist die Durchmischung der Nationalvölker mit kulturfremden Bevölkerungen,[462,463,464,465] als Nahziel auch die Schwächung Deutschlands und Europas gegenüber USA und Forcierung der Globalisierung. In diesem Sinne ist auch die EU-Kommission unterwegs, wie eine Rede des Vizepräsidenten der EU-Kommission Frans

Timmermans, veröffentlicht am 10. August 2016, offenbarte (s. Anhang I).[466] Diese Rede ist nicht ein rhetorischer Ausrutscher eines übereifrigen EU-Abgeordneten, sondern man sollte sie sehr ernst nehmen. Denn wie sagte schon der EU-Kommissionschef Jean-Claude Juncker 1999 über die Bürokratie in Brüssel „*Wir beschließen etwas, stellen das in den Raum und warten einige Zeit ab, ob was passiert. Wenn es dann kein großes Geschrei gibt und keine Aufstände, weil die meisten gar nicht begreifen, was da beschlossen wurde, dann machen wir weiter – Schritt für Schritt, bis es kein Zurück mehr gibt.*"[467] Und Jean-Claude Juncker an anderer Stelle: „*Wenn es ernst wird, müssen wir lügen.*"[468]

Viele der Regierungsmitglieder und Bundestagsabgeordneten sind nicht wirklich unabhängig. Wie schon Horst Seehofer 2011 öffentlich festgestellt hatte,[469,470] können die demokratisch gewählten Abgeordneten ihre oft bedeutsamen Wahlversprechen nicht einlösen, auch wenn sie selbst ehrlich dahinterstehen. Grund ist der Einfluss dieser superreichen Finanzeliten, die nur deshalb einen so großen Einfluss auf die Regierungen ausüben können, weil die Staaten hochverschuldet und dadurch erpressbar sind. Der Spielraum für Regierungstätigkeit ist in hohem Maße abhängig von dem Wohlwollen der Kreditgeber. Die Kreditwürdigkeit von Staaten wird durch Ratingagenturen, die ebenfalls von den superreichen Eliten beeinflusst sind, eingestuft. Die Kreditwürdigkeit wird nicht nur durch die Beurteilung der wirtschaftlichen Leistungskraft des jeweiligen Staates bestimmt, sondern auch durch die Willfährigkeit der Regierung gegenüber den Lobbygruppen. Das Versagen von Krediten kann sogar zu Kriegen führen, wie das Beispiel des Jugoslawienkrieges gezeigt hat[471] (s. Abschnitt 3.1.)

Mit diesem Wissen wird auch verständlich, warum die von Horst Seehofer groß angekündigte Klage gegen Merkels gesetzwidrige Grenzöffnung im September 2015 letztendlich doch nicht beim Bundesverfassungsgericht eingereicht worden ist. Der Einfluss der Hintergrundmächte/Finanzlobby war einfach zu stark.

Die NGOs schaffen Abhängigkeiten: Es ist ein Heer von „Aktivisten" entstanden, die mit den Geldern geködert und gepolstert worden sind. Die in Deutschland gewachsene „Flüchtlingsindustrie" verdient enorm an den hohen Migrantenzahlen, umso mehr, je größer die Migrantenzahlen. *„Reich werden mit Armut. Das ist das Motto einer Branche, die sich nach außen sozial gibt und im Hintergrund oft skrupellos abkassiert. Die deutsche Flüchtlingsindustrie macht jetzt Geschäfte, von denen viele Konzerne nur träumen können. Pro Monat kostet ein Asylbewerber den Steuerzahler etwa 3500 Euro. Bei einer Million neuer Asylbewerber allein 2015 sind das monatlich 3,5 Milliarden Euro - also pro Jahr 42 Milliarden Euro."*[472] Christoph Hörstel stellt dazu fest:[473] *Zwischen 200 Millionen und vielleicht 3 Milliarden Euro wären notwendig gewesen, hätte man eine gute regionale Friedenspolitik installiert, Syrien zurück zum Frieden bringen helfen, tatsächlich den Flüchtlingen vor Ort geholfen, in Jordanien, im Libanon, in der Türkei. Und dieses ganze Drama wäre uns erspart geblieben."* Welche negative Rolle die Merkel-Regierung dabei spielt, stellt die Syrerin Maram Susli[474] in ihrem Interview klar (s. Abschnitt 2.5.).

Zu diesen bereits erwähnten horrenden Summen kommen weitere staatliche Zuschüsse zur *„Förderung der Integration von Zuwanderern"* hinzu. Im Haushaltsjahr 2015/2016 wurden in Sachsen an diese „Flüchtlingsindustrie" Zuschüsse allein zur *„Förderung der Integration von Zuwanderern"* in Höhe von 29 Millionen € zusätzlich bewilligt.[475] Und wegen der hohen Gewinne unterstützen die Profiteure die Flüchtlingspolitik der Regierung.

Dass auch die UNO mit im Spiel ist, verrät uns z.B. die Tatsache, dass das UNO-Flüchtlingshilfswerk unmittelbar vor Ausbruch der Massenmigration nach Europa die ohnehin schon knapp bemessenen Gelder für die Flüchtlingslager nahe Syrien und Libanon drastisch gekürzt hatte, wonach die Zahl derer rapide anstieg, die sich auf den Weg nach Europa machten (für Details siehe Abschnitt 2.5.). Gleichzeitig erfolgten durch große Anzeigen in den öffentlichen Medien im arabischen Raum direkte Einladungen an Flüchtlinge, in arabischer, englischer und französischer Sprache, nach Deutschland zu kommen. Ihnen wurden Versprechungen gemacht, z.B. dass sie in Deutschland ein eigenes Haus und Auto geschenkt bekommen, weshalb sich so viele Menschen auf den Weg in dieses „Paradies" gemacht und hohe Geldsummen für die Überfahrt übers Mittelmeer an Schleußer gezahlt haben. Man hat festgestellt, dass die Quellen dieser Anzeigen in den USA und England sitzen. In Interviews kam heraus, dass große, kinderreiche Familien eines ihrer Kinder nach Deutschland vorausschicken, da sie wissen, dass Minderjährige nicht zurückgeschickt werden und der spätere Nachzug dessen Familie gesetzlich zugesichert ist. Wie sich inzwischen herausgestellt hat, stammten die Autoren solcher Anzeigen aus den USA und Großbritannien.[476]

**Wem nützt es?** Es nützt den wohlhabenden Menschen aus den Kriegsgebieten, die über Geld und Mittel verfügen für Papiere, Transport und/oder Schleußertrupps, um nach Europa zu gelangen. Und es nützt den Schleusern selbst und natürlich den Global Players, die mit den Kriegen und daraus erwachsenen Flüchtlingsströmen ihre global-strategischen Ziele durchsetzen wollen. Dabei ist die Schwächung der wirtschaftlich starken Konkurrenz durch die Flutung Deutschlands und Europas mit Flüchtlingen nur ein Aspekt. **Wem nutzt es nicht?** Den 3 Milliarden Menschen in der Welt, die in ausweghoser Armut dahinvegetieren, die mit weniger als 2 $ am Tag auskommen müssen, d. h. die Menschen, die nicht die Kraft und nicht das Geld haben für Papiere, Transport und/oder Schleußertrupps, um nach Europa zu kommen.[477]

Diesen letztgenannten 3 Milliarden Menschen sollte unsere Aufmerksamkeit und Hilfe in besonderem Maße gelten. Um deren Lebensbedingungen zu verbessern brauchte es wesentlich weniger Geld, als z. Zt. im Rahmen der Flüchtlingsindustrie aufgewendet wird. Hier wäre das Engagement von IWF und Weltbank gefordert, was aber nicht geschieht.[478] In den Medien wird immer wieder gefordert, dass die Flüchtlingsursachen bekämpft werden müssen, z.b. indem man die Lebensbedingungen in den Ländern vor Ort, aus denen die Menschen fliehen, verbessert, d.h. Hilfe zur Selbsthilfe leistet durch Förderung des Aufbaus einer eigenen Wirtschaft und Industrie in diesen Ländern, damit die Menschen ihren Unterhalt in ihren Ländern selbst verdienen können. Die praktizierte Politik bzgl. der Länder Afrikas, von denen die meisten Flüchtlinge aufbrechen, sieht aber ganz anders aus (wie oben dargelegt).

Während es bzgl. der Flüchtlingsakzeptanz relativ wenig Widerstand in der deutschen Bevölkerung gab, war dies bei den „Freihandelsabkommen" mit den USA und Kanada, TTIP und CETA, anders. Es hatte sich in der Bevölkerung ein breites Bündnis gegen TTIP und CETA formiert, artikuliert in Demonstrationen. Grund war der für alle sichtbare Fakt, dass diese Abkommen geheim und an den Parlamenten vorbei verhandelt wurden sowie die durchgesickerte Erkenntnis, dass diese Verträge allein den international agierenden Konzernen dient, indem sie Staaten bei privaten Schiedsgerichten verklagen können, wenn deren Regierungen Gesetze beschließen, die die Gewinne der Konzerne beschränken. Bei der Flüchtlingsproblematik war das anders. Hier waren die Hintergründe (s.o.) nicht so offen erkennbar, auch insbesondere infolge der tendenziösen Berichterstattung und Propaganda in den öffentlichen Medien. Hinzu kommt der moralische Aspekt und die den Deutschen innewohnende Hilfsbereitschaft. Unser gesamtes derzeitiges Dilemma ist in dem Links-orientierten KenFM-Video[479] zusammengefasst.

## 4. Wovor uns C. F. von Weizsäcker gewarnt hat

Der Physiker, Philosoph und Friedensforscher Carl Friedrich von Weizsäcker hatte bereits 1983 den Niedergang des Sowjet-Kommunismus vorausgesagt und dass dies innerhalb weniger Jahre geschehen werde.[480] Er wurde damals ausgelacht, und sein Buch ist offensichtlich auf Anweisung medial ignoriert worden.[481] Heute müssen wir feststellen, dass Weizsäcker Recht hatte, zumindest was den Niedergang des Sowjet-Kommunismus betrifft (womit 1983 kein Mensch gerechnet hatte) und dass seit einigen Jahren eine Globalisierung vorangetrieben wird (die er ebenfalls vorausgesagt hatte, obwohl es damals dieses Wort noch gar nicht gab, zumindest nicht in der heutigen Bedeutung).

Deshalb erhebt sich die Frage, ob Weizsäcker auch in seinen anderen Zukunftseinschätzungen richtig lag. Weizsäcker war zu seiner Zeit ein wissenschaftliches Schwergewicht und hatte bedeutenden Einfluss auf das Denken in seiner Zeit. Das erkennt man daran, dass 1970 eigens für ihn ein eigenes Forschungsinstitut eingerichtet bzw. gegründet worden ist, das Starnberger Max-Planck-Institut zur Erforschung der Lebensbedingungen der wissenschaftlich-technischen Welt, das er gemeinsam mit dem Philosophen Jürgen Habermas geleitet hatte.

Betrachten wir die Vorhersagen (s. Anhang K) im Einzelnen:

**Punkte 01. und 02.:** In vielen westlichen Staaten sind die Arbeitslosenzahlen in den letzten Jahren in der Tat, kontinuierlich angestiegen, auch in Deutschland; die offiziellen Zahlen zeigen dies zwar nicht, weil diese geschönt sind. Viele der Arbeitslosen, die sich gerade in Weiterbildungs- und Umschulungsmaßnahmen befinden, werden dabei nicht mitgezählt, ebenso die in Minijobs Beschäftigten, von deren Lohn man nicht leben kann. Und durch die boomenden Leiharbeitsfirmen ist eine starke Absenkung des Lohnniveaus breiter Teile der Beschäftigten eingeleitet worden.

**Punkt 03.**: Eine solche, prognostizierte globale Wirtschaftskrise hatten wir in der Tat, und zwar 2008, ausgelöst von Spekulanten, wie vorhergesagt. Aber sie führte (noch) nicht zum Bankrott des Staates. Der war noch einmal abgewendet worden durch Einsatz riesiger Mengen an Steuergeldern. Und so konnte der Zusammenbruch der Sozialsysteme und Rentenzahlungen erst einmal verhindert werden. Da aber die Banker nach wie vor an den internationalen Börsen spekulieren, so als hätte es diese Bankenkrise nie gegeben, ist der nächste Crash bereits wieder vorprogrammiert. Und ob es dann noch einmal gelingt, die Finanzmärkte zu beruhigen und den Staatsbankrott abzuwenden ist unsicher. Und wenn dieser Staatsbankrott kommt, wird auch Weizsäcker's Prognose des Zusammenbruchs aller Sozialsysteme und Rentenzahlungen eintreffen, denn wer soll diese gigantischen Zahlungen dann noch leisten, wenn der Staat dazu nicht mehr in der Lage ist. Aber auch ohne Staatsbankrott muss man konstatieren, dass in den vergangenen Legislaturperioden der Bundesregierungen das Rentenniveau merklich abgesenkt worden ist, ebenso die Sozialleistungen, zum Beispiel ganz dramatisch im Gesundheitswesen, wo der Anteil der Eigenbeteiligungen durch die Versicherteten zu bestimmtem Gesundheitsleistungen stetig gestiegen ist und hohe Zuzahlungen bei vielen zahnmedizinischen Leistungen und Medikamenten inzwischen Standard geworden sind. Was den durch Weizsäcker prognostizierten Staatsbankrott betrifft, so wird der Zusammenbruch, oder nennen wir es Crash, von vielen namhaften Wirtschaftsfachleuten schon länger vorausgesagt. Denn die Risiken, die mit dem Inkrafttreten des ESM-Vertrages im Zusammenhang stehen, sind riesig und können das Geldsystem in Europa durcheinanderwirbeln mit unabsehbaren Folgen. Denn wie stellte unser ehemaliger Bundespräsident Christian Wulff seherisch fest: *„Erst haben einzelne Banken andere Banken gerettet. Dann haben Staaten vor allem ihre Banken gerettet. Jetzt rettet die Staatengemeinschaft einzelne Staaten. Und die Frage ist nicht unbillig: ‚Wer rettet am Ende die Retter?'"* (Dieser offiziell verkündete Vorbehalt gegenüber dem ESM-Vertrag hatte ihm offenbar sein Amt gekostet, s. Abschnitt 2.1.).

**Punkt 04.:** Diese Prognose hat sich nicht bestätigt. Es bleibt aber abzuwarten, was die Zukunft diesbezüglich bringt. Denn wenn der von vielen namhaften Wirtschaftsfachleuten vorausgesagte Crash eintritt, werden auch die Sozialsysteme und Rentenzahlungen zusammenbrechen.

**Punkt 05.:** Diese Prognose trifft heute und auf die letzten Dekaden genau zu. Auch in Deutschland wird ein Bürgerkrieg immer wahrscheinlicher, je mehr sich die urdeutsche Bevölkerung bewusst wird, dass sie zu einer Minderheit im eigenen Land geworden ist.

**Punkt 06.:** Man könnte meinen, dass sich Weizsäcker in diesem Punkt geirrt habe, zumindest bis zum heutigen Zeitpunkt. Jedoch, man muss bei der Beurteilung dieses Punktes berücksichtigen, dass bereits heute und auch in den vergangenen 15 Jahren das US-Militär und in gewissem Umfang das Militär der verbündeten NATO-Staaten Kriege in der Welt geführt haben, die genau die Interessen der multimilliardenschweren Finanzeliten bedienten (s. Abschnitte 3.1.-3.4.).

**Punkt 07.:** Wir sind gegenwärtig Zeuge des Übergangs von einem freiheitlichen demokratischen Staates hin zu einem Überwachungsstaat, alles unter dem Deckmantel „Kampf gegen den Terror". Die deutsche Regierung erlässt Gesetze für immer mehr Überwachung ihrer Bürger. Was die weltweite Diktatur betrifft, so sind wir auf dem Weg dorthin. Stichworte „Globalisierung" und „NWO" (s. Abschnitte 3.1.-3.2.).

**Punkt 08.:** Diese Prognose trifft zu, wie im Abschnitt 2.4. begründet (Stichwort Marionetten).

**Punkt 09.:** Diese Prognose trifft nicht zu, wenn man sich auf den Begriff „Nationalismus" beschränkt. Er trifft aber wohl zu, wenn man den von Weizsäcker in Klammern gesetzten Begriff „Faschismus" mit betrachtet. Dann muss man das politische System in der Ukraine nach dem Putsch 2014 als faschistisch einordnen, desweiteren auch den Islamischen Staat. Und auch der Linksfaschismus in Deutschland, verkörpert durch die

153

ANTIFA, kann man als Faschismus verstehen (s. Abschnitt 2.6.). Was aber Weizsäcker's Zusatz „als Garant gegen einen eventuell wieder erstarkenden Kommunismus" betrifft, so muss man diesen Aspekt gesondert betrachten, weil ja die Linken genau das Ziel des Kommunismus verfolgen. In anderen Worten, Faschismus als gegen den Kommunismus gerichtet, trifft in der heutigen politischen Realität nicht wirklich zu.

Aber der Kampf der Finanzeliten hat die Gefahr eines eventuell wieder erstarkenden Kommunismus durchaus im Auge. Dieser Gefahr begegnet er, indem er die Linken in ihrem Streben nach ethnischer Durchmischung Deutschlands (und Europas) unterstützt mit dem fiesen Hintergedanken, durch diese Zugewanderten ein Gegenpotential zu schaffen, das die Linken schließlich für lange Zeit beschäftigen und lähmen wird, ihre eigenen Ziele (weltweiter Kommunismus, s. Abschnitt 2.6.) zu verwirklichen. Dies geschieht nach dem Prinzip „Teile und Herrsche". Der Islam ist so aggressiv, dass er die Ureinwohner in Deutschland tatsächlich vor große Probleme stellen wird, wenn wir einmal 20 Millionen oder mehr Zugewanderte aus dem islamischen Kulturkreis im Land haben. Damit wären die Linken (und Grünen) zu sehr beschäftigt, als dass sie sich weiter um ihr Ziel Kommunismus kümmern könnten.

**Punkt 10.:** Diese Prognose trifft noch nicht zu. Jedoch, das Ziel der Reduzierung der Weltbevölkerung durch die herrschende Elite ist aus zwei Gründen plausibel: Erstens, wenn es keinen Sozialstaat mehr gibt (s. Punkt 03.), gibt es auch keine Sozialleistungen mehr für Hilfsbedürftige. Deshalb, und wegen des extremen Anstiegs der Arbeitslosenzahlen (Punkt 01), erhöht sich auch das Konfliktpotential gegen die herrschende Elite; die zu ihrem eigenen Schutz geschaffenen Privatarmeen werden schließlich nicht mehr ausreichen, deren Schutz zu gewährleisten. Zweitens, die Rohstoffreserven des Planeten sind endlich, was bei einer Weltbevölkerung von 7 Milliarden derzeit in absehbarer Zukunft zu immer weiter steigenden Engpässen führen wird.

Die von Weizsäcker angesprochenen Bio-Waffen sind sicher nicht von der Hand zu weisen. Bio-Waffen gibt es heute schon in riesigen Mengen in militärischen Forschungseinrichtungen. Und es ist nicht auszuschließen, dass die gegenwärtige offizielle Kampagne zur Einführung einer gesetzlichen Impfpflicht für alle Menschen genau diesem Ziel dient.[482] Begründet wird eine solche gesetzliche Impfpflicht mit der hohen Ansteckungsgefahr bei Masern, Mumps und Röteln.[483] Dies scheint nachvollziehbar; jedoch scheinen die Anstrengungen der Politiker da hinaus zu laufen, nicht nur die Impfpflicht gegen diese Krankheiten, sondern eine generelle Impfpflicht gesetzlich einzuführen. Man verkennt dabei einerseits, *„dass Impfungen gefährliche Nebenwirkungen haben können, z.B. Gehirnentzündungen, Lähmungen, Blindheit, chronische Krankheiten."* [484]Andererseits öffnet eine generelle Impfpflicht Tür und Tor für dessen Missbrauch, was Weizsäcker in diesem Punkt 10 thematisiert hat. Erwähnt werden soll an dieser Stelle auch, dass die Pharmaindustrie ein großes Interesse an einer gesetzlich verankerten Impfpflicht hat, da es eine weitere Möglichkeit ist, ihren Profit zu steigern.

**Punkt 11.:** Seit 9/11 führt der Westen große Kriege (MENA-Kriege), wobei das Sichern der Rohstoffbasis für die eigenen Länder eins der dabei verfolgten Ziele ist. Was den Einsatz von Atomwaffen betrifft, so trifft diese Prognose noch nicht zu. Die Gefahr für einen Atomwaffeneinsatz hat sich aber seit der Ukrainekrise, spätestens aber mit der massiven militärischen Bedrohung, die durch die USA gegenüber Nordkorea und den Iran aufgebaut worden ist, seit 2017 stark erhöht.

**Punkt 12.:** Noch sind wir nicht so weit. Wir sind aber auf dem Weg dorthin. Die Einführung der Freihandelsabkommen TTIP, CETA, ... dienen genau dem Ziel eines "unkontrollierten Kapitalismus"; denn diese Abkommen unterbinden die staatliche Einflussnahme auf die großen Konzerne.

Was das „skrupelloseste und menschenverachtendste System" betrifft, so ist dieses schon hinreichend gekennzeichnet durch die Punkte 01. bis 11.

# 5. Zusammenfassung und Fazit

*„Habe den Mut dich deines eigenen Verstandes zu bedienen."*
(Immanuel Kant)

Eine Handvoll Superreiche hat sich gegen den Rest der Welt verschworen und ist dabei, die Weltmacht zu übernehmen. Diese These ist eine Verschwörungstheorie (Wikipedia), die aber die in der Welt ablaufenden Prozesse sehr genau beschreibt. Bereits 1983 hatte der Physiker, Philosoph und Friedensforscher Carl Friedrich von Weizsäcker diese Entwicklung vorausgesehen und folgende Zukunftsprognose niedergeschrieben: *"Die herrschende Elite wird zu ihrem eigenen Schutz Privatarmeen unterhalten. Um ihre Herrschaft zu sichern, werden diese Eliten frühzeitig den totalen Überwachungsstaat schaffen und eine weltweite Diktatur errichten. Die ergebenen Handlanger dieses Geldadels werden korrupte Politiker sein. Die Kapitalwelt fördert einen noch nie dagewesen Faschismus. ... Die Menschheit wird nach dem Niedergang des Kommunismus ein skrupelloses und menschenverachtendes System erleben, wie es die Welt noch nie erlebt hat. Das System, welches für diese Verbrechen verantwortlich sein wird, heisst ‚unkontrollierter Kapitalismus'".*

Die in Deutschland und der Welt gegenwärtig ablaufenden gewaltigen Umwälzungsprozesse in Richtung Globalisierung und Begleiterscheinungen scheinen genau diese von Weizsäcker vor 34 Jahren niedergeschriebene Prognose zu bestätigen. Diese Umwälzungsprozesse folgen einer Agenda, einem Drehbuch, ausgearbeitet in sogenannten *Think Tanks,* im Auftrag der superreichen Eliten. Planung und Koordinierung dieser Prozesse erfolgen auf geheimen Konferenzen wie den Bilderberger Konferenzen und den Münchner Sicherheitskonferenzen, die regelmäßig einmal jährlich tagen. Dort wird der Rahmen festgelegt, in dem Politik gemacht wird. Ziel ist eine neue Weltordnung (NWO), in der die superreichen Eliten und

156

die internationalen Konzerne die Regeln bestimmen. Die Teilnehmer dieser geheimen Konferenzen setzen sich zusammen aus drei Gruppen, den superreiche *Finanzeliten (1), Lobbyorganisationen (2) und Vertreter der öffentlichen Leitmedien (3).* Die *Finanzeliten (1)* legen die Schwerpunktsthemen für die internationale Politik der nächsten Jahre fest. Sie haben ein Heer von Nichtregierungsorganisationen (NGO) geschaffen, die von ihnen finanziert und gelenkt werden. Die NGOs sind Tarnorganisationen, die heute die Arbeit der CIA tun, die diese vor 25 Jahren taten; sie zetteln Revolutionen, Umstürze und Kriege an. Die *Lobbyorganisationen (2)* und NGOs sind die Handlanger der mächtigen *Finanzeliten.* Die *Lobbyorganisationen (2)* haben die Aufgabe, die Politik der Regierungen im Sinne dieser Globalisierungsziele zu beeinflussen und zu lenken. Der Grund dafür, dass die Regierungen von „außen" gelenkt werden können, ist die exorbitante Staatsverschuldung der Staaten. Die Regierungen sind zu **Marionetten** mutiert, die eine Politik umsetzen, die ihnen durch die *Lobbyorganisationen* vorgegeben werden. Die *Vertreter der öffentlichen Leitmedien (3)* haben die Aufgabe der „politisch korrekten" Berichterstattung, was bedeutet, dass die Bevölkerungen im Sinne der auf den geheimen Konferenzen gefassten Beschlüsse propagandistisch beeinflusst und manipuliert werden. Die größten Gewinne und Ausweitung ihrer Macht erzielen die superreichen Eliten durch zwei Dinge, erstens durch Kriege und zweitens durch globalisierte Märkte, in denen die Menschen überall in der Welt als Arbeitskräfte einsetzbar sind, wodurch eine internationale Konkurrenz entsteht, unter der die Löhne immer weiter gedrückt werden können. Die MENA-Kriege (Middle East and North Africa) dienten nicht nur den Öl-Interessen, sondern sollten u.a. die bekriegten Staaten gefügig und wehrlos machen, diese Staaten, nach dem Prinzip „Teile und Herrsche", in mehrere kleinere aufteilen, die sich dann noch weniger gegen den Machtanspruch der Eliten wehren können. Bei der Kriegsplanung werden auch die Flüchtlingsströme geplant. Bei der Vorbereitung dieser Kriege spielten und spielen die öffent-

157

lichen Medien eine Schlüsselrolle, wobei Kriegshetze kein Tabu ist. Auf dieser Grundlage werden Bevölkerungen manipuliert und deren Zustimmung zu Kriegen und geopolitischen Veränderungen und Zustimmung zu einer globalisierten Welt herbeigeschrieben und herbeimoderiert.

Der Einfluss der superreiche *Finanzeliten, Lobbyorganisationen,* NGOs und *öffentlichen Leitmedien* ist insbesondere auch in Deutschland zu spüren. Seit etwa 2005 bilden die im deutschen Bundestag vertretenen Parteien, die öffentlichen Medien und die Justiz eine „unheilige Allianz", die die Interessen des deutschen Volkes nicht mehr oder nur noch zum Teil vertritt. In wesentlichen Politikfeldern, die über die wirtschaftliche und existentielle Zukunft Deutschlands entscheiden, hat die Bundesregierung Entscheidungen zum Nachteil Deutschlands gefällt, die das Gegenteil von dem beinhalten, was vor den Wahlen versprochen worden ist. Dies betrifft 1. die unkontrollierte Massenzuwanderung nach Deutschland, 2. die Geldpolitik, 3. die Mehrwertsteuererhöhung, 4. den Atomausstieg, 5. die Waffenexporte und 6. die PKW-Maut. Diese 180°-Kehrtwendungen der Regierenden kann man damit erklären, dass diese im Auftrage der *Lobbyorganisationen* handeln, die Debatten im Bundestag, mehr oder weniger vergleichbar sind mit **„Theateraufführungen"**, in denen die Akteure wie **Marionetten** agieren, die im Auftrag anderer, mächtigerer Entscheider den Schein demokratischen Handelns versuchen zu erwecken, ganz im Sinne der Feststellung *„Diejenigen, die entscheiden, sind nicht gewählt, und diejenigen, die gewählt werden, haben nichts zu entscheiden."* (Horst Seehofer). Die Ursache dafür, dass diese Zusammenhänge von einem Großteil der Bevölkerung so nicht wahrgenommen werden, hängt mit der täglichen Gehirnwäsche durch die öffentlichen Medien zusammen, die über Propaganda, willkürliche Auswahl von Nachrichten und Informationen, Auslassungen und Lügen, kurz, durch „politisch korrekte" Berichterstattung im Sinne ihrer Auftraggeber die Bevölkerung manipulieren, sie im Sinne der Eliten beeinflussen und so deren Einverständnis für die globalistischen Umgestaltungen erreichen. In diesem orchestrierten Kampf der Eliten gegen die Demokratien spielt auch die UNO und deren Spezialorganisationen und die EU eine Rolle.

Was können wir tun, um sich der verhängnisvollen Politik der totalen Globalisierung und Kriegstreiberei, der Überfremdung Deutschlands durch Heerscharen kulturfremder Zuwanderer, dem Linksruck der Parteien entgegenzustellen? Seit mehreren Jahren betreiben **alle** im Bundestag vertretenen Parteien, einschließlich CDU/CSU, eine Politik gegen die Interessen des deutschen Volkes. Eine Opposition, die diesen Namen verdient, gibt es im Bundestag praktisch nicht. Der seit etwa 10 Jahren von den Volksparteien eingeleitete und seit September 2015 nochmals beschleunigte Prozess zur Umgestaltung Deutschlands in eine Multikulti-Republik wird propagandistisch begleitet durch die öffentlichen Medien und durch *Linksextreme* und *Grüne Antideutsche* auf der Straße, die diesen Prozess mit markigen Parolen wie *„Nie, nie wieder Deutschland!"*, *„Deutschland verrecke!"* flankieren. Dieser Umwandlungsprozess erfolgt im Schulterschluss mit den Gewerkschaften, Behörden, politischen Gremien, Bürgerinitiativen, Kirchen, Nichtregierungsorganisationen (NGOs), den öffentlichen Medien und einer sich herausgebildeten milliardenschweren Flüchtlingsindustrie. Nach dem für 2018 geplanten, gesetzlich verbrieften Familiennachzug der Zugewanderten wird die indigene „biodeutsche" Bevölkerung nur noch eine Minderheit in einem vom Islam dominierten Land sein.

Wenn man also eine Abkehr von dieser, für den Fortbestand Deutschlands so verhängnisvollen Politik erreichen will, kann man keine der jetzt im Bundestag vertretenen Parteien wählen. Andererseits scheint keine Oppositionspartei in Sicht zu sein, die stark genug wäre, diese für Deutschland so verhängnisvolle Politik zu stoppen. Eine Zeitlang schien die aufstrebende AfD

159

diese Aufgabe übernehmen zu können. Dadurch aber, dass sie in den vergangenen zwei Jahren so massiv bekämpft worden ist, sowohl durch die anderen Parteien und die öffentlichen Medien, als auch durch die Gewalt von linksextremen Gruppen, ist sie kaum in der Lage, das in der Bevölkerung entstandene, verzerrte Bild dieser Partei vom Kopf wieder auf die Füße zu stellen. Als Ergebnis der Dämonisierung der AfD durch die öffentlichen Medien glaubt der überwiegende Teil der Bevölkerung, dass die AfD gefährlich, nationalistisch, fremdenfeindlich, homophob, islamophob sei, obwohl das überhaupt nicht zutrifft. Denn, wenn eine Lüge nur immer wieder wiederholt wird, glauben sie schließlich alle.[485] Entweder der AfD gelingt es noch in der verbleibenden Zeit bis zur Bundestagswahl, ihre innerparteilichen Grabenkämpfe beizulegen und sich auf ihre im Wahlprogramm festgelegten Ziele zu konzentrieren oder es bleibt als einzige und wahrscheinlich letzte Möglichkeit, eine starke außerparlamentarische Opposition aufzubauen und die Friedensbewegungen der 60er und 70er Jahre des vorigen Jahrhunderts wieder mit neuem Leben zu erfüllen. Dies wäre dann wohl die letzte Chance, die wir noch haben, der unheilvollen Entwicklung in unserem Lande zu begegnen. Die Keimzellen für eine solche außerparlamentarische Opposition gibt es heute bereits in solchen Gruppierungen wie Pegida, BärGiDa, Legida, Identitäre Bewegung, Ein-Prozent-Bewegung, die sich als Reaktion auf die Politik der Regierenden im vergangenen Jahrzehnt formiert haben. Die Medienschelte, wie sie diesen Gruppierungen durch die öffentlichen Medien und Politiker entgegenschlägt, ist ein untrügliches Zeichen für die Angst, die die Herrschenden vor einer solchen außerparlamentarische Opposition haben.

Nur durch eine starke außerparlamentarische Opposition können die Regierungen gezwungen werden, wieder Politik für die Menschen zu machen, und nicht gegen sie. Auf diesem Wege kann es auch gelingen, den „fehlgeleiteten" jungen Menschen, die sich der ANTIFA angeschlossen haben oder auf anderen „zerstörerischen" Wegen unterwegs sind, sinnvolle Ziele und

Aufgaben aufzuzeigen. Um dies zu erreichen, kommt Bildung und Aufklärung eine ganz entscheidende Rolle zu. Bildung und Aufklärung sind heute so wichtig, um Fehlentwicklungen in der Gesellschaft entgegenzutreten. Dies ist auch der Schlüssel, um solchen zerstörerischen Projekten wie der Islamisierung Europas, der Auflösung der Nationalstaaten, der Genderisierung der Bevölkerung erfolgreich entgegentreten zu können.

Es ist wichtig, die Nachrichten und Kommentare der öffentlichen Medien kritisch zu hinterfragen und sich eine umfassendere Meinung von der Welt zu bilden, auch über Informationen aus unabhängigen Medien und über soziale Netzwerke. Ganz wichtig ist auch, dass wir sensibel werden gegen versteckte Kriegshetze und diese als solche erkennen und enttarnen. Wenn die öffentlichen Medien offensichtliche oder versteckte Propaganda oder Kriegshetze betreiben, oder wenn sie klar gegen den gesunden Menschenverstand anschreiben oder polemisieren, sollte man denen keine Aufmerksamkeit mehr widmen. Ein Hauptziel sollte darin bestehen, die kulturelle Identität der natürlich gewachsenen Nationalstaaten zu bewahren und entschieden gegen den Multikulti-Wahnsinn anzukämpfen, den Schutz der Familie als kleinste Einheit im Staat zu sichern und eine Familienpolitik einzufordern, die es jungen Familien wieder ermöglicht, sich Kinder finanziell leisten zu können.

Um die Welt zu einem besseren Ort zu machen, reicht es nicht, Millionen von Flüchtlingen und Zuwanderern unsere Heimat anzubieten, sondern man muss den Hintergrundmächten und Politikern in den Arm fallen und die Maske vom Gesicht reißen, die die Verursacher für die Flüchtlingsströme, Hunderttausender Tote und körperlicher und traumatisierter Krüppel sind. Man muss die Hintergrundmächte und Politiker daran hindern, immer neue Kriege anzuzetteln. Wir müssen dafür eintreten, dass die einseitigen Freihandelsabkommen mit den Entwicklungsländern auf den Prüfstand gestellt werden und faire Beziehungen mit ihnen vereinbart werden, die diese Länder in die Lage versetzen, ihre eigene Wirtschaft und Industrie aufzubauen und sie dabei wirksam unterstützen. Dies ist ein Weg, die massenhaften Flüchtlingsströme von Süd nach Nord einzudämmen; denn wer verlässt schon gern seine Heimat, wenn er nicht durch die Lebensumstände dazu gezwungen wird.

Die Geheimdienste und NGOs müssen durch die jeweiligen Parlamente strikter kontrolliert und gesetzlich gezwungen werden, dem Wohl des eigenen Volkes zu dienen und keine Aktivitäten zu verfolgen, die zur Destabilisierung von Regierungen und Staaten führen. Es muss ihnen gesetzlich verboten sein, Regimegegner in anderen Ländern mit Geld und Waffen zu unterstützen, militärische Ausbilder dorthin zu entsenden oder irgendwelche Aktivitäten zu unternehmen, die dazu geeignet sind, andere Staaten zu destabilisieren. Das Verbot von Waffenexporten in Krisenregionen sollte konsequent durchgesetzt werden. Um dies zu erreichen, ist eine außerparlamentarische Opposition notwendig und die Wiederbelebung der Friedensbewegungen der 60er und 70er Jahre.

Was Deutschland betrifft, so ist unser Land durch die Regierungspolitik in große Gefahr geraten. Und es ist unklar, wann sich das Zeitfenster für eine Umkehr schließen wird. Die Zeit läuft uns davon. Unsere Kinder und Enkel werden das ausbaden müssen, was wir heute versäumen zu tun. Man sollte sich noch einmal in Erinnerung rufen, dass die Situation in Deutschland in den 20er und Anfang der 30er Jahre des vorigen Jahrhunderts eine ähnlich dramatische war wie heute, nur mit anderem Vorzeichen. Damals waren es unsere Großeltern, die in ihrer Mehrheit die Gefahren ihrer Zeit nicht erkannt und sich der sogenannten SA nicht entschieden genug entgegengestellt hatten. Die SA war eine faschistoide Putztruppe, die die Widerstandskämpfer, die gegen den aufstrebenden Nationalsozialismus auf die Straße gingen, terrorisierten. Dadurch war der Machtübernahme durch die Nationalsozialisten der Weg bereitet worden mit den bekannten Folgen. Und nachdem die SA den Nationalsozialisten zur Macht verholfen hatte, wurde sie nicht mehr gebraucht und hatte ihre Bedeutung verloren. Die Parallelen zur heutigen Zeit sind offensichtlich: Heute ist die Gefahr der Linksfaschismus mit seiner faschistoiden Putztruppe ANTIFA, der wir uns entschieden entgegenstellen müssen. Auch die ANTIFA wird ihre Bedeutung als Erfüllungsgehilfe der Machteliten verlieren, nachdem die demokratischen Verhältnisse in Deutschland nach und nach abgebaut und durch immer mehr gesetzliche Einschränkungen und Überwachung im Namen der Terrorbekämpfung ersetzt sein werden. Wer sehen will, kann sehen.

Wir sind auf dem Weg in einen totalitären und Überwachungsstaat. Kritiker werden ignoriert, bekämpft und mundtot gemacht. Unsere Kinder und Enkel werden uns einmal dafür hassen, dass wir die Zerstörung unserer Heimat zugelassen haben. Im Auftrag der multimilliardenschweren Finanzeliten sind die politisch Verantwortlichen dabei, Deutschland umzukrempeln, seine Identität abzuschaffen, die deutsche Urbevölkerung zu einer Minderheit im eigenen Land zu machen. In unserem Wohnviertel kriegen wir gegenwärtig noch relativ wenig von diesen Veränderungen mit. Aber schaut Euch um in unserem Land, schaut nach Berlin, Bremen, Hamburg, München, Ulm, Ingoldstadt, Frankfurt, Köln, Duisburg... Schaut in die Schulen in diesen Städten, da sind die deutschen Kinder oft in der Minderheit und werden gemobbt, drangsaliert und teilweise sogar verprügelt von ihren gleichaltrigen Mitschülern fremder Herkunft. Die öffentlichen Medien verschweigen uns das ganze Drama. Mehr noch, sie verwirren uns in Nebenschauplätzen und reden uns unseren Untergang schön; sie betreiben mit uns Gehirnwäsche. Das Ergebnis: Das logische Denkvermögen setzt aus.
Es ist auch möglich, dass unsere Kinder und Enkel uns **nicht** hassen werden, weil deren Denken in ihrer Kindheit und Jugend so gründlich der modernen Gehirnwäsche unterzogen worden ist, dass sie gar nicht mehr in der Lage sind, zu einem

unabhängigen Urteil zu gelangen, da ihr logisches Denkvermögen außer Kraft gesetzt ist.

Ich habe dieses Buch geschrieben, um zu erreichen, dass ein Teil der Deutschen noch einmal über diese Dinge nachdenkt und seine Wahlentscheidung am 24.9.17 überdenkt. Ich befürchte, dass dieses Ziel nicht erreicht wird. Dazu ist der Prozess der Gehirnwäsche bereits zu weit fortgeschritten. Was bleibt ist, dass vielleicht unsere Kinder und Enkel einmal sehen können, dass es auch Gegenwehr gegeben hat.

Ich liebe Deutschland. Und ich möchte, dass Deutschland als Staat erhalten bleibt, dass man wieder „deutsches Volk" sagen kann, ohne als Nazi verschrien zu werden, dass die Freiheit in Deutschland geschützt wird gegen die Machenschaften der superreichen Eliten. Wenn aber weiterhin der überwiegende Teil der Deutschen nur zuschaut, wie die „Blockparteien" und die links-grün ausgerichteten Volksvertreter als Vollstrecker der Agenda der internationalen Finanzeliten unser Deutschland ruinieren, wenn wir uns nicht wehren gegen den großen Bevölkerungsaustausch, gegen die schleichende Islamisierung, gegen den Gender-Mainstream-Wahn, gegen die Eurokratie, wird das deutsche Volk bald keine Heimat mehr haben. Die Zeit läuft uns davon.

# Anhang A:

## Parallelen zur Französischen Revolution
www.gerard-menuhin.de (September 2008):

## „Antifa" – die nützlichen Idioten der Mächtigen
(G. Menuhin)

Straßenszene aus Deutschland 2008? Oder aus Zeiten der Französischen Revolution? (aus einem Gemälde von Eugène Delacroix).

Fast könnte man sich in die Zeit der Französischen Revolution von 1789 zurückversetzt fühlen. Damals wurden die Opfer (längst nicht alle von ihnen waren „Aristokraten"), begleitet vom Hass und dem analphabetischen Geheul eines künstlich aufgebrachten und ferngesteuerten Pöbels, zur Guillotine gebracht. Damals war Frankreich durch im Ausland aufgenommene Darlehen fast bankrott. Damals hat angeblich der Pöbel eine Revolution organisiert. Auch damals war es egal, ob die Opfer männlich oder weiblich waren.

So erging es in Berlin am Abend des 11. September zwei Frauen und ihrem Begleiter, als sie auf dem Weg zu einer Veranstaltung ihrer Partei in Neukölln waren. Sie wurden von einer Rotte Links-Chaoten überfallen, umzingelt, beschimpft, geprügelt, getreten und mit Stühlen geschlagen.

165

Erst als die drei Opfer bereits verletzt waren, ließen die Bestien von den Märtyrern ab und flüchteten.

Märtyrer? Weil sie teilnehmen wollten an einer öffentlichen Versammlung einer legalen politischen Partei? Weil sie auf völlig gesetzliche Weise für ein anderes Deutschland kämpfen? Weil ihnen vielleicht ein besseres Deutschland vorschwebt? Ein kulturell kohäsives Land, in dem der normale Schulunterricht wieder möglich wäre; junge Deutsche Lehrstellen sowie später anständige Arbeitsplätze bekämen; in dem auch Ausländerkriminalität dem Gesetz gemäß bekämpft würde; in dem Steuergeld ausschließlich für nützliche und hierzulande dringende Zwecke ausgegeben würde; in dem Soldaten sich ausschließlich für die Verteidigung ihres neutralen Vaterland einsetzen müssten statt als Söldner fremder Mächte missbraucht zu werden.

**Gewalt gegen Andersdenkende**

So ein Deutschland steht natürlich nicht auf dem Plan der Alliierten. Ich benutze mit Bedacht diese Bezeichnung für Deutschlands Feinde der Zeit des Zweiten Weltkriegs, weil sie immer noch Deutschland besetzen und deutsche Politiker jetzt sogar eifriger als in der Nachkriegszeit ihre Befehle ausführen.

Ein unabhängiges Deutschland stünde im direkten Widerspruch zum seit rund 90 Jahren vom britischen und später vom US-amerikanischen Reich verfolgten Plan, Deutschland so zu unterwandern und herunterzuwirtschaften, bis es nur noch ein Satellit ist. Dass sein Heimatland aufwacht und unabhängig wird, kann und darf sich im zur Spaß- und Konsumgesellschaft umerzogenen Deutschland kein Bürger inner- oder außerhalb der Regierung wünschen.

Also werden alle, von so genannten „Prominenten" bis zum einfachen Mann, kontinuierlich von gleichgeschalteten Medien aufgepeitscht und durch millionenteure regierungsunterstützte Programme „gegen Rechts" heiß gemacht. Patrioten werden notfalls mit Gewalt ausgeschaltet.

In den letzen Wochen gab es zahlreiche Anschläge gegen politische Gegner. Neuköllns konservativer SPD-Bürgermeister Heinz Buschkowsky ist am 5. September ebenso ins Visier der autonomen Szene geraten wie in der vergangenen Woche wieder einmal der Verlag der National-Zeitung. Und wie ist der äußerst brutale Überfall von vier jungen Männern auf ein Erntedankfest in Bad Sooden-Allendorf zu erklären? Haben diese „Südländer" einfach entschieden, willkürlich eine andere Gesellschaft zu attackieren? Vielleicht. Oder sind sie durch irgendeinen Anreiz dazu veranlasst worden, ein traditionelles, kulturverbundenes Ereignis zu zerschlagen?

**Die Aufgabe der Fußsoldaten**

Wie auch immer man sie nennen mag – „Chaoten", „Autonome", „Linke" oder „Antifa" –, sie ergreifen laufend die Gelegenheit zu kriminellen Taten: Fensterscheiben zerschmettern, Wände beschmieren, Autos in Brand setzen oder eben hilflose Menschen aus der Überzahl angreifen und hinterher fliehen. Praktiken nach Art der Französischen Revolution eben.

Die Fußsoldaten solch „spontanen" Ausdrucks des „Volkswillens" arbeiten — unbewusst – Hand in Hand mit der Mediendesinformation und der durch künstlich herbeigeführte Finanzkrisen nicht mehr in den Griff zu kriegenden Schuldenökonomie. Wenn die Straßen einer Hauptstadt so unsicher sind, dass Freidenker nicht mehr zu sprechen wagen können, haben diese Milizen ihre Aufgabe erfüllt. Es herrschen, selbstverständlich nur zum allgemeinen Besten: Notverordnung, Propaganda und finanzielle Paralyse.

167

Der Staat steht vor der Übernahme. Nordamerika findet sich nur noch einige Schritte davon entfernt. Inmitten der üblichen Oberflächlichkeiten einer amerikanischen Wahl ist nicht nur das amerikanische Volk, sondern auch die Weltbevölkerung weitgehend abgelenkt. Jeden Tag stellt man die fieberhafte Frage: Welcher Kandidat ist in Führung? Inzwischen spielt die Musik ganz woanders. Es ist möglich, dass keiner der Möchtegern-Präsidenten gewinnt. Es könnte sein, dass die gegenwärtige US-Regierung auf Grund einer neuen künstlichen Gefahr und eines daraus resultierenden Kriegs den Notstand ausruft und an der Macht bleibt.

Apropos Französische Revolution: Der jetzige Drei-Käsehoch-Präsident Frankreichs Napozy/Sarkoleon kam mit dem Versprechen an die Macht, den bürgerkriegsähnlichen Verhältnissen in manchen französischen Großstädten ein Ende zu machen. Weil diese Verhältnisse aber nicht nur unlösbar, sondern gewollt sind, bewegt er sich stattdessen ungeniert, ganz wie die Merkel, auf der Weltbühne.

**Weiter schlummern?**

Die Massaker der Französischen Revolution wurden unter hochtrabenden, aber unsinnigen Schlagwörtern wie „Liberté" (Freiheit), „Egalité" (Gleichheit), „Fraternité" (Brüderlichkeit) durchgeführt. Heute erreicht man mit ins Gegenteil verkehrten Wörtern wie „Tolcranz", „Antirassismus", „Antifaschismus", dass die meisten in unserer Gesellschaft nur noch gedankenlos mit dem Strom schwimmen, um nicht um Leib und Leben fürchten zu müssen.

Zurück zu den gequälten Frauen von Berlin. In der Bundeshauptstadt wird vielleicht eine solche Untat vom Bürgermeister als „sexy" wahrgenommen. Griff doch die Polizei, die auf Sichtweite vor Ort war, nicht ein. Entscheiden Sie, liebe Leser, ob Sie schlummern wollen, bis jeder Freidenker auf den Karren

der bevorstehenden Revolution zum Schafott gefahren wird.
(Gerard Menuhin)


## Anhang B:

### Die „Neue Weltordnung" – Eine kleine Elite regiert die Welt[486]

**Die sogenannte "Neue Weltordnung" ist längst schon Realität. Eine kleine mächtige Elite kontrolliert weite Teile der Welt und nützt dafür die Vereinigten Staaten als Machtbasis, sowie die US- und NATO-Streitkräfte als Söldnerheere. Russland und China sind derzeit noch die einzigen wirklichen Gegenspieler.**

*Von Marco Maier*

Einer der es wissen muss, brachte das System der "Neuen Weltordnung" bereits vor einigen Jahren auf den Punkt: David Rothkopf. Der ehemalige Geschäftsführer von Kissinger and Associates und US-Staatssekretär für Industrie und Handel in der Clinton-Ära sagt, dass 30 Familien und deren rund 6.000 Lakaien die Welt kontrollieren. Als "Insider" muss er es eigentlich auch wissen. In seinem Buch "Die Super-Klasse" beschreibt Rothkopf hierbei nüchtern und sachlich die realen Machtverhältnisse auf der Welt.
Wer behauptet, eine kleine einflussreiche Machtelite kontrolliere den Planeten, wird gerne als "Verschwörungstheoretiker" bezeichnet. Doch das Netzwerk der Mächtigen ist existent. Die ETH Zürich zeigte nämlich erst vor wenigen Jahren in einer Studie, dass eine Gruppe von 147 Unternehmen (von 40.000 untersuchten) einen realen Einfluss auf die Weltwirtschaft nehmen (können). Und alle diese Unternehmen sind miteinander eng vernetzt und verbunden. Das ist eine geballte Macht.

169

Diese Studie bestätigt also die Behauptungen in Rothkopfs Buch eindrücklich.

Kein Wunder also, dass über die transatlantischen Kanäle die Verbindungen zwischen Nordamerika und Europa (einerseits die NATO auf militärischer Ebene, sowie TTIP und CETA auf wirtschaftlicher Basis) verstärken wollen. Auf unternehmerischem Level sind die transnationalen Verbindungen ja ohnehin schon existent und ein Blick auf die Nationalität Eigentümer der großen börsennotierten Konzerne zeigt, dass dieser Aspekt ohnehin keine wirkliche Rolle (mehr) spielt. Deutsche, französische, britische usw. Konzerne sind dies faktisch nur noch dem Unternehmenssitz nach, nicht was die Eigentümerschaft betrifft.

Der globale Einfluss der Eliten, welche insbesondere die US-Streitkräfte, aber auch jene der NATO-"Partner" für ihre Zwecke nutzen, zeigt sich auch an dieser Zahl: Im Jahr 2014 führten die Vereinigten Staaten in insgesamt 134 Ländern dieser Welt militärische Operationen durch. Insgesamt fast 800 Militärbasen und sonstige militärischen Einrichtungen haben die Vereinigten Staaten weltweit verteilt. Doch das was gerne als "US-Imperium" bezeichnet wird, ist kein solches im eigentlichen Sinn – denn die US-Bevölkerung und deren Soldaten sind lediglich menschliche Verfügungsmasse, die dumm gehalten und desinformiert werden. Denn die US-Amerikaner glauben tatsächlich, sie wären "die Guten" – weil es ihnen jahrzehntelang so eingetrichtert wurde.

Möglich machte dies die Übernahme der US-Medienlandschaft durch die Eliten. Auf den ersten Blick denkt man, dass es sich um eine große Medienvielfalt handle, doch wenn man hinter die Kulissen sieht, erkennt man: In Wirklichkeit werden diese Medien – TV, Radio, Zeitungen, Magazine – von einer kleinen Gruppe an Menschen kontrolliert. Der totalen Verblödung, Manipulation und Desinformation der Menschen sind hier keine Grenzen gesetzt. Wer jedoch glaubt, in Europa sei dies anders, irrt gewaltig. Auch die Medien auf dem "alten Kontinent" werden zunehmend von einer kleinen Elite kontrolliert.

Das unkontrollierte Wachstum beim "Geld" ermöglicht es der superreichen Elite, sich damit reale Werte (Grundstücke, Immobilien, Unternehmen...) anzueignen und die eigene Machtbasis immer weiter auszubauen. Doch weil sie von bzw. in Russland und China ausgebremst werden und dort kaum Fuß fassen können um ihre "Assets" und ihren Einfluss auszuweiten, wird gegen diese Länder ein aggressiver politischer und wirtschaftlicher Kurs gefahren um deren Regierungen zu destabilisieren. In Russland geht es hierbei vor allem um die unermesslichen Ressourcen, in China um eine gewaltige Industrie – die selbst schon zum Großeinkäufer in Europa und Nordamerika wurde. Und Letzteres geht eben gar nicht, zumal die in den USA sitzenden Eliten ihre Felle davonschwimmen sehen.

## Anhang C:

### Propaganda-Lügen und Kriegstreiberei in den öffentlichen Medien: (zitiert aus einem Musterbrief von Wilfried Schmitz, veröffentlicht in *„Die Propagandaschau ~ Der Watchblog für Desinformation und Propaganda in deutschen Medien"*[487])

„Die Propaganda der Staatssender hat nicht nur Deutschland und Europa in eine gefährliche Sackgasse gefahren, neuen heißen und Kalten Krieg in Osteuropa verursacht, sondern auch jene Kriege und Massenmorde vorangetrieben, die – neben Hunderttausenden Toten – eine Flüchtlings- und Migrationswelle sowie islamistischen Terror nach Europa gespült haben. ...

Ein menschliches Miteinander ist ohne ein Leben in Wahrheit, Einfachheit und einem Mindestmaß an Respekt für Mitmenschen nicht möglich. Eine Gesellschaft, die sich von solchen Geboten entfernt, zerstört sich letztlich selbst.

Vor diesem Hintergrund ist die gesamte Berichterstattung der öffentlich-rechtlichen Rundfunkanstalten in Fragen der nationalen und internationalen Politik seit Jahren, insbesondere seit dem rechtslastigen Putsch auf dem Maidan-Platz, der Rückkehr der Krim in die Russische Föderation und dem Syrien-Krieg in jeder Hinsicht unerträglich geworden. Ich kann es deshalb – angesichts meiner religiösen Überzeugungen – vor meinem Gewissen nicht mehr verantworten, diese Propaganda durch meine GEZ-Gebühr zu unterstützen.

Es geht ganz grundsätzlich darum, dass die Anstalten des öffentlich-rechtlichen Rundfunks ihren Auftrag zu objektiver bzw. wahrhaftiger Berichterstattung – offensichtlich im Sinne transatlantischer Netzwerke – seit Jahren mit Füßen treten und insbesondere gegen Länder wie die Russische Föderation und Syrien auf der Basis grob verzerrter Darstellungen bzw. zielgerichteter Desinformation regelrecht zum Hass aufstacheln. Ihre öffentlich verbreite „Wahrheit" entspricht offenbar nur noch dem, was sich irgendwelche „Think Tanks" ausgedacht haben, um die Öffentlichkeit möglichst geschickt täuschen zu können.

Zahlreiche, auch wissenschaftliche Publikationen wie „Meinungsmacht. Der Einfluss von Eliten auf Leitmedien und Alpha-Journalisten – eine kritische Netzwerkanalyse" von Uwe Krüger haben längt den Nachweis dafür erbracht, dass es diese Netzwerke gibt und wie diese über die Medien die Öffentlichkeit manipulieren, und dies ganz im Sinne von Gruppen und wirtschaftlichen Interessen, von deren Einfluss die Öffentlichkeit möglichst nichts erfahren soll.

Der erstaunte Bürger kann sich über zahlreiche Portale wie „Die Propagandaschau" seit Jahren regelmäßig darüber informieren, wie namhafte Journalisten gerade auch öffentlich-rechtlicher Sender – wieder einmal – durch das ganze Arsenal rhetorischer Tricks die Realität auf den Kopf gestellt haben, und das in einem Ausmaß, das im 21. Jahrhundert wirklich unfassbar ist, gerade vor dem Hintergrund der jüngsten Geschichte Deutschlands.

Wenn es den – angeblich vorhandenen – „westlichen Werten" – womit offenbar nur noch Geld- und Aktienwerte gemeint sind – dient, dann werden beispielsweise Terroristen, die den syrischen Präsidenten Assad stürzen sollen, in „moderate Rebellen" bzw. „gemäßigte Halsabschneider" uminterpretiert. Die Anzahl solcher Beispiele ist längst Legion.

Wenn man diese Entwicklungen reflektiert, dann weiß man, was die hehren Grundsätze und edlen Programmrichtlinien der öffentlich-rechtlichen Rundfunkanstalten noch wert sind, vor allem dann, wenn man bedenkt, dass es in dem schmutzigen Krieg in Syrien offenbar nur um die Durchsetzung des Katar-Türkei-Gaspipeline-Projekts geht. Wenn hier in Europa irgendjemand mit Waffengewalt und vom Ausland massiv unterstützt einen solchen Terror gegen eine gewählte Regierung starten würde, dann würden die deutschen Leitmedien wohl kaum von „moderaten Rebellen" oder „Friedensaktivisten" sprechen.

Jeder Mensch mit gesundem Menschenverstand kann sich vorstellen, was für Mittel in Bewegung gesetzt worden sein müssen, damit ein paar „nette" „Rebellen" den bewaffneten Kampf mit der syrischen Armee aufnehmen konnten. Hintergrundberichte dazu? Fehlanzeige.

Es gibt mittlerweile hunderte Beispiele für solche Desinformationskampagnen, die nicht selten aus Tätern Opfer und aus Opfern Täter machen. Und wer da widerspricht und kritisch nachhakt, der wird ganz einfach abgekanzelt und als „links" oder rechts" oder „Nazi" verunglimpft.

Wenn diese Propaganda dann auch noch mit GEZ-Zwangsgebühren finanziert wird, dann muss ich mir als Mensch und Jurist die Frage stellen, ob es nicht nur aus moralischen, sondern auch aus rechtlichen Gründen überhaupt noch zu rechtfertigen ist, diese Propaganda – die aus wirtschaftlichem und politischem Interesse Desinformation und Hass verbreitet – mit seinem eigenen GEZ-Beitrag zu unterstützen.

Der GEZ-Gebührenzahler leistet – wenn ihm diese Zusammenhänge bewusst sind – mit seinem GEZ-Beitrag im juristischen Sinne faktisch Beihilfe zu Kriegstreiberei und Desinformation, die unendliches Leid über die Menschen im In- und Ausland bringt. Dies gilt umso mehr, wenn beispielsweise – für westliche Nachrichtensendungen offenbar „maßgeschneiderte" – Propaganda-Berichte von „Rebellen" gesendet werden, die diese „Rebellen" als Opfer des grausamen Assad-Regimes inszenieren. Es ist irrelevant, ob diese „Rebellen" für diese selbstproduzierten Beiträge auch noch bezahlt werden. Es sind GEZ-Gebühren-finanzierte Sender, die die Berichte senden, um damit Stimmung zu machen.

Zudem sollen die Menschen in Europa, insbesondere in Deutschland, dann auch noch für Folgen dieser Kriegstreiberei – die Aufnahme und Unterbringung der Flüchtlinge – finanziell einstehen, ohne dass hierbei zumindest die Verantwortung der Staaten benannt wird, die mit ihrer Unterstützung diesen Krieg nicht nur möglich gemacht, sondern gezielt herbeigeführt haben. Dazu wird den Menschen jede Hintergrundanalyse verweigert. Hier in Europa dürfen wir – wie Vasallen – nur noch für die Folgen der Kriege aufkommen, die Staaten wie die USA im Auftrage von wirtschaftlichen Interessengruppen inszenieren. Aussprechen darf das hierzulande offenbar niemand mehr öffentlich. Aber der Brexit zeigt, dass Europa an dieser Vasallenpolitik zerbrechen wird, wenn die Menschen endlich die Zusammenhänge erkennen.

Diese Mitschuld, die ich durch die Zahlung der GEZ-Gebühr begründe, kann und will ich nicht mehr auf mich nehmen. Ein Mensch darf gem. Art. 4 Abs. 3 GG nicht zum Kriegsdienst mit der Waffe gezwungen werden. Einen „Kriegsdienst mit der GEZ-Gebühr" lehne ich ebenfalls ab. Ich will auch schlicht nicht dafür bezahlen, damit ich alltäglich in den Nachrichten durch das ganze Arsenal von propagandistischen Tricks – zu denen insbesondere Weglassungen, Über- und Untertreibungen, Emotionalisierungen gehören – angelogen werden kann.

Ein Mensch darf somit auch nicht gegen seinen Willen – und sei es durch die Zahlung der GEZ-Gebühr – eingebunden werden in „die Planung, Vorbereitung, Einleitung oder Ausführung" eines rechtswidrigen Angriffskrieges. Der Einsatz der

Bundeswehr und aller anderen Truppen in Syrien ist in jeder Hinsicht illegal, wenn sie nicht von der Regierung Syriens ausdrücklich gebilligt worden ist. Die permanente Provokation der Russischen Föderation ist ein einziger Wahnsinn, der den Lebensinteressen der Menschen in diesem Land widerspricht.

Aber das Völkerrecht scheint ja – wie der Programmauftrag der öffentlich-rechtlichen Sender – nur noch ein unverbindlicher Witz zu sein, wenn es um die Durchsetzung wirtschaftlicher Interessen geht.

Welcher Wahnsinn auch immer gewisse Kreise befallen haben mag, abermals zu einer großen Aggression gegen die Russland anzustacheln: Eine solche Aggression hat nichts mit dem Willen der überwältigenden Mehrheit der Menschen in diesem Land zu tun.

Die, die sich an diesem Treiben beteiligen, sollten darum wissen, dass sie sich irgendwann vor Gott und – so Gott will – auch schon zu Lebzeiten vor den Völkern dieser Welt für ihre (Un-)Taten verantworten müssen. Schon der 1. Weltkrieg wäre ohne die Kriegstreiberei in den Medien nicht möglich gewesen. Und der Krieg in Syrien wäre ohne die Unterstützung der Propaganda in den öffentlich-rechtlichen Rundfunkanstalten ebenfalls nicht möglich gewesen. Wenn die breite Öffentlichkeit wirklich erfahren würde, was in Syrien gespielt wird und welche Staaten den IS-Terror überhaupt erst ermöglicht haben, dann wäre dieser Krieg nicht mehr fortsetzbar, und die Flüchtlinge könnten in Ihre Heimat zurückkehren.

Die „Macher" der öffentlich-rechtlichen Rundfunkanstalten werden darum wissen, dass ihre Berichterstattung – dank des Internets – nicht mehr „exklusiv" ist und sie den Menschen nicht mehr erzählen können was sie wollen. Die Menschen können sich aus alternativen Medien informieren und können sich auf dieser Basis ein weitaus besseres Bild von der Realität machen. Glauben Sie also wirklich, dass die Menschen es auf Dauer hinnehmen werden, dass sie täglich mit abstoßender Propaganda abgefüllt und regelrecht für dumm verkauft werden?

Die Verantwortlichkeit für den Ausbruch des ersten Weltkrieges wurde nie durch ein Gericht aufgearbeitet. Das sollte aber nicht zu der Annahme verleiten, dass die Verantwortlichkeit für den Ausbruch eines dritten Weltkrieges ebenfalls nie juristisch aufgearbeitet werden wird.

Von daher bitte ich aus religiösen und Gewissensgründen um meine Befreiung von den GEZ-Gebühren. Dieser Antrag rechtfertigt sich auch aus dem Rechtsgedanken des Art. 20 Abs. 4 GG.

Oder entspricht es mittlerweile der „verfassungsmäßen Ordnung", bzw. der „fremdbestimmten Unordnung" in diesem Land, dass deutsche Medien die Menschen in diesem Land in eine Spirale aus Hass und Gewalt hineintreiben, die – absehbar – letztlich auch nur zum Terror gegen unschuldige Bürger in diesem Land führen kann und auch schon geführt hat und darüber hinaus sogar die Gefahr eines Weltkrieges und damit in den endgültigen Untergang dieses Landes heraufbeschwört?"

## Anhang D:

### Analyse Trump - Warum ihn das Establishment vernichten will[488]
Heiko Kolodzik
Veröffentlicht am 06.02.2017

Was steckt wirklich hinter der weltweiten Mobilmachung gegen Trump? Einer gegen Alle oder Alle gegen Einen? Was uns die Mainstreammedien über Trump absichtlich verschweigen. Womöglich zeichnet sich ein grundlegender Wandel in der Politik Amerikas an, was unmittelbare Auswirkungen auf den Rest der Welt haben wird. Hoffnung keimt auf. Die komplette Sendung „Tagesenergie 99" finden Sie hier: Besuchen Sie www.Bewusst.tv mit mehr Material und Quellen. Nicht die Lüge kennzeichnet den Mainstream, sondern die Lücke. Es handelt sich weniger um Lügenjournalismus, sondern vielmehr

176

um Lückenjournalismus, wie der Politikwissenschaftler Prof. Dr. Ulrich Teusch in seinem aktuellen Buch „Lückenpresse" betont. Wie die Politik, so klammern auch die Medien große Teile der Realität einfach aus. Das Ergebnis vom Medien- und Politikwissenschaftler Prof. Jörg Becker ist ähnlich: Dem Publikum werden Informationen unterschlagen, die für seine Urteilsbildung wesentlich sind; wüsste es Bescheid, würde es vielleicht anders urteilen und handeln. Der Vorgang des Verschweigens von Nachrichten, ist wichtiger als die plumpe Lüge. Verschwiegene Informationen, unten gehaltene Informationen, künstlich hochgespielte Informationen, dominante Narrative usw. - sie alle verzerren die Wirklichkeit und produzieren letztendlich beim Konsumenten ein unwahres Bild. Hinter diesen Vorgängen stecken primär politische und ökonomische Interessen. Wem fühlen sich die Elite-Journalisten verpflichtet – der Elite oder ihren Lesern? Auch Dr. Uwe Krüger hat in seiner viel beachteten Doktorarbeit „Meinungsmacht" nachgewiesen, dass zahlreiche Journalisten in transatlantischen Netzwerken, also in NATO- und US-freundlichen Denkfabriken, Stiftungen und Diskussionszirkeln, involviert sind. Damit wird der Verdacht gefestigt, dass diese Journalisten noch andere Interessen haben als die rein journalistische Wahrheitssuche, dass externe Loyalitäten bestehen, die ein auf Unabhängigkeit bedachter Journalist tunlichst vermeiden sollte. Unsere Leitmedien sind nicht unabhängig, sie vertreten klare politische Linien und Interessen. Damit verletzen sie in eklatanter Art und Weise das Gebot der Überparteilichkeit und der Ausgewogenheit in der Nachrichtenwiedergabe. Detaillierte Auskünfte darüber geben die Bücher – GEKAUFTE JOURNALISTEN- von Dr. Udo Ulfkotte und – DIE VIERTE MACHT – von Dirk. C. Fleck. Politiker, Medien und Journalisten tragen eine enorme Verantwortung. Was sie tun oder lassen, ist kriegsentscheidend, mitunter sogar im Wortsinn. Wie würde die Welt heute aussehen, wenn die Medien ihren Job gemacht hätten? Millionen Männer, Frauen und Kinder würden vermutlich noch leben, Millionen wären nicht entwurzelt oder auf der Flucht

177

und den berüchtigten Islamischen Staat würde es möglicherweise auch nicht geben. Stattdessen haben die Medien Kriege sogar legitimiert, sie haben maßgeblich dazu beigetragen, sie überhaupt erst möglich zu machen. Sind die Journalisten aufgrund ihrer Versäumnisse für die Geschehnisse mitverantwortlich, sind sie Täter? Im Irakkrieg wurden uns nicht nur ein oder zwei Lügen aufgetischt. Nein, es waren insgesamt 935 Lügen, die uns mithilfe der Medien aufgetischt wurden (Charles Lewis, 935 Lies, 2014)! Das im Vietnamkrieg am Ende die journalistische Information über die Kriegspropaganda die Oberhand gewann, war eine neue Erfahrung und durfte sich nach der festen Überzeugung vieler US-Politiker und des Militärs keinesfalls wiederholen. Jetzt sind hoch professionelle PR-Strategen (Kriegsverkäufer) am Werk. Sie überlassen nichts dem Zufall und basteln an einem System, in dem Zensur, Propaganda, Werbung und Information kaum noch unterscheidbar sind und die Hürden für einen kritischen Journalismus immer höher werden. Jeder ist betroffen: Visionen 2050 - Wohin steuern wir? Es geht um existenzielles, stark komprimiertes und fokussiertes Wissen. Die hier vorliegende Studie, mit der versucht wird, unter den Teppich gekehrtes Wissen in konzentrierter Form an die Öffentlichkeit zu bringen, ist eine Zusammenfassung von Fakten und Argumenten aus vielen Sach- und Fachbüchern der wichtigsten Autoren. Die Details finden Sie hier: http://www.kolodzik.de/de/newsletter/...

## Anhang F:

<u>Geheime Strukturen der Macht:</u>
Teilnehmerliste Münchener Sicherheitskonferenz 2017 (Auswahl),[489] eingeteilt in drei Gruppen, 1) Finanzeliten, 2) Lobbyorganisationen und 3) Vertreter der öffentlichen Leitmedien

Fink, Wolfgang- **Goldmann Sachs** AG, Deutschland
Forester de Rothschild, Lynn – **Rothschild**, New York
de Rothschild, Sir Evelyn – **E.L. Rothschild,** London
Heintz, Stephen – Präsident **Rockefeller Brothers Fund,** New York
Soros, George – **Open Society Foundations**
Elias, Christopher – Präsident der **Bill & Melinda Gates Foundation**
Gates, Bill – Co-Vorsitzender, **Bill & Melinda Gates Foundation**
Lamb, Geoffrey – Chief Economic Advisor. **Bill & Melinda Gates Foundation**; davor Vizepräsident **Weltbank Gruppe**
Faber, Joachim – **Deutsche Börse** AG
Lipton, David – Managing Director, **IWF**, Washington
Warburg, Max M. – **M.M. Warburg & Co.** Hamburg

Sokol, Steven E. – **American Council on Germany**, New York
Donfried, Karen – Präsidentin **German Marshall Fund**, Washington
Fuchs, Michael – CDU/CSU, **Trilaterale Kommission**
Nye, Joseph – **Trilaterale Kommission**
Oetker, Arnd – Präsident Deutscher **Council on Foreign Relations**, Berlin
Bildt, Carl – **European Council on Foreign Relations**
Burns, William – **Carnegie Endowment for Peace**, Washington
Hill, Fiona – **The Brookings Institution**, Washington Hill

179

Corker, Robert – **Council on Foreign Relations**

Kleber, Claus – **ZDF**, Mainz
Döpfner, Mathias – **Axel Springer AG**, Berlin
Binkbäumer, Klaus – Herausgeber **Der Spiegel** Hamburg
De Geus, Art – **Bertelsmann Stiftung**, Gütersloh
Crane-Röhrs, Melinda – Politische Chef-Korrespondentin **Deutsche Welle**
Frankenberger, Klaus-Dieter – **Frankfurter Allgemeine Zeitung**
Holtzbrinck, Stefan – **Holtzbrinck Gruppe**, Stuttgart
Joffe, Josef – Herausgeber **Die Zeit**
Reichelt, Julian – **Bild.de**, Berlin
Sommer, Theo – **Die Zeit**, Hamburg
Stamos, Alex – Chef-Sicherheitsbeauftragter **Facebook**, Menlo Park


**Anhang G:**

<u>Zynismus und Menschenverachtung in der internationalen Politik</u>
**So werden Kriege vorbereitet und als naturgegeben dargestellt**

**Ungekürzte Wiedergabe der Rede von George Friedman („STRATFOR@ChicagoCouncilonGlobalAffairs"):**[490]
*„Kein Ort kann auf Dauer friedlich bleiben, auch die USA nicht, wir haben ständig Kriege. Europa wird, wie ich vermute, zwar nicht zu den großen Kriegen des 20. Jahrhunderts zurückkehren, aber es wird wieder zum menschlichen Normalfall zurückkehren. Es wird seine Kriege haben, seine Friedenszeiten. Und sie, die Europäer, werden ihre Leben leben. Es wird keine Hundert Millionen Tote geben. Aber die Vorstellung, Europa sei eine Ausnahmeerscheinung, wird zuerst sterben. Es wird Konflikte in Europa geben. Es gab schon Konflikte, in*

*Jugoslawien, und jetzt auch in der Ukraine. Was Europas Beziehungen zu den Vereinigten Staaten betrifft, wir haben keine Beziehungen mehr mit Europa. Wir haben Beziehungen mit Rumänien, wir haben Beziehungen mit Frankreich, aber es gibt kein Europa, mit dem man Beziehungen haben kann. Der islamische Extremismus ist ein Problem für die Vereinigten Staaten, aber keine existenzielle Bedrohung. Man muss sich damit befassen, man muss sich damit angemessen befassen. Wir haben andere außenpolitische Interessen.*

*Das Hauptinteresse der US-Außenpolitik während des letzten Jahrhunderts, im 1. und im 2. Weltkrieg und im Kalten Krieg, waren die Beziehungen zwischen Deutschland und Russland. Vereint sind sie die einzige Macht, die uns bedrohen kann. Unser Hauptinteresse war sicherzustellen, dass dieser Fall nicht eintritt. Wenn Sie Ukrainer sind, werden sie Ausschau danach halten, wer ihnen als einziger helfen kann. Und das sind die Vereinigten Staaten. Letzte Woche, oder etwa vor zehn Tagen, war der Oberbefehlshaber der US-Armee in Europa, General Ben Hodges, zu Besuch in der Ukraine. Er kündigte dort an, dass die US-Ausbilder in der Ukraine demnächst offiziell kommen sollen, und nicht nur inoffiziell. Er hat dort tatsächlich Orden an die ukrainischen Kämpfer verteilt, obwohl es gegen militärisches Protokoll ist, dass Soldaten von fremden Armeen annehmen. Doch er tat das, weil er damit zeigen wollte, dass die ukrainische Armee seine Armee ist. Dann ging er weg und verkündete in den Baltischen Staaten, dass die Vereinigten Staaten Panzer, Artillerie und andere Militärausrüstung in den Baltischen Staaten Rumänien, Polen und Bulgarien in Stellung bringen wird. Das ist ein sehr interessanter Punkt. Und gestern haben die Vereinigten Staaten angekündigt, dass sie vorhaben, Waffen in die Ukraine zu liefern. Das wurde in der Nacht dementiert. Aber sie tun das. Die Waffen werden geliefert. Und bei all diesen Handlungen verfahren die Vereinigten Staaten außerhalb des Rahmens der NATO, weil NATO-Entscheidungen von allen NATO-Mitgliedern einstimmig getroffen werden müssen, und jedes Land ein Veto einlegen kann.*

Die Türken machen das schon aus Jux. Der Punkt bei der ganzen Sache ist, dass die USA ein Cordon sanitär, einen Sicherheitsgürtel, um Russland herum aufbauen. Und Russland weiß das. Russland glaubt, die USA beabsichtigen, die Russische Föderation zu zerschlagen. Ich denke, wir wollen sie nicht töten, sondern ihnen nur ein wenig wehtun. Jedenfalls sind wir wieder beim alten Spiel. Und wenn Sie einen Polen, Ungarn oder Rumänen fragen, sie leben in einer ganz anderen Welt als die Deutschen, und diese in einer ganz anderen Welt als die Spanier. Es gibt keine Gemeinsamkeit in Europa. Aber wenn ich Ukrainer wäre, würde ich genau das tun, was diese tun, versuchen, die Amerikaner hineinzuziehen. Die Vereinigten Staaten haben ein fundamentales Interesse. Sie kontrollieren alle Ozeane der Welt. Keine andere Macht hat das jemals getan. Aus diesem Grund können wir in andere Länder eindringen, aber sie können es nicht bei uns. Das ist eine schöne Sache. Die Aufrechterhaltung der Kontrolle über die Ozeane und des Weltalls ist die Grundlage für unsere Macht. Der beste Weg, eine feindliche Flotte zu besiegen, ist zu verhindern, dass diese gebaut wird. Der Weg, den die Briten gegangen sind, um sicherzustellen, dass keine europäische Macht die Flotte bauen konnte, dass die Europäer einander bekämpften. Die Politik, die ich empfehlen würde, ist, die Ronald Reagan angewendet hat, im Iran und im Irak, Iran-Irak-Krieg, 1980-1988. Er finanzierte beide Seiten, so dass sie gegeneinander kämpften und nicht gegen uns. Das war zynisch, bestimmt nicht moralisch, aber es funktionierte. Und das ist der Punkt. Die Vereinigten Staaten sind nicht in der Lage, ganz Eurasien zu okkupieren. In dem Moment, wenn unsere Stiefel den Boden berühren, sind wir demografisch zahlenmäßig unterlegen. Wir können eine Armee besiegen. Aber wir sind nicht in der Lage, den Irak zu besetzen. Die Idee, dass 130000 US-Soldaten ein Land mit 25 Millionen Menschen okkupieren, das Verhältnis zwischen der Anzahl der Polizisten und der Einwohner von New York ist größer als das Verhältnis von US-Soldaten und der irakischen Bevölkerung. Also sind wir nicht in der Lage, überall militärisch zu intervenieren. Aber wir sind in der Lage, erstens, gegeneinander kämpfende Mächte zu unterstützen, damit sie sich auf sich selbst konzentrieren können, sie zu unterstützen, politisch, finanziell, militärisch, und mit Beratern. Im äußersten Fall können wir das tun, was wir in Japan, nein, in Vietnam, im Irak und in Afghanistan taten, mit Störangriffen zu intervenieren. Sogenannte Störangriffe zielen nicht darauf, den Feind zu besiegen, sondern den Feind aus dem Gleichgewicht zu bringen, etwas, was wir in jedem dieser Kriege taten. In Afghanistan zum Beispiel brachten wir die Al-Qaida aus dem Gleichgewicht. Das Problem, das wir haben, da wir so jung und dumm sind, ist, dass wir die Feinde aus dem Gleichgewicht brachten, und anstatt zu sagen, wir haben den Job gut gemacht, lasst uns jetzt nach Hause gehen, sagten wir, man das war aber leicht, lasst uns doch hier noch eine Demokratie aufbauen. Das war der Moment unserer Geistesschwäche. Deshalb lautet die Antwort: Die USA können nicht ständig und überall in Eurasien militärisch intervenieren. Sie müssen selektiv intervenieren und möglichst selten. Das ist der Extremfall. Wir können nicht als ersten Schritt US-Truppen aussenden. Aber wenn wir es tun, dann muss uns klar sein, was die Mission ist, die darauf zu begrenzen und nicht alle möglichen irren Phantasien zu entwickeln. Hoffentlich haben wir das für dieses Mal verstanden. Kinder brauchen immer etwas Zeit, um Lektionen zu lernen. Aber Sie haben absolut recht. Wir als ein Imperium können das „Überall intervenieren" nicht tun. Die Briten haben damals Indien nicht besetzt. Die haben einfach die einzelnen Staaten Indiens genommen und ließen diese gegeneinander kämpfen. Die Briten haben britische Offiziere bei der indischen Armee installiert. Die alten Römer haben auch keine riesigen Armeen in entlegene Regionen entsandt, sondern sie haben prorömische Könige dort eingesetzt. Und diese Könige waren verantwortlich für die Aufrechterhaltung des Friedens, z.B. Pontius Pilatus. Also Imperien, die versuchen, das ganze Imperium selbst zu regieren, scheitern, so wie es mit dem Nazi-Imperium der Fall war. Niemand hat so viel Macht.

*Da muss man schon klug vorgehen. Wie auch immer, das ist noch nicht unser Problem, sondern dass wir zugeben, dass wir ein Imperium haben. Wir haben den Punkt noch nicht erreicht, wo wir glauben, wir könnten nach Hause gehen, und alles wäre vorbei. Wir sind noch nicht einmal bereit für das dritte Kapitel des Buches. Die Frage, die sich jetzt für die Russen stellt, werden sie die Ukraine wenigstens als eine neutrale Pufferzone erhalten oder wird der Westen soweit in die Ukraine vordringen, dass er nur noch 100 km von Stalingrad und 500 km von Moskau entfernt ist. Für Russland ist der Status der Ukraine eine existenzielle Bedrohung, und die Russen können das nicht ignorieren. Und wie weit werden die USA gehen, falls Russland sich weiterhin an die Ukraine klammert. Es ist kein Zufall, dass General Hodges, der ernannt wurde, um für all dies gerade zu stehen, davon spricht, Truppen in Rumänien, Bulgarien, Polen und den Baltischen Staaten in Stellung zu bringen, dem Territorium zwischen dem Schwarzen Meer und der Ostsee, wie Brzezinski es erträumte, für die USA ist das die Lösung. Die Frage, auf die wir keine Antwort haben, ist, wie wird Deutschland sich verhalten? Die unbekannte Variable in Europa sind die Deutschen. Während die USA diesen Sicherheitsgürtel aufbauen, nicht in der Ukraine, sondern westlich davon, und die Russen einen Weg suchen, den westlichen Einfluss in der Ukraine zurückzudrängen, wissen wir nicht, wie die deutsche Haltung ausfallen wird. Deutschland befindet sich in einer sehr eigenartigen Lage. Der ehemalige deutsche Bundeskanzler, Gerhardt Schröder, sitzt im Aufsichtsrat von Gasprom. Die Deutschen haben eine sehr komplexe Beziehung zu den Russen. Die Deutschen wissen selber nicht, was sie tun sollen. Sie müssen ihre Waren exportieren. Die Russen können ihnen ihre Waren abnehmen. Andererseits, wenn sie die Freihandelszone verlieren, dann müssen sie etwas anderes aufbauen. Die Urangst der USA ist, dass deutsches Kapital und deutsche Technologien sich mit russischen Rohstoffen und russischer Arbeitskraft verbinden, eine einzigartige Kombination, vor der die USA seit Jahrhunderten eine Höllen-*

*angst haben. Wie wird sich das also abspielen: Die USA haben ihre Karten bereits auf den Tisch gelegt, die Linie zwischen dem Baltikum und Schwarzem Meer. Die russischen Karten lagen schon immer auf dem Tisch. Das mindeste, was sie brauchen, ist eine neutrale Ukraine, keine pro-westliche. Weißrussland ist eine andere Frage. Wer mir nun sagen kann, was die Deutschen tun werden, der kann mir auch sagen, wie die Geschichte der nächsten 20 Jahre aussehen wird. Aber leider haben sich die Deutschen noch nicht entschieden. Das ist immer ein Problem Deutschlands, wirtschaftlich sehr mächtig, geopolitisch sehr fragil, und es weiß nie, wie es beide versöhnen kann. Seit 1871 ist das die deutsche Frage, die Frage Europas. Denken Sie über die deutsche Frage nach. Denn sie kommt jetzt wieder auf uns zu. Dieser Frage müssen wir uns jetzt stellen. Und wir wissen nicht wie. Wir wissen nicht, was die Deutschen tun werden."*

## Anhang H:

### Westliche Geheimdienste finanzieren in Syrien Söldner-Truppen in Armeestärke[491]

Wer kämpft in Syrien eigentlich gegen wen? Die Bandbreite der Berichterstattung in den öffentlichen Medien reicht vom Vorwurf, Assad kämpfe gegen sein eigenes Volk, bzw. „gemäßigte" Rebellen der Opposition gegen Assad, bis hin zum „unumgänglichen" Einsatz von NATO-Einheiten in syrischem Gebiet, um den IS zu bekämpfen. Das Online-Nachrichten-Magazin DWN (Deutsche Wirtschafts-Nachrichten) hat sich nun einmal die Mühe gemacht und Informationen zu in Syrien operierenden Söldner-Truppen aus größtenteils westlichen Nachrichtenquellen aufgelistet. Herausgekommen ist dabei, dass die einzelnen Söldner-Truppen überwiegend von hochrangigen Ex-Militärs der syrischen Armee angeführt und zumeist von westlichen Regierungen finanziert werden:

| Söldner-Truppe | Stärke | Unterstützer | Anführer | Quelle |
|---|---|---|---|---|
| Al-Rahman Legion | 55000 | Saudi-Arabien | Essam al-Buwaydhani | Stanford University / Guardian |
| Southern Front | 38000 | USA | General Bashar al-Zoubi | Heinrich-Böll-Stiftung / BBC |
| Ahrar al Sham | 15000 | USA | Abu Yahya al-Hamawi | The International Reporter / Al Masdar News / Medium.com |
| Al Nusra | 12000 | USA, Großbritannien | Abu Mohammad al-Julani | BBC |
| Levante Front | 7000 | Westen und Saudi-Arabien | Abdelaziz Salamah | Reuters / Medium.com |
| Turkmenische Armee Syrien | 5000 | Türkei | Abu Bakr Muhammad Abbas | Turkomania.org / Haberler |
| The Sham Legion / Faylaq al-Sham | 4000 | USA | Mondher Saras | Russisches Militärportal South Front / New York Times / Medium.com / Carnegie |
| Nura al Din al Zinki | 3000 | USA | Scheich Tawfik Schahabuddin | Guardian / Medium.com |
| First Coastal Division | 3000 | USA | Muhammad Haj-Ali | Wall Street Journal / Al Araby |
| Northern | 3000 | USA | Fares al-Bayoush | The Daily Mail / Jamestown |

186

| Division | | | | Foundation / Medium.com |
|----------|--|--|--|-------------------------|
| Dschaisch al Nasr | 3000 | USA | Major Mohammad al-Mansour | Middle East Eye / RFS North |
| 6 weitere Truppen mit jeweils 1000 bis 2000 Mann, unterstützt von den USA / Saudi-Arabien / der Türkei | | | | |

Insgesamt kämpfen also etwa 150.000 Mann gegen Assad und seine Verbündeten. Zum Vergleich: Die Kampfverbände der Bundeswehr haben aktuell eine Stärke von 104.000 Mann. Die DWN bezeichnen diese Aufstellung als eine Liste der Schande, da westliche Geheimdienste bzw. Regierungen mit Steuergeldern einen Krieg in Syrien finanzieren. Hier zeigt sich eine neue Dimension eines durch Söldner provozierten Krieges mit verdeckten Zielen, wie z.B. eine Erdöl-Pipeline durch das Land zu verlegen.

**Syrer wollen einhellig Frieden**

Die Abgeordnete des US-Repräsentantenhauses, Tulsi Gabbard,[492] verbrachte im Januar 2017 eine Woche in Syrien und im Libanon. Sie hatte Begegnungen mit allen Schichten der Bevölkerung, selbst mit Präsident Assad sowie muslimischen und christlichen Religionsführern. Ihr Fazit aus all den Gesprächen lautet: Es gebe keine „gemäßigten" Rebellen. Das sei ein Krieg zwischen Terroristen und der syrischen Regierung. Alle Syrer flehen einhellig die Vereinigten Staaten von Amerika und andere Länder an, mit der Unterstützung dieser Terroristen aufzuhören, die Syrien und seine Menschen zerstören. Tulsi Gabbard mahnt: „Ich fordere den Kongress und die neue US-Administration auf, sofort auf die Bitten der Menschen Syriens zu reagieren und das Gesetz zur „Beendigung der Bewaffnung von Terroristen" zu unterstützen. Wir müssen aufhören, direkt oder indirekt Terroristen zu unterstützen [...] Wir müssen unseren Krieg zum Sturz der syrischen Regierung beenden." Frau

Gabbard berichtet weiter, dass Menschen, die unaussprechliche Schrecken erlitten und überlebt haben, sie baten, ihre Stimmen an die Welt weiterzugeben. Verzweifelte Stimmen, die nicht gehört wurden aufgrund einer falschen, einseitigen Berichterstattung der westlichen Medien. Nach diesem Aufruf von Tulsi Gabbard gibt es für eine weitere Unterstützung der Rebellen durch westliche Länder keine Entschuldigung mehr!

## Anhang I:

### „Monokulturelle Staaten ausradieren" (Zusammenfassung einer Rede des Vizepräsidenten der EU-Kommission Frans Timmermans, veröffentlicht am 10. August 2016):[493]

Unter http://www.chemtrail.de/?p=11242 ist zu lesen: Frans Timmermans, niederländischer Diplomat und seit 1. November 2014 Erster Vizepräsident der EU-Kommission und EU-Kommissar für „Bessere Rechtssetzung, interinstitutionelle Beziehungen, Rechtsstaatlichkeit und Grundrechtecharta", hat während einer Rede während des sog. „Grundrechte-Kolloquiums der EU" (EU Fundamental Rights Colloqium) die Mitglieder des EU-Parlaments aufgefordert, ihre Anstrengungen zu verstärken, „monokulturelle Staaten auszuradieren" und den Prozess der Umsetzung der „multikulturellen Diversität" bei jeder einzelnen Nation weltweit zu beschleunigen. **Die Zukunft der Menschheit, so Timmermans, beruhe nicht länger auf einzelnen Nationen und Kulturen, sondern auf einer vermischten Superkultur. Die heutigen Konservativen, die ihre eigenen Traditionen wertschätzen und eine friedliche Zukunft für ihre eigenen Gemeinschaften wollen, berufen sich laut Timmermans auf eine „Vergangenheit, die nie existiert hat" und können deshalb nicht die Zukunft diktieren. Europäische Kultur und europäisches Erbe seien lediglich soziale Konstrukte und jeder, der etwas anderes behaupte, sei engstirnig. Europa sei immer schon ein Kon-**

188

tinent von Migranten gewesen und europäische Werte be-
deuteten, dass man multikulturelle Diversität zu akzeptie-
ren habe. Wer dies nicht tue, stelle den Frieden in Europa
in Frage.
Die Masseneinwanderung von moslemischen Männern
nach Europa sei ein Mittel zu diesem Zweck. Kein Land
solle der unvermeidlichen Vermischung entgehen, vielmehr
sollen die Zuwanderer veranlasst werden, auch „die ent-
ferntesten Plätze des Planeten zu erreichen, um sicherzustellen, dass nirgends mehr homogene Gesellschaften bestehen bleiben."
Timmermans ist einer der ersten unter den EU-Führern, der die
Maske fallen lässt und seine Vorstellungen so deutlich aus-
spricht.
Was seine Aussagen implizieren, ist klar: **die Existenz aller
europäischen Völker steht auf dem Spiel!**[494]

## Anhang K:

### Carl Friedrich von Weizsäcker: "Der bedrohte Friede - heute"[495]

Carl Friedrich von Weizsäcker sagte 1983 den Niedergang des
Sowjet-Kommunismus innerhalb weniger Jahre voraus (- er
wurde damals ausgelacht). Seine Prognose, auf welches Niveau
der Lohn-, Gehaltsabhängigen zurückfallen würde, wenn der
Kommunismus nicht mehr existiert, war schockierend.
Weizsäcker beschreibt die Auswirkungen einer dann einset-
zenden "Globalisierung" (obwohl es damals dieses Wort noch
nicht gab), so wie er sie erwartete:
01. Die Arbeitslosenzahlen werden weltweit ungeahnte Dimen-
sionen erreichen.
02. Die Löhne werden auf ein noch nie da gewesenes Minimum sinken.

03. Alle Sozialsysteme werden mit dem Bankrott des Staates zusammenbrechen. Rentenzahlungen zuerst. Auslöser ist eine globale Wirtschaftskrise ungeheurer Dimension, die von Spekulanten ausgelöst wird.

04. Circa 20 Jahre nach dem Untergang des Kommunismus werden in Deutschland wieder Menschen verhungern. Einfach so.

05. Die Gefahr von Bürgerkriegen steigt weltweit dramatisch.

06. Die herrschende Elite wird gezwungen, zu ihrem eigenen Schutz Privatarmeen zu unterhalten.

07. Um ihre Herrschaft zu sichern, werden diese Eliten frühzeitig den totalen Überwachungsstaat schaffen, und eine weltweite Diktatur einführen.

08. Die ergebenen Handlanger dieses "Geld-Adels" sind korrupte Politiker.

09. Die Kapitalwelt fördert wie eh und je einen noch nie dagewesen Nationalismus (Faschismus), als Garant gegen einen eventuell wieder erstarkenden Kommunismus.

10. Zum Zweck der Machterhaltung wird man die Weltbevölkerung auf ein Minimum reduzieren. Dies geschieht mittels künstlich erzeugter Krankheiten. Hierbei werden Bio-Waffen als Seuchen deklariert, aber auch mittels gezielten Hungersnöten und Kriegen. Als Grund dient die Erkenntnis, dass die meisten Menschen ihre eigene Ernährung nicht mehr finanzieren können, jetzt wären die Reichen zu Hilfsmaßnahmen gezwungen, andernfalls entsteht für sie ein riesiges, gefährliches Konfliktpotential.

11. Um Rohstoffbesitz und dem eigenen Machterhalt dienend, werden Großmächte Kriege mit Atomwaffen und anderen Massenvernichtungswaffen führen.

12. Die Menschheit wird nach dem Niedergang des Kommunismus das skrupelloseste und menschenverachtendste System erleben, wie es die Menschheit noch niemals zuvor erlebt hat, ihr "Armageddon" ("Endkampf"). Das System, welches für diese Verbrechen verantwortlich ist, heißt "unkontrollierter Kapitalismus".

C. F. von Weizsäcker sagte 1983 (vor 25 Jahren), dass sein Buch, welches er als sein letztes "großes Werk" bezeichnete, mit Sicherheit von der Bevölkerung nicht verstanden würde, und die Dinge somit ihren Lauf nehmen!

Das deutsche Volk bewertete er wenig schmeichelhaft wie folgt:
(a) absolut obrigkeitshörig,
(b) des Denkens entwöhnt,
(c) typischer Befehlsempfänger,
(d) ein Held vor dem Feind, aber ein totaler Mangel an Zivilcourage!
(e) Der typische Deutsche verteidigt sich erst dann, wenn er nichts mehr hat, was sich zu verteidigen lohnt. Wenn er aber aus seinem Schlaf erwacht ist, dann schlägt er in blindem Zorn alles kurz und klein - auch das, was ihm noch helfen könnte!!
Die einzige Lösung die Weizsäcker bietet, ist die Hoffnung, dass nach diesen unvermeidlichen Turbulenzen dieser Planet noch bewohnbar bleibt. Denn Fakt ist, die kleine Clique, denen diese Welt schon jetzt gehört, herrscht nach dem einfachen, aber klaren Motto: "Eine Welt, in der wir nicht das alleinige Sagen haben, die braucht es auch in Zukunft, nicht mehr zu geben". Wie bereits oben erwähnt, rechnete Weizsäcker nicht damit, verstanden zu werden.
Auf die Frage eines Journalisten, was ihn denn am meisten stören würde, antwortete er: *"Mich mit einem dummen Menschen unterhalten zu müssen"*.

# Anhang L:

## Geheimer Staatsvertrag

geheimer Staatsvertrag

ANITICH GEHEIMGEHALTEN

VS-Verschlußsache
NUR FÜR DEN DIENSTGEBRAUCH

BUNDESNACHRICHTENDIENST
Kontroll-Abt. II/OP

NUR FÜR MINISTER

S t r e n g s t e    V e r t r a u l i c h k e i t

Vorgang: Geheimer Staatsvertrag vom
21.05.1949

Hier: Verlust der Kopie Nr. 4

Sehr geehrter Herr Minister!

Kopie Nr. 4 des geheimen Staatsvertrages zwischen
den Alliierten Mächten und der provisorischen
Regierung Westdeutschlands vom 21.05.1949 ist
endgültig abhandengekommen.

Der geheime Staatsvertrag offenbart u.a.:

- die Medienhoheit der alliierten Mächten über
  deutsche Zeitungs- und Rundfunkmedien bis zum
  Jahr 2099,

- die sog. "Kanzlerakte", also jenes Schrift-
  stück, das jeder Bundeskanzler Deutschlands
  auf Anordnung der Alliierten vor Ablegung
  des Amtseides zu unterzeichnen hat,

- sowie die Pfändung der Goldreserven der
  Bundesrepublik durch die Alliierten.

Sofern    die    Kopie    Nr.    4    des    geheimen
Staatsvertrages in falsche Hände gelangen sollte,
empfehle ich dringend, die Echtheit abzuleugnen.

Hochachtungsvoll

Dr. Rickermann
Staatsminister

Original erhalten am:
z.d.A. am:
Wvl am:

192

## Autorenprofil

Dr. Joachim Sonntag, geboren am 11.8.1945, promovierter Physiker, studierte an der Technischen Universität Dresden. Anfang Oktober 1989 kehrte er der DDR den Rücken, indem er bei Sopron/Ungarn die offene Grenze nach Österreich überschritt und seitdem in Dortmund lebt und arbeitet. Sein Arbeitsgebiet sind Mehrphasenlegierungen und deren elektrische und magnetische Eigenschaften, wozu er eine Reihe grundlegender Arbeiten in international führenden Journalen veröffentlicht hat.

Mit den persönlichen Erfahrungen, die er in beiden deutschen Staaten gesammelt hatte, der vergangenen DDR vor der Wende und der BRD danach, gewann er seit etwa 2005 den Eindruck, dass die BRD Züge annahm, die er bereits aus seiner Zeit in der DDR kannte. Und nachdem er mit ansehen musste, wie vor seinen Augen gewalttätige linksextreme Gruppen zunehmend in der öffentlichen Wahrnehmung präsent wurden, wurde er hellhörig. Die illegale Grenzöffnung im September 2015 und die Silvesterereignisse in Köln waren für ihn schließlich ein Aufwecksignal, dass hier etwas nicht stimmen konnte. Seitdem widmete sich Dr. Joachim Sonntag eingehend der Beantwortung einer sich ihm vehement aufdrängenden Frage: Agiert unsere Regierung fremdgesteuert?

Auf der Suche nach Zusammenhängen und Fakten entstand im Verlaufe der Recherche das vorliegende Buch. Die aufgeschriebenen Tatsachen mit einer untermauernden Vielzahl von Nachweisen zeigen auf, dass Deutschland sich mit Riesenschritten von einem freiheitlichen Sozialstaat weg entwickelt hin zu einem durch links/grüne Denkschablonen und Ideologien beherrschten Multi-Kulti-Staat, medial unterstützt durch die Indoktrination einer „politisch korrekten" Medienhoheit - von Joachim Sonntag bezeichnet als „Freier Fall Deutschlands". Dr. Joachim Sonntag stellt sich auch der Frage, ob dieser „Freie Fall Deutschlands" aufgehalten werden kann und kommt zu einer Antwort.

[1] https://www.youtube.com/watch?v=3V6sk5-A9JE „*Genderwahn Die Zerstörung der Familie Frühsexualisierung (Prof. W. Leisenberg)*"

[2] Akif Pirinçci, *Deutschland von Sinnen – Der irre Kult um Frauen, Homosexuelle und Zuwanderer*, Lichtschlag in der Edition Sonderwege, Manuscriptum Verlagsbuchhandlung Thomas Hoof KG, Waltrop und Leipzig 2014, 5. Auflage, Seite 124. Die Fortsetzung dieses Zitates lautet: „*Allein das Wort ‚deutsches Volk' möchte es nicht in den Mund nehmen, dieses Gesindel, und faselt irgendwas von ‚Bevölkerung' oder ‚Menschen in Deutschland', also von einer Ansammlung von Menschen vermutlich im Nirgendwo ...*"

[3] https://www.youtube.com/watch?v=vE4JlOh-TpQ   „*2049 - 100 Jahre Bundesrepublik*"

[4] https://www.youtube.com/watch?v=EQ0l0HxNEOY&t=300s „*Die Deutschen – Hasser*"

[5] Christian Jung und Thorsten Groß, *Der Links-Staat*, Kopp Verlag, 2016

[6] http://www.gerard-menu-hin.de/Kolumne/Wenn_Demenz_die_Kommunikation_ersetzt.html „*Wenn Demenz die Kommunikation ersetzt, wird es für die Menschheit lebensgefährlich*"

[7] www.gerard-menuhin.de „ ‚*Antifa' – die nützlichen Idioten der Mächtigen*"

[8] https://www.youtube.com/watch?v=rf_tmsu-aNM „*WAHRHEITEN - UNERTRÄGLICH & SCHOCKIEREND - "DU willst sie NICHT WISSEN!" TEIL 1 VERRATEN & VERKAUFT!*"

[9] http://www.erster-weltfrieden.de/wem-nuetzt-es.html

[10] Wikipedia

[11] Joschka Fischer (Rezension zu seinem Buch „Risiko Deutschland", Die Welt 07.02.2005)

[12] Steve Lerod, *Der Masterplan – Wie sich die Einwanderungslobby das „neue Deutschland" vorstellt*, veröffentlicht in der Zeitschrift ZUERST April 2017, Seite 29.

[13] http://www.anonymousnews.ru

[14] https://maximiliankrah.wordpress.com/2017/02/27/jeder-der-hier-lebt-angela-merkel-und-ihr-volk/

[15] *<rundbrief@antaios.de>*
Antaios-Rundbrief 10/2017, Dienstag, 14. III.

[16] https://j.mp/2q0oZ88  Alexander Wallasch: *„NetzDG: Gestern sagte die Union stop, heute go"*

[17] Christian Jung und Thorsten Groß, *Der Links-Staat*, Kopp Verlag, 2016, Seiten 9f

[18] G. Wisnewski, *Verheimlicht, vertuscht, vergessen*, Knauer Taschenbuch Verlag, 2013, Seite 42

[19] Christian Jung und Thorsten Groß, *Der Links-Staat*, Kopp Verlag, 2016, Seite 26

[20] https://www.laenderdaten.info/iq-nach-laendern.php

[21] https://www.welt.de/wissenschaft/article2107370/Der-Intelligenzquotient-der-Tuerken.html

[22] https://www.amazon.com/IQ-Wealth-Nations-Richard-Lynn/dp/027597510X#reader_027597510X
Richard Lynn and Tatu Vanhanen, *IQ and the Wealth of Nations*, Praeger Publishers, 88 Post Road West, Westport, CT 06881, 2002

[23] https://www.tagesanzeiger.ch/wissen/medizin-und-psychologie/Warum-Afrikaner-in-IQTests-schlechter-abschneiden/story/13177168

[24] https://www.youtube.com/watch?v=rf_tmsu-aNM
*„WAHRHEITEN /UNERTRÄGLICH SCHOCKIEREND - VERRATEN VERKAUFT!*H"

[25] Zitiert aus: Geheimakte NGOs: *Wie die Tarnorganisationen der CIA Revolutionen, Umstürze und Kriege anzetteln* von F. William Engdahl, Kopp Verlag, 2017

[26] Paul Sethe 1965, s. http://www.orwell-staat.de/zitate.htm  *„Zitate zur Neuen Weltordnung"*

[27] Frei übersetzt aus der Rede Trump's am Vortag seiner Wahl zum Präsidenten,
*https://www.youtube.com/watch?v=mX19dy5_08o&index=5&list=PLjJANbfWxmka4O0wGlFMPbcCD3edDi2tt*

*„Diese Rede von Donald Trump wird es so nie in den Medien zu sehen geben!"*

[28] https://www.youtube.com/watch?v=Zcpa9P3bsJ0
*„Analyse Trump - Warum ihn das Establishment vernichten will"*
[29] https://www.youtube.com/watch?v=KlOkGClMIm0
*„Hetzblatt Spiegel will Bürgerkrieg in USA gegen Trump? (Wutrede)"*
[30] https://www.youtube.com/watch?v=Zcpa9P3bsJ0
*„Analyse Trump - Warum ihn das Establishment vernichten will"*
[31] Noam Chomsky, *Wer beherrscht die Welt? – Die globalen Verwerfungen der amerikanischen Politik,* Ullstein-Verlag, 2016
[32]Dirk Müller, *Crashkurs – Weltwirtschaftskrise oder Jahrhundertchance? Wie Sie das Beste aus Ihrem Geld machen,* Knaur Taschenbuchausgabe, 2010, Seite 239
[33] https://www.youtube.com/watch?v=Zcpa9P3bsJ0
*„Analyse Trump - Warum ihn das Establishment vernichten will"*
[34] http://www.deutschlandfunk.de/syrienpolitik-der-uno-staaten-uno-generalsekretaer-redet.1783.de.html?dram:article_id=366403
UNO-Generalsekretär Ban Ki Moon zur Eröffnung der Generaldebatte in der UNO, 20.9.16
[35] https://www.youtube.com/watch?v=284OZ5UJvoc
*„Der neue US-Präsident Trump: Angela Merkel ist ein Desaster für Deutschland!"*
[36] http://informisten.de/m/videos/view/Trump-Rede-Florida-speech-deutsch-Melania-Trump
*„Trump Rede Florida speech deutsch/Melania/Trump",* veröffentlicht 28.2.17
[37] https://www.youtube.com/watch?v=VmQHDN-a25g
*"Die Trump-Wahl bewahrt uns vor einem großen Krieg"*
[38] https://www.youtube.com/watch?v=eROy36nsiOY
*„2017: Wie Trump und Europas neue Rechte der NWO zum Sieg verhalfen..."*
[39] https://www.youtube.com/watch?v=y7IzADHClLM&t=297s
*„Die neue Weltordnung lockt die Patrioten in eine Falle"*

[40] https://www.youtube.com/watch?v=19asrm-S4i0&t=14s
*„Horst Seehofer, erklärt warum Wählen sinnlos ist !!! Bei Pelzig 20.5.2010"*

[41] Rainer Wendt, *Deutschland in Gefahr – Wie ein schwacher Staat unsere Sicherheit aufs Spiel setzt*, Riva Verlag, 2016

[42] https://www.youtube.com/watch?v=yb-_hzhaZgo *„Linke machen Jagd auf Wendt"*

[43] https://www.youtube.com/watch?v=nzmnOi0rtgw
*„Einwanderung aus Sicht der Polizei | Rainer Wendt"*

[44] Rainer Wendt, *Deutschland in Gefahr – Wie ein schwacher Staat unsere Sicherheit aufs Spiel setzt*, Riva Verlag, 2016, Seiten 62ff.

[45] https://www.youtube.com/watch?v=EBqE4IzDhhg *„Rainer Wendt in GEFAHR wegen kriminellen Ausländern und Flüchtlingen!"*

[46] https://www.youtube.com/watch?v=no-Fc931mUI

[47] https://www.youtube.com/watch?v=2zA4lbnP9_U&t=244s
*„ARD ZDF Fake News Propaganda aus Washington AfD 2017 besiegt Merkel"*

[48] Udo Ulfkotte, *Volkspädagogen – wie uns die Massenmedien politisch korrekt erziehen wollen*, Kopp Verlag, 2016

[49] U. Teusch, *Lückenpresse – Das Ende des Journalismus, wie wir ihn kannten*, Westend Verlag GmbH, Frankfurt/Main, 3.Auflage, 2017

[50] https://www.youtube.com/watch?v=b4umX2kZoWA
*„Migrantenkrieg in Frankreich - Moslems und die Antifa übernehmen die Strassen von Paris"*

[51] https://www.youtube.com/watch?v=XbTAg5MhPEs
*„Krawalle in Frankreich eskalieren - Europa versinkt im Multikulti-Wahnsinn"*

[52] https://www.youtube.com/watch?v=Cw_ff3TTpLU
*„Aktuelle Bilder aus Frankreich ! Ab morgen auch bei uns im Kino ! Flüchtlingshorden bedanken sich"*

[53] https://www.youtube.com/watch?v=LTWa8BOk1ig
*„USA bereiten Krieg gegen Europa und Russland vor"*

[54] https://www.youtube.com/watch?v=rhVF9l3Gnmg
*„Propaganda - Berichterstattung der ARD und ZDF"*

[55] https://www.youtube.com/watch?v=bVzsk6oH-mI
*„Fakes: ARD, ZDF und ihre "Versehen" im Russland-Ukraine Konflikt"*

[56] https://www.youtube.com/watch?v=7-k5hiHWPhM
*„Zweifache Lüge von N24 aufgedeckt"*

[57] https://www.youtube.com/watch?v=DGRUiS8Fo4M
*„ARD und ZDF: Russland bombardiert "unsere" Terroristen"*

[58] https://www.youtube.com/watch?v=lgZKhr9ZQ4E
*„Gefälschte Übersetzung: ZDF macht friedliche Frau zur Terroristin"*

[59] https://www.youtube.com/watch?v=hBYDiqB623I&t=8s *„Fernsehkritik.tv entlarvt die Propaganda von ARD & ZDF in der Ukraine-Krise"*

[60] https://www.youtube.com/watch?v=4J8NR2af9q8
*„BPK blockt Atomwaffen Abrüstung und lügt frech"*

[61] https://www.youtube.com/watch?v=Xgcpl3IFGn4
*„Der Klimaschwindel – SpiegelTV"*

[62] https://www.youtube.com/watch?v=vMubByF332U
*„Michael Limburg entlarvt Klima-Schwindel in TV-Sendung"*

[63] https://www.macht-steuert-wissen.de/2322/die-klimaluege-der-regierungen-entlarvt/

[64] https://www.youtube.com/watch?v=UK4PMA_WgCw
*„Klimaschwindel: Ex-ZDF Meteorologe packt aus"*

[65] https://www.youtube.com/watch?v=8qIAm1l-ZRA
*„Dirk Steffens' Klima-Irrsinn ENTLARVT !!!"*

[66] https://www.youtube.com/watch?v=fVecNUReE2s
*„Das ZDF und der endgültige Verlust der Glaubwürdigkeit"*

[67] https://www.oliverjanich.de/die-hohepriester-der-klimareligion-in-doha-lamettabugelnde-paranoiker-mit-akutem-gehirnzellenmangel ; diese Seite war zum Zeitpunkt der Fertigstellung der 2. Auflage dieses Buches nicht mehr aufrufbar, möglicherweise gelöscht (Rückverfolgung: Fußnote 481 in Oliver Janich, *DIE VEREINIGTEN STAATEN VON EUROPA – GEHEIMDOKUMENTE ENTHÜLLEN: DIE DUNKLEN PLÄNE DER ELITE*, FinanzBuch Verlag, ein Imprint der Münchner Verlagsgruppe GmbH, München 2014, 1. Auflage

[68] A. Pirinçci, *Die große Verschwulung – Wenn aus Männern Frauen werden und aus Frauen keine Männer*, Edition Sonderwege, 2015

[69] https://www.youtube.com/watch?v=L5ceLM-rm5M&t=4415s *„Die letzten Worte Udo Ulfkotte Für die Wahrheit bereit zu sterben"*

[70] https://www.youtube.com/watch?v=2zA4lbnP9_U&t=244s *„ARD ZDF Fake News Propaganda aus Washington AfD 2017 besiegt Merkel"*

[71] Udo Ulfkotte *Mekka in Deutschland – Die stille Islamisierung*, Kopp Verlag, 2015

[72] 9 Uhr-Nachrichten von WDR4 am 19. März 2017

[73] http://www.volldraht.de/index.php/8-volldraht/192-berlin-bundeszentrale-der-cdu-besetzt-identitaere-bewegung

[74] https://www.youtube.com/watch?v=YLlmd02thpQ *„Verbrecherische Propaganda"*

[75] https://www.youtube.com/watch?v=vthbm7HBFHQ *„LKW Terror in Berlin Die Wahrheit über die Lügen Medien"*

[76] https://www.youtube.com/watch?v=02fRU3uie8U&t=26s *„Lügen mit Bildern"*

[77] Udo Ulfkotte *Gekaufte Journalisten – Wie Politiker, Geheimdienste und Hochfinanz Deutschlands Massenmedien lenken*, Kopp Verlag, 2014, Seite 100

[78] Ebenda

[79] https://www.youtube.com/watch?v=3V6sk5-A9JE *„Genderwahn Die Zerstörung der Familie Frühsexualisierung (Prof. W. Leisenberg)"*

[80] Ebenda

[81] Oliver Janich, *DIE VEREINIGTEN STAATEN VON EUROPA – GEHEIMDOKUMENTE ENTHÜLLEN: DIE DUNKLEN PLÄNE DER ELITE*, FinanzBuch Verlag, ein Imprint der Münchner Verlagsgruppe GmbH, München 2014, 1. Auflage, Seite 255.

[82] Ebenda, Seite 254

[83] http://www.tagesspiegel.de/wissen/nobelpreis-fuer-chemie-ausdauer-kraft-kreativitaet/10816726.html

[84] Harald Welzer: *„Selbst denken: Eine Anleitung zum Widerstand"*, S. Fischer-Verlag, 2013. In der Fortsetzung dieses Gedankens stellt Harald Welzer fest: *„... Wenn Menschen etwas für wirklich hal-*

201

*ten, dann ist es in seinen Folgen wirklich. Eine Überzeugung
kann also völlig haltlos oder phantastisch sein – wenn man auf
der Grundlage dieser Überzeugung handelt, schafft diese
Handlung gleichwohl Wirklichkeit."*

[85] Alexander Unzicker, *„Vom Urknall zum Durchknall – Die absurde
Jagd nach der Weltformel"*, Springer Verlag Heidelberg Dordrecht
London New York, korrigierter Nachdruck 2010

[86] Alexander Unzicker, *„Auf dem Holzweg durchs Universum"*, Carl
Hanser Verlag, München 2012

[87] Hans-Dieter Radecke & Lorenz Teufel, *„ Was zu bezweifeln war –
Die Lüge von der objektiven Wissenschaft"*, Droemer Verlag, München, 2010

[88] Ebenda, Seiten 162ff.

[89] Ebenda, Seiten 169

[90] Ebenda, Seiten 170

[91] Ebenda, Seiten 167

[92] J. Sonntag (1989), Disordered Electronic Systems: Concentration
Dependence of the dc Conductivity in Amorphous Transition-Metal—
Metalloid Alloys (Metallic Regime). *Physical Review B*, **40**, 3661-3671
http://dx.doi.org/10.1103/PhysRevB.40.3661

[93] J. Sonntag (2005), Disordered Electronic Systems: II. Phase Separation and the Metal-Insulator Transition in Metal-Metalloid Alloys.
*Physical Review B*, **71**, 115114
http://dx.doi.org/10.1103/physrevb.71.115114

[94] J. Sonntag (2006), Disordered Electronic Systems: III. Thermoelectric Power in Alloys with Phase Separation. *Physical Review B*, **73**, 045126
http://dx.doi.org/10.1103/physrevb.73.045126

[95] J. Sonntag (2009), Thermoelectric Power in Alloys with Phase
Separation (Composites). *Journal of Physics: Condensed Matter*, **21**, 175703
http://dx.doi.org/10.1088/0953-8984/21/17/175703

[96] J. Sonntag (2010). The effect of the band edges on the Seebeck coefficient. *Journal of Physics*: *Condensed Matter*, **22**, 235501
https://www.researchgate.net/publication/50364130_The_effect_of_th
e_band_edges_on_the_Seebeck_coefficient

[97] J. Sonntag, P. Ziolkowski, A. Savan, M. Kieschnick and A. Ludwig (2011), High-throughput characterization of the Seebeck coefficient of a-$(Cr1-xSix)1-yOy$ thin film materials libraries as verification of the extended thermopower formula. *Journal of Physics*: *Condensed Matter*, **23**, 265501
http://iopscience.iop.org/article/10.1088/0953-
8984/23/26/265501/meta;jsessionid=CB579404EFCADCF1BF61E6A
0D4952193.c3.iopscience.cld.iop.org

[98] http://www.faz.net/aktuell/feuilleton/forschung-und-
lehre/wissenschaftlicher-zitatindex-lasst-euch-nicht-erpressen-
11674256.html

[99] J. Sonntag (2016), The Origin of the Giant Hall Effect in Metal-
Insulator Composites. *Open Journal of Composite Materials,* 2016, 6,
78-90
http://www.scirp.org/Journal/PaperInformation.aspx?PaperID=67932

[100] Akif Pirinçci, *Die Umvolkung – Wie die Deutschen still und leise ausgetauscht werden*, Verlag Antaios Schnellroda 2016, Prolog: *„Über den Autor"*

[101] https://www.youtube.com/watch?v=1NNawOfHxnc
*German History II - DJ Happy Vibes feat. Jazzmin"*

[102] http://info.kopp-verlag.de/hintergruende/deutschland/udo-
ulfkotte/cdu-programm-2-2-weitere-zuwanderung-fuehrt-zum-
buergerkrieg-.html

[103] Ebenda

[104] http://www.s-und-g.info
*„Stimme Gegenstimme S & G"*, Ausgabe 10/2017

[105] https://www.tagesschau.de/inland/interview-lucke-101.html

[106] http://www.faz.net/aktuell/politik/wahljahr-
2009/bundestagswahl/wahlprogramm-der-union-merkel-mit-mir-gibt-
es-keine-mehrwertsteuer-erhoehung-1817147.html

[107] https://www.welt.de/politik/deutschland/article156813138/Waffene
xporte-steigen-auch-2016-unter-Gabriel.html

[108] Tim Anderson: *Der Schmutzige Krieg gegen Syrien: Washington, Regime Change, Widerstand*, Liepsenverlag, 2016

[109] http://www.tonline.de/nachrichten/deutschland/innenpolitik/id_807
15638/pkw-maut-bundestag-beschliesst-umstrittene-abgabe.html

[110] https://www.tagesschau.de/multimedia/bilder/bundespraesidenten-101.html

[111] https://www.youtube.com/watch?v=19asrm-S4i0&t=14s *„Horst Seehofer, erklärt warum Wählen sinnlos ist !!! Bei Pelzig 20.5.2010"*

[112] https://www.merkur.de/politik/marionetten-text-und-lyrics-umstrittenen-songs-von-xavier-naidoo-und-soehne-mannheims-zr-8261892.html

[113] Ebenda

[114] COMPACT-Magazin 06/2017, Seite 11ff

[115] https://www.youtube.com/watch?v=rf_tmsu-aNM
*„WAHRHEITEN /UNERTRÄGLICH SCHOCKIEREND - VERRATEN VERKAUFT!H"*

[116] http://www.orwell-staat.de/zitate.htm
*Zitate zur Neuen Weltordnung"*

[117] Ebenda

[118] Jürgen Roth, *Der Stille Putsch*, Wilhelm Heyne Verlag, München, 2.Auflage, Taschenbucherstausgabe, 2016, Seite 18

[119] http://www.handelsblatt.com/politik/deutschland/fluechtlingskrise-nein-zu-gender-forschung/12701136-6.html
*„Wie viel Union steckt in der AfD?"*

[120] Akif Pirinçci, *Der Übergang – Bericht aus einem verlorenen Land*, Verlag Antaios Schnellroda 2017

[121] https://www.youtube.com/watch?v=284OZ5UJvoc
*„Der neue US-Präsident Trump: Angela Merkel ist ein Desaster für Deutschland!"*

[122] https://www.youtube.com/watch?v=SM7lmd3-5Cg
*„Merkel ist wahnsinnig | Kanadisches Fernsehen liefert Beweise"*

[123] G. Wisnewski, *Verheimlicht, vertuscht, vergessen,* Kopp Verlag, 2017, Seite 26f

[124] C. Kuby, *Unterwegs in die nächste Dimension,* 1. Auflage, Vollständige Taschenbuchausgabe Mai 2008, Arkana, München, Seiten 31f

[125] Silke Mende, *Nicht rechts, nicht links, sondern vorn - Eine Geschichte der Gründungsgrünen,* Oldenbourg Verlag, München 2011

[126] D. Ganser, *Illegale Kriege,* Orell Füssli Verlag AG, Zürich, 2. Auflage, 2016

[127] http://www.wz.de/home/politik/nrw/die-inklusive-schule-ein-pro-und-contra-1.637455

[128] http://www.t_online.de/eltern/erziehung/id_20598246/grundschule-jahrgangsuebergreifendes-lernen-in-gemeinsamen-schulklassen.html

[129] http://www.rp-online.de/thema/turbo-abitur/

[130] Zitiert aus: Jürgen Roth, *Der Tiefe Staat – Die Unterwanderung der Demokratie durch Geheimdienste, politische Komplizen und den rechten Mob,* Wilhelm Heyne Verlag, München, 2016, Seite 317

[131] https://www.youtube.com/watch?v=G1FtXKR5jic&feature=youtu.be *„Der Krieg gegen Kinder - Sexualpädagogik der Vielfalt (CSE Agenda)"*

[132] Interview mit Prof. Dr. Ulrich Kutschera, COMPACT Spezial Magazin, Sonderausgabe Nr. 12, Seite 40ff.

[133] Fachtagung *„Frühkindliche Sexualerziehung in der KiTa",* herausgegeben von der HAG (Hamburgische Arbeitsgemeinschaft für Gesundheitsförderung e.V.)

[134] https://www.youtube.com/watch?v=G1FtXKR5jic&feature=youtu.be *„Der Krieg gegen Kinder - Sexualpädagogik der Vielfalt (CSE Agenda)"*

[135] Ebenda

[136] https://www.kla.tv/9603

[137] *„DE – DRESDEN. BILDUNG UND ERZIEHUNG – Gendermainstreaming"*

[138] https://www.youtube.com/watch?v=2mb9Ar4x1AE
*„Demo für Alle: Hessische Verhältnisse (JF-TV Direkt)"*
[139] Daniel Cohn-Bendit, am 23.4.1982 im französischen Fernsehsender Antenne 2, Talksendung Apostrophes, COMPACT Special Magazin, Sonderausgabe Nr. 12, Seite 8 und Seite 66
[140] https://www.youtube.com/watch?v=-DssdJ3OsFo
*„Demo für Alle" in Stuttgart - JF-TV Dokumentation"*
[141] https://www.youtube.com/watch?v=bNY_0aKZ7s4
*„Birgit Kelle ruft die CDU zum Handeln auf - Demo für Alle - Stuttgart, 21.03.2015"*
[142] https://www.youtube.com/watch?v=2mb9Ar4x1AE
*„Demo für Alle: Hessische Verhältnisse (JF-TV Direkt)"*
[143] http://www.gender-mich-nicht.de/?gclid=CjwKEAjw9MrIBRCr2LPek5-h8U0SJAD3jfhtOwx0tL3UkYpbq-VNz2jHgXAp4W8h1Qb_lkfU_QN5ghoCfpjw_wcB
[144] Interview mit Prof. Dr. Ulrich Kutschera, COMPACT Spezial Magazin, Sonderausgabe Nr. 12, Seite 40ff.
[145] Akif Pirinçci, *Deutschland von Sinnen – Der irre Kult um Frauen, Homosexuelle und Zuwanderer*, Lichtschlag in der Edition Sonderwege, Manuscriptum Verlagsbuchhandlung Thomas Hoof KG, Waltrop und Leipzig 2014, 5. Auflage, Seite
[146] https://www.youtube.com/watch?v=3V6sk5-A9JE *„Genderwahn Die Zerstörung der Familie Frühsexualisierung (Prof. W. Leisenberg)"*
[147] http://www.handelsblatt.com/politik/deutschland/fluechtlingskrise-nein-zu-gender-forschung/12701136-6.html
[148] Christian Jung und Thorsten Groß, *Der Links-Staat*, Kopp Verlag, 2016, Seite 36
[149] https://www.youtube.com/watch?v=EQ0l0HxNEOY&t=300s
*„Die Deutschen – Hasser"*
[150] http://www.cosmiq.de/qa/show/3034079/Sind-diese-Zitate-von-den-GRUeNEN-echt/

[151] Selbst wenn es sich bei diesem Zitat um eine Falschmeldung handeln sollte (siehe http://blog.hoaxmap.org/2016/11/11/tobias-weihrauch-der-erfundene-gruene/ ), entspricht es doch inhaltlich der Politik, wie sie heute von Grünen-Politikern vorangetrieben wird.

[152] https://michael-mannheimer.net/2016/11/14/gruenen-politiker-weihrauch-die-zeit-wird-knapp-deshalb-deutschland-mit-afrikanern-und-syrern-fluten/

[153] https://www.youtube.com/watch?v=EQ0l0HxNEOY&t=300s *„Die Deutschen – Hasser"*

[154] https://www.youtube.com/watch?v=WEAYKyhr7Bc&t=204s *„ "Ich liebe und fördere den VolksTod" - Deutschland verrecke! LINKE und ANTIFAnten sind die GUTEN!? "*

[155] https://www.youtube.com/watch?v=KlOkGClMIm0 *„Hetzblatt Spiegel will Bürgerkrieg in USA gegen Trump? (Wutrede)"*

[156] https://www.youtube.com/watch?v=Q3oTF6-9Ogw *„DER GEFÄHRLICHSTE MANN DER WELT? - George Soros"*

[157] G. Wisnewski, *Verheimlicht, vertuscht, vergessen*, Knauer Taschenbuch Verlag, 2013, Seite 42

[158] https://www.youtube.com/watch?v=VmQHDN-a25g *"Die Trump-Wahl bewahrt uns vor einem großen Krieg"*

[159] https://www.youtube.com/watch?v=19asrm-S4i0&t=14s *„Horst Seehofer, erklärt warum Wählen sinnlos ist !!! Bei Pelzig 20.5.2010"*

[160] Udo Ulfkotte, *Volkspädagogen – wie uns die Massenmedien politisch korrekt erziehen wollen*, Kopp Verlag, 2016

[161] https://www.youtube.com/watch?v=EQ0l0HxNEOY&t=300s *„Die Deutschen – Hasser"*

[162] https://www.google.de/search?q=dortmund&ie=utf-8&oe=utf-8&client=firefox-b&gfe_rd=cr&ei=DecMWcX4BaWK8Qec-YXgCA#q=UNO+Bestandserhaltungsmigration execsumGeman.pdf: Bestandserhaltungsmigration - Abteilung Bevölkerungsfragen - Vereinte Nationen, Tabelle 1

[163] Viktor Timtschenko, COMPACT-Magazin 02/2017, Seite 57ff.

[164] https://www.youtube.com/watch?v=EQ0l0HxNEOY&t=300s
*„Die Deutschen – Hasser"*
[165] Ebenda
[166] Friederike Beck, *Die Migrationsagenda – wie elitäre Netzwerke mithilfe von EU, UNO, superreichen Stiftungen und NGOs Europa zerstören wollen*, Kopp Verlag, 2016
[167] Tino Perlick im Gespräch mit Maram Susli „Syrian Girl", COMPACT-Magazin 02/2017, Seite 47f
[168] G. Wisnewski, *Verheimlicht, vertuscht, vergessen*, Knauer Taschenbuch Verlag, 2013, Seite 42
[169] https://www.michaelwinkler.de/Pranger/Pranger.html
[170] https://www.youtube.com/watch?v=vE4JlOh-TpQ
*„2049 - 100 Jahre Bundesrepublik"*
[171] https://www.youtube.com/watch?v=EQ0l0HxNEOY&t=300s
*„Die Deutschen – Hasser"*
[172] Christian Jung und Thorsten Groß, *Der Links-Staat*, Kopp Verlag, 2016, Umschlagseite
[173] Thomas Sigmund, *Allein unter Feinden? - Was der Staat für unsere Sicherheit tut - und was nicht*, Verlag Herder, 2017, Seiten 78ff.
[174] https://www.youtube.com/watch?v=WEAYKyhr7Bc&t=204s
*„"Ich liebe und fördere den VolksTod" - Deutschland verrecke! LINKE und ANTIFAnten sind die GUTEN!?"*
[175] https://www.youtube.com/watch?v=0ddoK47GBjQ
*"Deutschland ist scheiße" - Anti-PEGIDA, Cem Özdemir*
[176] https://www.youtube.com/watch?v=EQ0l0HxNEOY&t=300s
*„Die Deutschen – Hasser"*
[177] http://sichtplatz.de/?p=4777:
[178] Christian Jung und Thorsten Groß, *Der Links-Staat*, Kopp Verlag, 2016, Seite 39
[179] https://www.youtube.com/watch?v=k4dd5BE7_4c
*„Bombenangriff Dresden 1945 Augenzeugenberichte"*
[180] https://www.youtube.com/watch?v=EQ0l0HxNEOY&t=300s
*„Die Deutschen – Hasser"*

[181] Marc Dassen, Interview mit Vertreterinnen der IDENTITÄREN BEWEGUNG, COMPACT-Magazin 02/2017, Seite 14

[182] https://www.landespressedienst.de/die-afd-ist-richtig-gefaehrlich-offener-brief-an-den-landtagspraesidenten-hendrik-hering/#comment-2029

[183] Interview mit Vertreterinnen der IDENTITÄREN BEWEGUNG, COMPACT-Magazin 02/2017, Seite 14

[184] Christian Jung und Thorsten Groß, *Der Links-Staat*, Kopp Verlag, 2016, Seiten 21f

[185] Ebenda, Seite 22

[186] https://www.welt.de/politik/deutschland/article163914282/Gang-zum-AfD-Parteitag-wird-fuer-Delegierte-zum-Spiessrutenlauf.html

[187] Christian Jung und Thorsten Groß, *Der Links-Staat*, Kopp Verlag, 2016, Seiten 9f

[188] https://www.youtube.com/watch?v=O22rcRHLbIk&t=425s *„Die Wahrheit über Antifa: Vom Deutschen Staat finanzierte Anti-Deutschland Organisation"*

[189] https://www.youtube.com/watch?v=EQ0l0HxNEOY&t=300s *„Die Deutschen – Hasser"*

[190] http://sichtplatz.de/?p=4777

[191] http://info.kopp-verlag.de/hintergruende/deutschland/friederike-beck/betreutes-fliehen-george-soros-und-das-netzwerk-um-pro-asyl.html

[192] http://info.kopp-verlag.de/hintergruende/geostrategie/friederike-beck/wie-das-big-money-die-migrationskorridore-nach-europa-steuert-teil-i-die-international-migration.html

[193] http://info.kopp-verlag.de/hintergruende/deutschland/friederike-beck/das-netzwerk-fuer-migration.html

[194] https://www.youtube.com/watch?v=Q3oTF6-9Ogw *„DER GEFÄHRLICHSTE MANN DER WELT? - George Soros"*

[195] https://www.youtube.com/watch?v=rf_tmsu-aNM *„WAHRHEITEN /UNERTRÄGLICH SCHOCKIEREND - VERRATEN VERKAUFT!H"*

[196] http://info.kopp-verlag.de/hintergruende/deutschland/friederike-beck/betreutes-fliehen-george-soros-und-das-netzwerk-um-pro-asyl.html

[197] „Ebenda"

[198] https://www.youtube.com/watch?v=EQ0l0HxNEOY&t=300s
*„Die Deutschen – Hasser"*

[199] http://sichtplatz.de/?p=4777
*„Landesregierungen finanzieren Demos „gegen rechts" ... |*
*26.07.2016 | www.kla.tv/8708"*

[200] Ebenda

[201] https://www.youtube.com/watch?v=EQ0l0HxNEOY&t=300s
*„Die Deutschen – Hasser"*

[202] Ebenda

[203] Ebenda

[204] https://www.youtube.com/watch?v=j-e_j1rQRkM&t=13sExklusiv
*"Exklusiv: Antifa prügelt mit Eisenstangen auf unbequeme Journalistin ein"*

[205] Manfred Morgenstern, *Heidenau 2015*, ISBN 13:978-1537532493

[206] https://www.youtube.com/watch?v=EQ0l0HxNEOY&t=300s
*„Die Deutschen – Hasser"*

[207] Tuvia Tenenbom, *Allein unter Deutschen*, Suhrkamp Verlag Berlin 2012, Kapitel 3

[208] Friederike Beck, *Die geheime Migrationsagenda – wie elitäre Netzwerke mithilfe von EU, UNO, superreichen Stiftungen und NGOs Europa zerstören wollen*, Kopp Verlag, 2016

[209] Udo Ulfkotte *Mekka in Deutschland – Die stille Islamisierung*, Kopp Verlag, 2015, Umschlagseite

[210] Akif Pirinçci, *Deutschland von Sinnen – Der irre Kult um Frauen, Homosexuelle und Zuwanderer*, Lichtschlag in der Edition Sonderwege, Manuscriptum Verlagsbuchhandlung Thomas Hoof KG, Waltrop und Leipzig 2014, 5. Auflage, Seite 41.

[211] Ebenda, Seite 40

[212] Ebenda, Seite 30

[213] Ebenda, Seite 41

[214] <rundbrief@antaios.de>
*Antaios-Rundbrief 10/2017, Dienstag, 14. III.*

[215] Ebenda

[216] kopiert aus einem Brief von Dipl.-Chem. Dr. rer. nat. Hans Penner, 76351 Linkenheim-Hochstetten, an den Journalisten Armin Fuhrer, 2017

[217] https://www.youtube.com/watch?v=By8TrGaCN50&t=55s
*„Berlin: Scharia (Islamische) Schattenjustitz in Deutschland"*

[218] https://www.youtube.com/watch?v=anFbvwLyGQ8
*„Alice Weidel von der AFD klärt die dummen Hühner von Rot Grün über die Scharia auf – MdL"*

[219] Udo Ulfkotte, *Mekka in Deutschland – Die stille Islamisierung*, Kopp Verlag, 2015

[220] https://www.youtube.com/watch?v=By8TrGaCN50&t=55s
*„Berlin: Scharia (Islamische) Schattenjustitz in Deutschland"*

[221] https://www.youtube.com/watch?v=anFbvwLyGQ8
*„Alice Weidel von der AFD klärt die dummen Hühner von Rot Grün über die Scharia auf – MdL"*

[222] https://www.youtube.com/watch?v=vE4JlOh-TpQ
„2049 - 100 Jahre Bundesrepublik"

[223] Akif Pirinçci, *Deutschland von Sinnen – Der irre Kult um Frauen, Homosexuelle und Zuwanderer*, Lichtschlag in der Edition Sonderwege, Manuscriptum Verlagsbuchhandlung Thomas Hoof KG, Waltrop und Leipzig 2014, 5. Auflage, Seiten 67ff

[224] Joachim Feyerabend, *Das Abendland als Kalifat – Jahrhundertziel des Islam für Europa*, Lau- Verlag & Handel KG, Reinbeck/ München, 2015

[225] https://endederluegedotblog.wordpress.com/2017/04/06/haftantritt-horst-mahler/

[226] *www.altermedia-deutschland.info* und *www.de.scrib.com*

[227] COMPACT-Magazin 03/2017, Seite 9

[228] Ebenda

[229] Marc Dassen, COMPACT-Magazin 06/2017, Seiten 17ff

[230] Ebenda

[231] Manfred Morgenstern, *Heidenau 2015*, ISBN 13:978-1537532493

[232] https://www.youtube.com/watch?v=EQ0l0HxNEOY&t=300s
*„Die Deutschen – Hasser"*

[233] https://www.youtube.com/watch?v=rFr6-dPq64Y
*„Horst Mahler über Sylvia Stoltz"*

[234] Bericht über den Prozeß gegen Ernst Zündel in der TAZ vom 9. Februar 2007

[235] https://www.youtube.com/watch?v=0YlUlgGis5w&t=33s
*„Deutschland mit gefälschter Geschichtsschreibung? Sylvia Stolz auf der AZK Zusammenfassung"*

[236] http://opposition24.com/der-honigmann-holocaustleugung-knast/304214 *„Der Honigmann muss wegen Holocaustleugung in den Knast"*

[237] Ebenda

[238] https://lwfreiheit.wordpress.com/2017/03/29/justizskandal-arnsdorf-zivilcourage-unter-anklage-politische-arschlochjustiz-laeuft-amok/

[239] http://www.volldraht.de/index.php/8-volldraht/192-berlin-bundeszentrale-der-cdu-besetzt-identitaere-bewegung

[240] https://www.pi-news.net/2016/12/identitaere-blockieren-cdu-zentrale-in-berlin/

[241] http://www.morgenpost.de/berlin-aktuell/article117828995/Fluechtlinge-bringen-Verkehr-in-Kreuzberg-zum-Erliegen.html

[242] Udo Ulfkotte, *Genzenlos kriminell – Was uns Politik und Massenmedien über die Straftaten von Migranten verschweigen*, Kopp Verlag, 2016

[243] zitiert aus „TAG24" vom 18.03.2017:
https://www.tag24.de/nachrichten/dresden-sbahn-zschachwitz-maenner-mann-gleise-schubsen-treten-staatsanwalt-laesst-laufen-228797

[244] https://www.youtube.com/watch?v=EQ0l0HxNEOY&t=300s
*„Die Deutschen – Hasser"*

[245] Rainer Wendt, *Deutschland in Gefahr – Wie ein schwacher Staat unsere Sicherheit aufs Spiel setzt*, Riva Verlag, 2016, Seite 119ff.

[246] https://www.youtube.com/watch?v=WEAYKyhr7Bc&t=204s
*„ "Ich liebe und fördere den VolksTod" - Deutschland verrecke! LINKE und ANTIFAnten sind die GUTEN!?"*

[247] Rainer Wendt, *Deutschland in Gefahr – Wie ein schwacher Staat unsere Sicherheit aufs Spiel setzt*, Riva Verlag, 2016, Seite 127

[248] Studie des Innenministeriums über die Kriminalitätsentwicklung im Freistaat Sachsen: *„Anteil ermittelter tatverdächtiger Zuwanderer im Verhältnis zur Anzahl der Zuwanderer nach Staatsangehörigkeit für das Jahr 2015 (ohne ausländerrechtliche Verstöße)"* *Kriminalitätsentwicklung im Freistaat Sachsen im Jahr 2015, Seite 16*

[249] http://vera-lengsfeld.de/2017/05/03/trump-und-merkel-in-den-usa-funktioniert-gewaltenteilung-besser/

[250] https://www.youtube.com/watch?v=5AlGb7oDMWg
*„Verfassungsbeschwerde ohne Begründung abgelehnt"*

[251] http://www.n-tv.de/politik/politik_person_der_woche/Der-Richter-der-Kanzlerin-article16746101.html

[252] Stefan Blankertz, Das libertäre Manifest, Neuauflage 2012, Seite 8: http://docs.mises.de/Blankertz/Manifest.pdf

[253] Oliver Janich, *DIE VEREINIGTEN STAATEN VON EUROPA – GEHEIMDOKUMENTE ENTHÜLLEN: DIE DUNKLEN PLÄNE DER ELITE*, FinanzBuch Verlag, ein Imprint der Münchner Verlagsgruppe GmbH, München 2014, 1. Auflage, Seite 74.

[254] Christian Jung und Thorsten Groß, *Der Links-Staat*, Kopp Verlag, 2016, Umschlagseite

[255] Oliver Janich, *DIE VEREINIGTEN STAATEN VON EUROPA – GEHEIMDOKUMENTE ENTHÜLLEN: DIE DUNKLEN PLÄNE DER ELITE*, FinanzBuch Verlag, ein Imprint der Münchner Verlagsgruppe GmbH, München 2014, 1. Auflage, Seite 74.

[256] http://www.orwell-staat.de/zitate.htm
*„Zitate zur Neuen Weltordnung"*

[257] https://facebook-sperre.steinhoefel.de/
*"Facebook-Sperre & Wall of Shame"*

[258] https://www.youtube.com/watch?v=vE4JlOh-TpQ
*„2049 - 100 Jahre Bundesrepublik"*

[259] Akif Pirinçci, *Deutschland von Sinnen – Der irre Kult um Frauen, Homosexuelle und Zuwanderer*, Lichtschlag in der Edition Sonderwege, Manuscriptum Verlagsbuchhandlung Thomas Hoof KG, Waltrop und Leipzig 2014, 5. Auflage, Seite 79ff.

[260] https://www.youtube.com/watch?v=qhIIhokrZXo
*„Rechtsanwalt Steinhöfel über Heiko Maas, Zensur, Hate-Speech und Fake-News"*

[261] Ebenda

[262] G. Wisnewski, *Verheimlicht, vertuscht, vergessen*, Kopp Verlag, 2017

[263] https://www.youtube.com/watch?v=3sXqSlGt4es *„Plötzlicher Tod: Woran starb Udo Ulfkotte?"*

[264] http://www.zeit.de/digital/internet/2017-03/soziale-netzwerke-fake-news-hasskommentare-strafe-maas

[265] https://www.youtube.com/watch?v=qhIIhokrZXo
*„Rechtsanwalt Steinhöfel über Heiko Maas, Zensur, Hate-Speech und Fake-New"*

[266] Ebenda

[267] G. Wisnewski, *Verheimlicht, vertuscht, vergessen*, Kopp Verlag, 2017, Seiten 177

[268] Ebenda, Seiten 177

[269] Akif Pirinçci, *Deutschland von Sinnen – Der irre Kult um Frauen, Homosexuelle und Zuwanderer*, Lichtschlag in der Edition Sonderwege, Manuscriptum Verlagsbuchhandlung Thomas Hoof KG, Waltrop und Leipzig 2014, 5. Auflage, Seiten 243ff.

[270] Akif Pirinçci, *Der Übergang – Bericht aus einem verlorenen Land*, Verlag Antaios Schnellroda 2017, Seite 197

[271] Ebenda, Seite 180

[272] G. Wisnewski, *Verheimlicht, vertuscht, vergessen*, Kopp Verlag, 2017, Seiten 190ff.

[273] Ebenda, Seite 179

[274] Ebenda, Seite 179f

[275] http://www.tagesspiegel.de/politik/mehr-fluechtlinge-in-den-osten-dem-osten-wurde-es-erspart-einwanderungsland-zu-werden/12070280.html

[276] http://www.news.de/gesundheit/855028622/entwurzelte-seelen/1/

[277] Rainer Wendt, *Deutschland in Gefahr – Wie ein schwacher Staat unsere Sicherheit aufs Spiel setzt,* Riva Verlag, 2016

[278] Ebenda

[279] Udo Ulfkotte und Stefan Schubert, *Grenzenlos kriminell – Was uns Politik und Massenmedien über die Straftaten von Migranten verschweigen*, Kopp Verlag, 2016

[280] Ebenda

[281] http://safeshorts.eu/;
s. auch die Zeitung „Lisa" (Ausgabe Nr. 5/ 25.1.2017), Seite 5,

[282] 9-Uhr-Nachrichten von WDR4 am 19. Mai 2017

[283] https://www.youtube.com/watch?v=rf_tmsu-aNM
*„ WAHRHEITEN /UNERTRÄGLICH SCHOCKIEREND - VERRATEN VERKAUFT!H"*

[284] Christian Jung und Thorsten Groß, *Der Links-Staat*, Kopp Verlag, 2016, Seite 10

[285] Udo Ulfkotte, *Gekaufte Journalisten – Wie Politiker, Geheimdienste und Hochfinanz Deutschlands Massenmedien lenken*, Kopp Verlag, 2014

[286] http://de.wikimannia.org/Kanzlerakte

[287] Udo Ulfkotte, *Gekaufte Journalisten – Wie Politiker, Geheimdienste und Hochfinanz Deutschlands Massenmedien lenken*, Kopp Verlag, 2014

[288] https://de.wikiquote.org/wiki/Diskussion:Jean-Claude_Juncker

[289] FOCUS 19/2011 vom 9.5.2011

[290] https://www.youtube.com/watch?v=19asrm-S4i0&t=14s
*„Horst Seehofer, erklärt warum Wählen sinnlos ist !!! Bei Pelzig 20.5.2010"*

[291] https://www.youtube.com/watch?v=VmQHDN-a25g
*"Die Trump-Wahl bewahrt uns vor einem großen Krieg"*

[292] https://www.youtube.com/watch?v=tkHwfboPD5c

*„Trump polarisiert wie nie zuvor – als Gegen- oder Mitspieler des Establishments? | 04.02.2017 "*

[293] Ebenda

[294] Ebenda

[295] https://www.pi-news.net/2017/05/die-umvolkung-im-zeitraffer/#comments

[296] https://www.youtube.com/watch?v=2D6U2MymedA
*„PEGIDA Dresden 03.04.2017 Wolfgang Taufkirch. Parteien übernehmen PEGIDA Positionen von 2015 "*

[297] Ebenda

[298] https://www.youtube.com/watch?v=1NNawOfHxnc
*„German History II - DJ Happy Vibes feat. Jazzmin "*

[299] https://www.macht-steuert-wissen.de/2297/eilmeldung-soll-trump-weg-bilderberger-treffen-2017-in-den-usa/

[300] Ebenda: Kommentar zu *"EILMELDUNG: Soll Trump weg? Bilderberger-Treffen 2017 in den USA"*

[301] http://www.orwell-staat.de/zitate.htm
*„Zitate zur Neuen Weltordnung "*

[302] Thomas Meyer (Hg.), *Brückenbauer müssen die Menschen werden.* Europäer-Schriftenreihe Band 10, Basel 2004, Seite 14 f.

[303] Jürgen Roth, *Der Stille Putsch*, Wilhelm Heyne Verlag, München, 2. Auflage, Taschenbucherstausgabe, 2016, Seite 12

[304] https://www.youtube.com/watch?v=rf_tmsu-aNM
*„WAHRHEITEN /UNERTRÄGLICH SCHOCKIEREND - VERRATEN VERKAUFT!H "*

[305] Stephen Gill, *American Hegemony and the Trilateral Commission,* *Cambridge University Press*, 1990. Seite 129

[306] http://www.macht-steuert-wissen.de/2092/rothschild-soros-und-rockefeller-teilnehmerliste-muenchener-sicherheitskonferenz/

[307] Ebenda

[308] https://propagandaschau.wordpress.com/2017/04/02/propaganda-verweigern-druck-auf-die-staatssender-ausueben-so-gehts/

[309] Zitiert aus dem Flugblatt „*Bilderberger – Bilder Was ???*" anlässlich der Bilderbergerkonferenz am 9.-12.6.2016 in Dresden, verbreitet durch das „*Bündnis Weißer Rabe Deutschland*"

[310] Ebenda

[311] https://www.macht-steuert-wissen.de/2297/eilmeldung-soll-trump-weg-bilderberger-treffen-2017-in-den-usa/

[312] Ebenda

[313] Ebenda

[314] https://crimekalender.wordpress.com/2017/05/15/ergebnisse-landtagswahl-nrw/

[315] https://www.macht-steuert-wissen.de/2297/eilmeldung-soll-trump-weg-bilderberger-treffen-2017-in-den-usa/

[316] http://www.macht-steuert-wissen.de/1234/schock-bilderberger-treffen-im-juni-2016-in-dresden/

[317] Ebenda

[318] Ebenda

[319] Michel Moore, *STUPID WHITE MEN – Eine Abrechnung mit dem Amerika unter George W. Bush*, Piper Verlag GmbH, Tübingen, 32. Auflage 2003, Seiten 9ff

[320] Udo Ulfkotte, *Volkspädagogen – wie uns die Massenmedien politisch korrekt erziehen wollen*, Kopp Verlag, 2016

[321] *Gekaufte Journalisten – Wie Politiker, Geheimdienste und Hochfinanz Deutschlands Massenmedien lenken*, Kopp Verlag, 2014

[322] G. Wisnewski, *Verheimlicht, vertuscht, vergessen*, Knaur Taschenbuch Verlag, 2013, Seite 42

[323] https://www.youtube.com/watch?v=4J8NR2af9q8
„*BPK blockt Atomwaffen Abrüstung und lügt frech*"

[324] D. Ganser, *Illegale Kriege*, Orell Füssli Verlag AG, Zürich, 2. Auflage, 2016

[325] Jürgen Roth, *Der Stille Putsch*, Wilhelm Heyne Verlag, München, 2. Auflage, Taschenbucherstausgabe, 2016, Seite 18

[326] http://www.orwell-staat.de/zitate.htm
„*Zitate zur Neuen Weltordnung*"

[327] https://de.pinterest.com/explore/rothschild-family/

[328] Guido Giacomo Preparata: *Conjuring Hitler. How Britain and America made the Third Reich*, Pluto Press, London and Ann Arbor 2005

[329] Guido Giacomo Preparata, *Wer Hitler mächtig machte – Wie britisch-amerikanische Finanzeleiten dem Dritten Reich de Weg bereiteten*, Perseus Verlag, 2006, ISBN 978-3-907564-74-5;

[330] https://www.youtube.com/watch?v=vln_ApfoFgw&t=74s *„US-Strategie (auf deutsch) l George Friedman STRATFOR @ Chicago Council on Global Affairs"*

[331] U. Aybirdi, *DIE LÜGEN GESCHICHT – Wer die Welt wirklich regiert*, 03 | 2016, Printed in Poland by Amazon Fulfillment, Poland Sp. z o.o, Wrotzlaw, Seite 91

[332] Ebenda, Seite 90

[333] G. Wisnewski, *Verheimlicht, vertuscht, vergessen*, Kopp Verlag, 2013, Seiten 43ff.

[334] http://www.anonymousnews.ru

[335] https://maximiliankrah.wordpress.com/2017/02/27/jeder-der-hier-lebt-angela-merkel-und-ihr-volk/

[336] Rainer Wendt, *Deutschland in Gefahr – Wie ein schwacher Staat unsere Sicherheit aufs Spiel setzt*, Riva Verlag, 2016, Seiten 119ff.

[337] https://www.youtube.com/watch?v=atQaIO2PzZo&t=3s *„Flüchtlinge erhalten mehr Geld als Deutsche| Faktencheck | AfD 2017 wählen"*

[338] *https://hartgeld.com/sozialsysteme.html*: 2017-01-29: *„Zwei-Klassen-Gesellschaft: Einkommensvergleich Arbeitnehmer / Flüchtling"*

[339] Udo Ulfkotte, *Gekaufte Journalisten – Wie Politiker, Geheimdienste und Hochfinanz Deutschlands Massenmedien lenken*, Kopp Verlag, 2014

[340] https://www.youtube.com/watch?v=rf_tmsu-aNM *„WAHRHEITEN /UNERTRÄGLICH SCHOCKIEREND - VERRATEN VERKAUFT!"*

[341] EPOCH TIMES: http://www.epochtimes.de/politik/europa/eu-kommissionschenf-jean-claude-juncker-empfaengt-us-milliardaer-george-soros-a2102275.html

[342] Ebenda

[343] Zeit-Online: http://www.zeit.de/politik/ausland/2017-04/ungarn-hochschulgesetz-praesident-janos-ader-schliessung-ceu-george-soros-universitaet-massenprotest-viktor-orban

[344] Ebenda

[345] EPOCH TIMES: http://www.epochtimes.de/politik/europa/eu-kommissionschenf-jean-claude-juncker-empfaengt-us-milliardaer-george-soros-a2102275.html

[346] Die Presse: http://diepresse.com/home/ausland/aussenpolitik/4877746/Russland-verbietet-zwei-weitere-amerikanische-NGOs-

[347] SPIEGEL ONLINE, Forum Politik, Seite 9 NGOs in Russland: Putin erlässt Gesetz gegen "unerwünschte" Organisationen http://www.spiegel.de/forum/politik/ngos-russland-putin-erlaesst-gesetz-gegen-unerwuenschte-organisationen-thread-295954-9.html

[348] Dirk Müller, *Crashkurs – Weltwirtschaftskrise oder Jahrhundert-chance? Wie Sie das Beste aus Ihrem Geld machen*, Knaur Taschen-buchausgabe, 2010

[349] D. Ganser, *Illegale Kriege*, Orell Füssli Verlag AG, Zürich, 2. Auflage, 2016

[350] Ebenda

[351] M. Bröckers und C. C. Walther, *11.9. - zehn Jahre danach: Der Einsturz eines Lügengebäudes*, Westend Verlag GmbH, Frank-furt/Main 2011, 2. Auflage 2011, Seite 19

[352] D. Ganser, *Illegale Kriege*, Orell Füssli Verlag AG, Zürich, 2.Auflage, 2016, Seite 191

[353] https://www.youtube.com/watch?v=5ee7z6cygrQ *„Brutkastenlüge - Nurse Nayirah's - Irak – Kuwait"*

[354] https://www.youtube.com/watch?v=h-An8UcAcbw *„FALSE FLAG von langer Hand geplant"*

[355] *„Ein Mann mit dicken Eiern sagt die Wahrheit"*

https://www.youtube.com/watch?v=GtCXAUP8Roc&index=2&list=P
LjJANbfWxmka4O0wGlFMPbcCD3edDi2tt

[356] http://www.nachdenkseiten.de/?p=37887
(deutsche Übersetzung von Carsten Weikamp).

[357] Wikipedia: „Parlamentswahl in Syrien 2016"

[358] https://www.kla.tv/9592

[359] https://www.youtube.com/watch?v=JvdNGpRrKJA
*„Syrer zerstört CDU CSU Konferenz mit harten Fakten"*

[360]Dirk Müller, *Crashkurs – Weltwirtschaftskrise oder Jahrhundert-chance? Wie Sie das Beste aus Ihrem Geld machen*, Knaur Taschen-buchausgabe, 2010, Seite 239

[361] U. Teusch, *Lückenpresse – Das Ende des Journalismus, wie wir ihn kannten*, Westend Verlag GmbH, Frankfurt/Main, 3. Auflage, 2017, Seite 112

[362] Jan von Flocken, COMPACT-Magazin 12/2016, Seiten 57ff.

[363] Ebenda

[364] U. Aybirdi, *DIE GESCHICHTE – Wer die Welt wirklich regiert*, 03 | 2016, Printed in Poland by Amazon Fulfillment, Poland Sp. z o.o, Wrotzlaw, Seite 38ff.

[365] https://www.youtube.com/watch?v=pCJLmpOyrJk
Pearl Harbor – wie Kriege „anno dazumal" und heute provoziert werden | 10.12.2016 | www.kla.tv/9511

[366] https://www.youtube.com/watch?v=eROy36nsiOY
*„2017: Wie Trump und Europas neue Rechte der NWO zum Sieg verhalfen..."*

[367] https://www.youtube.com/watch?v=y7IzADHClLM&t=297s
*„Die neue Weltordnung lockt die Patrioten in eine Falle"*

[368] https://www.youtube.com/watch?v=eROy36nsiOY
*„2017: Wie Trump und Europas neue Rechte der NWO zum Sieg verhalfen..."*

[369] https://www.youtube.com/watch?v=y7IzADHClLM&t=297s
*„Die neue Weltordnung lockt die Patrioten in eine Falle"*

[370] Friederike Beck, *Die geheime Migrationsagenda – wie elitäre Netzwerke mithilfe von EU, UNO, superreichen Stiftungen und NGOs Europa zerstören wollen*, Kopp Verlag, 2016

[371] https://www.youtube.com/watch?v=pCJLmpOyrJk
Pearl Harbor – wie Kriege „anno dazumal" und heute provoziert werden | 10.12.2016 | www.kla.tv/9511

[372] U. Aybirdi, *DIE GESCHICHTE – Wer die Welt wirklich regiert*, 03 | 2016, Printed in Poland by Amazon Fulfillment, Poland Sp. z o.o, Wrotzlaw, Seiten 107 ff

[373] Ebenda, Seiten 130ff

[374] Ebenda, Seiten 145ff

[375] Ebenda, Seiten 145

[376] https://www.youtube.com/watch?v=NiPGIbRtXEo
Chef-Ermittler von „Charlie-Hebdo" begeht Selbstmord - Zufall? | 18.01.2015 | www.kla.tv

[377] D. Ganser, *Illegale Kriege*, Orell Füssli Verlag AG, Zürich, 2. Auflage, 2016, Seite 192f

[378] M. Bröckers und C. C. Walther, *11.9. - zehn Jahre danach: Der Einsturz eines Lügengebäudes*, Westend Verlag GmbH, Frankfurt/Main 2011, 2. Auflage 2011

[379] Ebenda, Seite 19

[380] https://www.youtube.com/watch?v=p8nnUYmag2Q
„Matthias Bröckers - 11.9. zehn Jahre danach"

[381] U. Aybirdi, *DIE GESCHICHTE – Wer die Welt wirklich regiert*, 03 | 2016, Printed in Poland by Amazon Fulfillment, Poland Sp. z o.o, Wrotzlaw, Seite 119f

[382] http://www.weitwinkelsubjektiv.com/2014/03/28/der-irak-krieg-und-die-vorherrschaft-des-dollar/
Aufsatz von B. Abdolvand und M. Adolf in *„Blätter für deutsche und internationale Politik"*

[383] D. Müller, *Crashkurs –Weltwirtschaftskrise oder Jahrhundertchance?*, Knaur Taschenbuch Verlag, Überarbeitete, aktualisierte und erweiterte Taschenbuchausgabe Juni 2010, München, 2010, Seiten 55ff.

[384] Ebenda

[385] https://youtu.be/IxbxNMWWgEk

*Gerard Menuhin im Gespräch mit Henry Hafermayer*

[386] D. Ganser, *Illegale Kriege*, Orell Füssli Verlag AG, Zürich, 2. Auflage, 2016

[387] F. William Engdahl, *Geheimakte NGOs*, Kopp Verlag, 2016

[388] https://www.youtube.com/watch?v=h-An8UcAcbw

*„FALSE FLAG von langer Hand geplant"*

[389] Mark Taliano, *Was in Syrien tatsächlich geschieht: Augenzeugen widersprechen den westlichen Medienlügen vom syrischen »Bürgerkrieg«*, , Kopp Verlag, 2017

[390] Wesley Clark, *Winning Modern Wars*, New York 2003

[391] Peter Orzechowski, *Durch globales Chaos in die Neue Weltordnung*, Kopp Verlag, 2016

[392] https://www.youtube.com/watch?v=cIAtMPt8UE4

*„NATO-Oberbefehlshaber a.D.: »Heutige US-Kriege 1991 geplant«"*

[393] http://www.weitwinkelsubjektiv.com/2014/03/28/der-irak-krieg-und-die-vorherrschaft-des-dollar/

Aufsatz von B. Abdolvand und M. Adolf in *„Blätter für deutsche und internationale Politik"*

[394] Ebenda

[395] https://www.sapereaudepls.de/sonstiges/kriege/petrodollar/

[396] https://www.youtube.com/watch?v=y7IzADHCILM&t=297s

*„Die neue Weltordnung lockt die Patrioten in eine Falle"*

[397] D. Müller, *Crashkurs –Weltwirtschaftskrise oder Jahrhundertchance?*, Knaur Taschenbuch Verlag, Überarbeitete, aktualisierte und erweiterte Taschenbuchausgabe Juni 2010, München, 2010, Seiten 55ff.

[398] https://www.youtube.com/watch?v=y7IzADHCILM&t=297s

*„Die neue Weltordnung lockt die Patrioten in eine Falle"*

[399] http://www.epochtimes.de/politik/welt/gegen-kriegshetze-und-propaganda-eine-hintergrundanalyse-der-muenchner-sicherheitskonferenz-a2055176.html

[400] Tino Perlick im Gespräch mit Maram Susli „Syrian Girl",
COMPACT-Magazin 02/2017, Seite 47

[401] Bernhard Tomaschitz, COMPACT-Magazin 02/2017, Seite 42

[402] https://www.youtube.com/watch?v=vln_ApfoFgw&t=74s
*„US-Strategie (auf deutsch) l George Friedman STRATFOR @ Chicago Council on Global Affairs"*

[403] D. Ganser, *Illegale Kriege*, Orell Füssli Verlag AG, Zürich,
2.Auflage, 2016, Abschnitt 3.1.

[404] https://www.youtube.com/watch?v=Q3oTF6-9Ogw
*„DER GEFÄHRLICHSTE MANN DER WELT? - George Soros"*

[405] https://www.youtube.com/watch?v=-LPCauj9LJw&t=480s
*„Empire Files: Abby Martin interviewt US-Regierungsberater Wilkerson - „Das Schiff ist am Sinken""*

[406] M. Lüders, *Wer den Wind sät – Was westliche Politik im Orient anrichtet*, 19. Auflage 2016, Seite 82

[407] https://www.youtube.com/watch?v=vln_ApfoFgw&t=74s
*„US-Strategie (auf deutsch) l George Friedman STRATFOR @ Chicago Council on Global Affairs"*

[408] https://www.youtube.com/watch?v=5myY0D02V1E&t=431s
*„Willy Wimmer Was 2017 auf uns zukommt Einschätzung der politische Lage"*

[409] Bernhard Tomaschitz, COMPACT-Magazin 02/2017, Seiten 42f

[410] https://www.youtube.com/watch?v=85KtqR4WAM0
*„KenFM über: Amerikanische Geheimdienste"*

[411] https://www.youtube.com/watch?v=uUTtUxxzPSg
*„Berlin-Anschlag: Wahrheit oder Lüge?"*

[412] https://www.youtube.com/watch?v=rjEWmwS99vw
*„Berlin-Anschlag: "Dashcam-LKW" fuhr nicht in den Weihnachtsmarkt"*

[413] *https://www.youtube.com/watch?v=d2ci85PCNwU&t=6s*
*„KenFM über: Ausweise als Beweise"*

[414] G. Wisnewski, *Verheimlicht, vertuscht, vergessen,* Kopp Verlag,
2017, Seiten 87-103

[415] *https://www.youtube.com/watch?v=d2ci85PCNwU&t=6s*

*„KenFM über: Ausweise als Beweise"*
[416] http://www.orwell-staat.de/zitate.htm
*„Zitate zur Neuen Weltordnung"*
[417] http://www.orwell-staat.de/zitate.htm
*„Zitate zur Neuen Weltordnung"*
[418] D. Ganser, *Illegale Kriege*, Orell Füssli Verlag AG, Zürich, 2. Auflage, 2016, Seite 299
[419] https://www.youtube.com/watch?v=vthbm7HBFHQ&t=4s
*„LKW Terror in Berlin Die Wahrheit über die Lügen Medien"*
[420] https://www.youtube.com/watch?v=JvdNGpRrKJA
*„Syrer zerstört CDU CSU Konferenz mit harten Fakten"*
[421] http://www.epochtimes.de/politik/welt/gegen-kriegshetze-und-propaganda-eine-hintergrundanalyse-der-muenchner-sicherheitskonferenz-a2055176.html
[422] Bassam Tibi, *Syrien und Deutschland*, in: Alice Schwarzer, *Der Schock – Die Silvesternacht von Köln*, Kiepenheuer & Witsch, 2016, Seiten 91ff.
[423] https://www.pi-news.net/2016/12/syrischer-un-botschafter-gibt-namensliste-der-verhafteten-offiziere-in-ost-aleppo-bekannt/
[424] M. Lüders, *Wer den Wind sät – Was westliche Politik im Orient anrichtet*, 19. Auflage 2016
[425] https://www.youtube.com/watch?v=-LPCauj9LJw&t=480s
*„Empire Files: Abby Martin interviewt US-Regierungsberater Wilkerson – „Das Schiff ist am Sinken""*
[426] D. Ganser, *Illegale Kriege*, Orell Füssli Verlag AG, Zürich, 2. Auflage, 2016, Seiten 284ff.
[427] Tino Perlick im Gespräch mit Maram Susli „Syrian Girl", COMPACT-Magazin 02/2017, Seiten 47
[428] D. Ganser, *Illegale Kriege*, Orell Füssli Verlag AG, Zürich, 2. Auflage, 2016
[429] https://www.youtube.com/watch?v=YLlmd02thpQ&t=4s
*„Verbrecherische Propaganda"*
[430] https://www.youtube.com/watch?v=A-JxT8a6mqE
*„Der Westen hat Angst um seine Terroristen"*

[431] https://www.youtube.com/watch?v=qIWLzsr4rvg *„Migration als Waffe: Syrerin erklärt was deutsche Medien verschweigen"*

[432] U. Teusch, *Lückenpresse – Das Ende des Journalismus, wie wir ihn kannten*, Westend Verlag GmbH, Frankfurt/Main, 3.Auflage, 2017, Seite 93

[433] Ebenda, Seite 93f

[434] Ebenda, Seite 94

[435] Fachtagung *„Frühkindliche Sexualerziehung in der KiTa"*, herausgegeben von der HAG (Hamburgische Arbeitsgemeinschaft für Gesundheitsförderung e.V.)

[436] *„DE – DRESDEN. BILDUNG UND ERZIEHUNG – Gendermainstreaming"*

[437] https://www.youtube.com/watch?v=QR9cDv_HrOM&t=17s *„Der wahre Grund der Hetze gegen Russland"*

[438] D. Ganser, *Illegale Kriege*, Orell Füssli Verlag AG, Zürich, 2.Auflage, 2016, Seite 251

[439] https://www.youtube.com/watch?v=dza8RjOSKCA&t=648s Die NATO-Verschwörung – Vergleich 9/11 mit der Einkreisungspolitik ... | 22.07.2016 | kla.tv/8676

[440] https://www.youtube.com/watch?v=LTWa8BOk1ig *„USA bereiten Krieg gegen Europa und Russland vor"*

[441] D. Ganser, *Illegale Kriege*, Orell Füssli Verlag AG, Zürich, 2.Auflage, 2016, Seiten 257ff.

[442] https://www.youtube.com/watch?v=YLlmd02thpQ *„Verbrecherische Propaganda"*

[443] https://www.youtube.com/watch?v=dza8RjOSKCA&t=648s Die NATO-Verschwörung – Vergleich 9/11 mit der Einkreisungspolitik ... | 22.07.2016 | kla.tv/8676

[444] G. Krone-Schmalz, *Russland verstehen – Der Kampf um die Ukraine und die Arroganz des Westens*, Verlag C.H.Beck, 2016

[445] Stefan Blankertz, Das libertäre Manifest, Neuauflage 2012, Seite 8: http://docs.mises.de/Blankertz/Manifest.pdf

[446] Oliver Janich, *DIE VEREINIGTEN STAATEN VON EUROPA – GEHEIMDOKUMENTE ENTHÜLLEN: DIE DUNKLEN PLÄNE*

*DER ELITE*, FinanzBuch Verlag, ein Imprint der Münchner Verlagsgruppe GmbH, München 2014, 1. Auflage, Seite 74.

[447] Studie des internationalen schwedischen Friedensforschungsinstituts (SIPRI), 2016

[448] https://www.youtube.com/watch?v=4BZiM4NHbzU *„Wollt ihr den totalen Krieg? - Uwe Steimle"*

[449] Friederike Beck, *Die geheime Migrationsagenda – wie elitäre Netzwerke mithilfe von EU, UNO, superreichen Stiftungen und NGOs Europa zerstören wollen*, Kopp Verlag, 2016, Umschlagseite

[450] https://www.youtube.com/watch?v=iV-cCRvPSh4 *„Willy Wimmer: ‚Was hier läuft, ist ein Verbrechen!'"*

[451] M. Lüders, *„Wer den Wind sät – Was westliche Politik im Orient anrichtet*, Verlag C.H.Beck oHG, München, 20. Auflage 2016

[452] D. Ganser, *Illegale Kriege*, Orell Füssli Verlag AG, Zürich, 2. Auflage, 2016

[453] https://www.youtube.com/watch?v=EQ0l0HxNEOY&t=300s *„Die Deutschen – Hasser"*

[454] Friederike Beck, *Die geheime Migrationsagenda – wie elitäre Netzwerke mithilfe von EU, UNO, superreichen Stiftungen und NGOs Europa zerstören wollen*, Kopp Verlag, 2016

[455] Friederike Beck, *Migranten als Rammbock*, Interview, veröffentlicht in der Zeitschrift ZUERST 11/2016, Seiten 30ff.

[456] Kelly M. Greenhill, *Massenmigrationswaffen – Vertreibung, Erpressung und Außenpolitik,* 2010

[457] G. Wisnewski, *Verheimlicht, vertuscht, vergessen*, Kopp Verlag, 2016

[458] https://www.youtube.com/watch?v=ZeCExvjoyTQ *„Gerhard Wisnewski in der Stadthalle Reutlingen"*

[459] Friederike Beck, *Die geheime Migrationsagenda – wie elitäre Netzwerke mithilfe von EU, UNO, superreichen Stiftungen und NGOs Europa zerstören wollen*, Kopp Verlag, 2016

[460] Friederike Beck, *Migranten als Rammbock*, Interview, veröffentlicht in der Zeitschrift ZUERST 11/2016, Seiten 30ff.

[461] Udo Ulfkotte *Gekaufte Journalisten – Wie Politiker, Geheimdienste und Hochfinanz Deutschlands Massenmedien lenken*, Kopp Verlag, 2014

[462] Friederike Beck, *Die geheime Migrationsagenda – wie elitäre Netzwerke mithilfe von EU, UNO, superreichen Stiftungen und NGOs Europa zerstören wollen*, Kopp Verlag, 2016

[463] Friederike Beck, *Migranten als Rammbock*, Interview, veröffentlicht in der Zeitschrift ZUERST 11/2016, Seiten 30ff.

[464] G. Wisnewski, *Verheimlicht, vertuscht, vergessen*, Kopp Verlag, 2016

[465] http://www.chemtrail.de/?p=11242

[466] Ebenda

[467] https://de.wikiquote.org/wiki/Diskussion:Jean-Claude_Juncker

[468] FOCUS 19/2011 vom 9.5.2011

[469] https://www.youtube.com/watch?v=19asrm-S4i0&t=14s
*„Horst Seehofer, erklärt warum Wählen sinnlos ist !!! Bei Pelzig 20.5.2010"*

[470] https://www.youtube.com/watch?v=MDWqSWKCAs8
*„Horst Seehofer bei Pelzig (ungekürzt)"*

[471] D. Ganser, *Illegale Kriege*, Orell Füssli Verlag AG, Zürich, 2.Auflage, 2016, Abschnitt 3.1.

[472] http://info.kopp-verlag.de/hintergruende/deutschland/udo-ulfkotte/cdu-programm-2-2-weitere-zuwanderung-fuehrt-zum-buergerkrieg-.html

[473] https://www.youtube.com/watch?v=oSSWDTakMoU
*„Syrien - Friedensgespräche - West-Boykott? Christoph Hörstel zur Lage KW 4"*

[474] Tino Perlick im Gespräch mit Maram Susli „Syrian Girl", COMPACT-Magazin 02/2017, Seite 47

[475] Kleine Anfrage der AfD-Fraktion an den Präsidenten des Sächsischen Landtages, Drs.-Nr.: 6/6913

[476] https://www.youtube.com/watch?v=EQ0l0HxNEOY&t=300s
*„Die Deutschen – Hasser"*

[477] Friederike Beck, Die geheime Migrationsagenda – *wie elitäre Netzwerke mithilfe von EU, UNO, superreichen Stiftungen und NGOs Europa zerstören wollen,* Kopp Verlag, 2016, Seite 114f

[478] Ebenda

[479] https://www.youtube.com/watch?v=YzEGwaOdFl0
*„Ken Jebsen zu Politiker-Geschwätz Mainstream-Medien Volkes Hilfeschrei Elitenherrschaft & D. Trump"*

[480] www.gp-metallum.de/podcast/Weizsaecker_Der_bedrohte_Friede_-_heute.pdf
Carl Friedrich von Weizsäcker, *Der bedrohte Frieden – heute*, Hanser-Verlag, 1994

[481] https://www.heise.de/forum/Telepolis/Kommentare/Ansichten-eines-Gutmenschen/Was-Carl-Friedrich-von-Weizsaecker-dazu-sagt/posting-24114785/show/

[482] http://www.s-und-g.info *„Stimme Gegenstimme S & G"*, Ausgabe 15/2017

[483] https://www.tagesschau.de/kommentar/impfpflicht-103.html

[484] http://www.s-und-g.info *„Österreich: Kein Job ohne Impfung – Vorbote allgemeiner" Impfpflicht?"*, zitiert in *„Stimme Gegenstimme S & G"*, Ausgabe 15/2017, www.krone.at/oesterreich/graz-wer-nicht-geimpft-ist-bekommt-keinen-job-strenge-regelung-story-548460

[485] Dirk Müller, *Crashkurs – Weltwirtschaftskrise oder Jahrhundertchance? Wie Sie das Beste aus Ihrem Geld machen*, Knaur Taschenbuchausgabe, 2010, Seite 239

[486] https://www.contra-magazin.com/2016/09/die-neue-weltordnung-eine-kleine-elite-regiert-die-welt/#comments
Contra Magazin, 6. September 2016

[487] https://propagandaschau.wordpress.com/2017/04/02/propaganda-verweigern-druck-auf-die-staatssender-ausueben-so-gehts/
*„Die Propagandaschau ~ Der Watchblog für Desinformation und Propaganda in deutschen Medien"*

[488] https://www.youtube.com/watch?v=Zcpa9P3bsJ0 Analyse Trump - Warum ihn das Establishment vernichten will

[489] http://www.macht-steuert-wissen.de/2092/rothschild-soros-und-rockefeller-teilnehmerliste-muenchener-sicherheitskonferenz/

[490] https://www.youtube.com/watch?v=vln_ApfoFgw&t=74s

„US-Strategie (auf deutsch) l George Friedman STRATFOR @ Chicago Council on Global Affairs"

[491] „Stimme Gegenstimme S & G", Ausgabe 16/2017

[492] http://www.s-und-g.info Stimme und Gegenstimme, Ausgabe 14/2017

[493] http://www.chemtrail.de/?p=11242 „Die Maske fällt -Vizepräsident der EU-Kommission: »Monokulturelle Staaten ausradieren«"

[494] http://unser-mitteleuropa.com/2016/05/04/vizeprasident-der-eu-kommission-monokulturelle-staaten-ausradieren/

[495] www.gp-metallum.de/podcast/Weizsaecker_Der_bedrohte_Frieden_-_heute.pdf
Carl Friedrich von Weizsäcker, Der bedrohte Friede – heute, Hanser-Verlag, 1994

Lightning Source UK Ltd.
Milton Keynes UK
UKHW011326080223
416610UK00017B/2391

9 783744 809542